세상을 뒤흔든
50가지 범죄사건

세상을 뒤흔든 50가지 범죄사건

역사의 변곡점에서 펼쳐진
범죄의 뒷이야기

★ 김형민 지음 ★

범죄라는 사회적 거울로
역사의 단면을 엿본다

방송 PD를 업으로 삼아 왔다. 지금은 '필드'를 누비지 않지만 꽤 오랜 세월 '발로 뛰며' 취재를 하고 영상을 만드는 게 내 일이었다. 여러 장르 가운데 시사 고발 프로그램 PD로 6년여 세월을 엮기도 했다.

아동학대를 비롯해 한국 사회에 만연한 각양각색의 폭력을 고발하고 미봉책일망정 솔루션을 제시하는 프로그램이었다. 당연히 그 작업은 힘난했고 만나고 싶지 않은 사람들을 만나고 보고 싶지 않은 사람들을 만나야 했다.

언젠가 '괴물 같은 아이가 있다.'는 제보가 들어왔다. 초등학교 5학년이지만 키는 170에 가까웠던 그 아이가 괴물이라고 불린 이유는 폭력성 때문이었다.

목검을 가지고 다니면서 학교의 유리창을 박살 내거나 친구들을 두들겨 패는 건 물론, 그 누구에게라도 반말에 욕설을 사양하지 않으며 오로지 게임에만 몰두하는 '괴물 같은' 아이였다.

그런데 이런저런 취재를 하다 보니 뜻밖의 사실들이 접수되기 시작했다. 지금 사는 곳에선 엄마를 때리는 괴물로 알려져 있지만 이전에 살던 마을에선 괴물 같은 엄마에게 밤새 두들겨 맞으며 울부짖은 아이로 기억되고 있었던 것이다.

아이의 엄마에게 사실 여부를 여쭈니 그녀는 펑펑 울면서 고백했다. 떠나버린 남편과 이어진 고통스러운 삶 속에서 아이에게 분노를 폭발시켜 왔다는 걸.

먹고살고자 일하러 나가려는 엄마를 아이가 놓아주지 않자, 엄마는 어느 비 오는 여름밤에 아이를 산으로 데려가 나무에 꽁꽁 묶어버리고 내려온 적도 있었다고 했다. 울며 몸부림치다가 줄을 끊고 혼자 내려온 아이는 엄마에게 "내가 크면 엄마를 죽여버리겠다."라고 절규했다고 한다.

방송상 그들은 '괴물'로 비췄다. 하지만 그들은 괴물이 되지 않을 수 있었다. 일하러 나가야 하는 엄마가 아이를 마음 편하게 맡길 수 있는 곳이 근처에 하나라도 있었다면, 한 부모 모자 가정에 대한 사회적 배려가 조금이라도 더 있었다면, 아이의 폭력적 행태가 가히 공포스러운 수준에 이르기 전에 전문적 치료가 주선되었다면.

시사주간지 〈시사인〉에서 7년째 연재하고 있는 '딸에게 들려주는 역사 이야기'에 범죄와 범죄자들의 사연을 담아 보고자 마음먹었던 이유는 엽기적인 범죄를 저지른 '괴물들'에 대한 호기심을 충족시키고자 함이 아니었다.

우리가 사는 세상에서 끊임없이 벌어지고 나타나는 범죄라는 '사회적 거울'을 통해 우리 스스로의 모습 그리고 인류가 살아온 역사의 단면을 함께 엿보고, '괴물들(?)에 대처하는 우리의 자세'를 가다듬어 보고 싶어서였다.

이 책에 실린 50개의 거울을 유심히 들여다봐주시면 고맙겠다. "거울아 거울아, 누가 제일 예쁘니." 하는 질문이 아니라 "거울아 거울아, 어떻게 하면 이런 일들을 줄일 수 있겠니." 하고 물으며, 거울의 대답을 기다려보는 시간을 가지면 감사하겠다.

변변찮은 이야기를 7년째 지면에 올려주고 있는 〈시사인〉 식구들에게 먼저 사의를 표하고, 또 역시 내세울 것 없는 원고를 책으로 펴낼 결심을 해주시고 꼼꼼히 다듬어주신 '믹스커피' 출판사 여러분께 고개 숙여 인사드린다.

부족한 남편이자 아버지의 옆에서 든든한 버팀목이 되어주고 이야기의 첫 청취자가 되어주는 아내와 아들, 딸에게 판에 박힌 그러나 그래서 더 소중한 인사를 전한다. '사랑한다.'

이 책을 읽는 모든 독자에게도 만복이 깃들기를, 아울러 범죄로부터 안전하길 기원한다.

성경 말씀 하나를 덧붙여 본다. "형제들아, 사람이 만일 무슨 범죄한 일이 드러나거든 신령한 너희는 온유한 심령으로 그러한 자를 바로잡고 너 자신을 살펴보아 너도 시험을 받을까 두려워하라."(「갈라디아서」 6장 1절)

김형민

차례

·1부· 당신이 몰랐던 세계사 속 범죄자 열전

1장 | 역사를 바꾼 범죄의 얼굴

2장 | 세계사 속 만들어진 괴물

3장 | 야만의 시대, 시대의 범죄

4장 | 범죄에 빠진 세계, 정의는 있는가

1부

당신이 몰랐던
세계사 속 범죄자 열전

역사를 바꾼 범죄의 얼굴

"이 빌어먹을 전쟁은
너로부터 비롯되었다"

900만 명 희생의 방아쇠, 가브릴로 프린치프

암살(暗殺)의 사전적 의미는 '사람을 몰래 죽이는 행위'다. 그런데 여기에 '정치적으로 중요한'이라는 수식어가 추가되어야 정확한 뜻이 될 것이다. '정치적으로 중요한 사람을 몰래 죽이는 행위', 암살의 진정한 의미다.

수천 년 세계사 속에서 수많은 황제와 왕, 장군과 정치인, 사회운동가가 암살자의 총과 칼과 독에 쓰러졌고 그 죽음들은 역사를 바꿨다. 수천 년 동안 발생했던, 일일이 헤아리기조차 힘든 암살 가운데 가장 큰 파장을 일으킨 암살은 무엇이었을까?

사람마다 의견이 분분하겠지만, 1914년 보스니아의 수도 사라예보에서 벌어진 오스트리아 황태자 '프란츠 페르디난트 암살 사건'이 아닐까 싶다. 범인은 '가브릴로 프린치프'라는 스무 살의 보스니아 태생 세르비아계 청년이었다.

황태자 암살 이후 한 달도 안 되어서 오스트리아는 세르비아에 선전포고를 했고 세르비아의 후견국을 자처하던 러시아가 군대를 동원했다. 여기에 독일이 러시아에 선전포고를 하고 러시아와 동맹국이던 프랑스가 칼을 뽑았다.

그렇게 연쇄적인 도미노가 벌어지면서 제1차 세계대전의 막이 오른 것이다. 이 전쟁에서 900만여 명의 목숨이 사라졌다. 이 엄청난 역사적 폭발의 심지에 불을 당긴 가브릴로 프린치프는 어떤 사람이었을까.

옛 유고슬라비아를 구성한 공화국인 보스니아와 세르비아의 사람들은 기실 언어적·혈통적으로 크게 다르지 않았다. 이런 엇비슷한 집단을 두부 자르듯 반듯하게 잘라 떨어뜨려 놓은 건 다름 아닌 종교였다. 오스만 제국의 지배를 받으면서 수많은 보스니아인이 이슬람교를 받아들였지만, 가톨릭을 믿는 이들은 인근의 크로아티아에 끌렸고 그리스 정교를 신봉하는 이들은 세르비아인이라는 정체성이 확고했다.

오스만 제국이 유럽에서 밀려난 뒤 보스니아는 오스트리아 제국의 통치를 받고 있었다. 발칸 반도 일대의 남(南)슬라브족을 통합한 대(大)세르비아를 꿈꾸던 세르비아는 호시탐탐 오스트리아로부터 보스니아를 빼앗을 궁리에 몰두했다.

보스니아에 살던 세르비아계 사람들 역시 세르비아의 품에 안기길 열망했다. 보스니아에서 태어나 자란 세르비아계 청년 프린치프는 세르비아 본토의 청년들보다 더 열정적인 세르비아 민족주의자로 자란다. 세르비아로 치면 변방 사람이었고 세르비아에서 '보스니아 놈'이라고 멸시당한 적이 있었음에도 불구하고 말이다.

반(反)오스트리아 시위 가담 혐의로 학교에서 퇴학당한 프린치프는 사라예보에서 300km를 걸어 세르비아 수도 베오그라드에 닿는다. 일종의 '국토횡단대장정' 격 이벤트였을지도 모르겠다. 세르비아와 오스만 제국이 긴장 국면에 접어들었을 때 프린치프는 세르비아 게릴라 부대에 자원하지만 몸이 병약하다는 이유로 퇴짜를 맞는다. 그때 그는 여자친구에게 편지를 보낸다.

"내 삶은 쓰라림과 고통으로 가득해. 아무리 발버둥 쳐도 마음속엔 공허함만 가득하고 나 자신이 점점 사라지는 것 같아."[1]

자신을 태울 불을 찾아 헤매는 불나방처럼 프린치프는 장렬하게 죽을 곳에 목을 맨 불운한 젊음이었다. 그러던 그에게 희소식이 전해졌다. 오스트리아 황태자 프란츠 페르디난트가 사라예보를 방문한다는 소식이었다. 프린치프는 친구들과 함께 프란츠 암살 계획을 세운다.

오스트리아 황태자 부부를 암살한 가브릴로 프린치프 ©AP Photo

　유감스러운 건 프란츠 페르디난트는 프린치프가 증오하던 '오스트리아 압제자'와는 사뭇 다른 사람이었다는 사실이다. 그는 민족 갈등이 극심하던 오스트리아 내 통합과 민족 간 평등을 추구하는 '오스트리아 합중국'안을 제시했는데, 보스니아인들과 세르비아인들도 오스트리아인으로서 동등한 권리를 누릴 수 있었다.

　하지만 보스니아를 오스트리아로부터 분리시켜 세르비아와 합치길 바라는 세르비아로선 프란츠의 구상을 수용하기 어려웠고, 성미 급한 세르비아 비밀정보부 요원들은 프린치프를 포함한 암살단에게 무기를 주고 훈련시켜 사라예보로 보내버린다.

프린치프 등은 의기충천해서 사라예보로 떠났지만 그들의 거사는 무모하기 그지없는 일이었다. 암살단 파견 소식을 들은 세르비아 총리 역시 크게 놀라 암살단을 제지하려 했지만 그들은 이미 국경을 넘어가버린 뒤였다. 다급해진 세르비아 정부는 오스트리아 정부에 암살 기도가 있음을 알리기까지 했다. 그러나 오스트리아 황태자는 개의치 않고 사라예보에 들어왔다.

암살단은 어설펐지만 황태자는 불운했다. 한 차례 폭탄 테러가 황태자 부부를 노렸지만 어림없이 빗나갔다. 그때라도 생명의 위협을 느끼고 '옥체를 보전'하면 좋았겠으나 황태자는 다친 사람들을 위문하겠다고 고집하며 길을 나섰다. 하필이면 프린치프가 도사린 길 앞을 황태자의 행차가 느릿느릿 지나갔다.

거리에 뛰어든 프린치프는 운명의 방아쇠를 당겼고 그의 총탄은 황태자 부부의 몸을 꿰뚫었다. 오래전부터 "전쟁은 일어나게 되어 있다."라고 공언하던 오스트리아 황제 프란츠 요제프와 오스트리아 군부는 일제히 분노했고 가차없이 행동에 옮긴다. 제1차 세계대전의 서막은 그렇게 열렸다.

프린치프는 체포된 동료들 가운데 유일하게 사형을 면했다. 만 20세로부터 27일이 모자라는 미성년자였던 덕분이다. "나는 범죄자가 아니다. 내 목표는 남슬라브의 독립과 자유 쟁취다."[2]라고 열변을 토한 그였지만, 되레 세르비아 죄수들로부터 엄청난 구박을 받았다고 한다.

"이 빌어먹을 전쟁이 너로부터 비롯되었단 말이야."

프린치프는 감옥에서 온갖 학대를 받다가, 제1차 세계대전이 끝나기 직전 결핵과 영양실조로 세상을 떠났다.

"민족주의는 애국심에 대한 배신이다"

그에 대한 평가는 수십 년간 여러 번 바뀌었다. 제1차 세계대전 이후 유고슬라비아 왕국이 수립된 뒤 독립 영웅으로 거리에 명판이 새겨졌지만, 제2차 세계대전 때 히틀러는 그 명판을 전리품으로 가져갔다. 제2차 세계대전 후 사회주의 국가 유고슬라비아는 가브릴로 프린치프를 다시 예우했지만, 사회주의 몰락 후 유고 내전이 벌어지면서 프린치프에 대한 평가는 진영에 따라 갈라졌다.

대(大)세르비아를 외치며 인종 청소를 자행한 세르비아인들에게 당할 대로 당한 보스니아의 무슬림과 크로아티아인들에게 세르비아 민족주의에 불타올랐던 프린치프는 무모한 테러리스트일 뿐이었고, 세르비아인들에겐 정반대였으니 당연한 일이었겠지만.

피압박민족의 일원으로 압제자에 저항했던 그를 단순한 테러리스트로 비난하긴 어렵다. 하지만 그들을 지배했던 세르비아 민족주의가 다른 집단에 대한 잔인하고도 격렬한 배타로 이어진 후세의 역사를 보면, 프린치프의 열정을 마냥 긍정하기도 쉽지 않다.

2018년 11월 11일 제1차 세계대전 종전 100주년 기념식에서 프랑스 대통령 마크롱은 일갈했다.

"민족주의는 애국심에 대한 배신이다."

자신의 나라와 민족을 사랑하는 순수한 마음은 말할 것 없이 소중하다. 그러나 '우리 민족 중심주의'나 '우리 민족 제일주의' 혹은 다른 민족에 대한 반감과 배타 위에서 생명력을 지니는 '민족주의'는 애국심을 숙주 삼아 커지는 에일리언 같은 존재가 될 수 있다. 마크롱의 일갈은 그 위험성에 대한 경고가 아닐까.

프린치프의 뜻을 이어받겠다는 이들에게 경계심이 돋는 이유다. 아울러 시공간을 넘어 오늘을 살아가는 우리 안에서 생겨나는 '우리와 다른 사람'들에 대한 배타와 증오의 감정을 헤아려야 하는 이유이기도 할 것이다.

적어도 우리 독립운동가들은 일본 제국주의에 저항했으되 '대(大)조선주의'를 표방한 적 없고, 일본의 절멸이 아니라 동양의 평화와 공존공영을 꿈꿨다. 그래서 그런지 요 몇 년 사이 극성을 부리는 '친일'의 낙인과 '반일'의 함성은 떨떠름하다.

홍콩 역사를 바꾼
영국인 경찰의 부정부패

홍콩의 구세주에서 역적으로, 피터 고드버

1997년 홍콩이 중국에 반환되었다. 언젠가 딸아이가 "100년도 더 전의 약속을 그대로 지키다니 영국 사람들이 역시 신사다."라고 감탄하는 걸 듣고 손사래를 친 기억이 있다. 신사라면 애초에 남의 땅을 빼앗지 말았어야 하지 않겠는가. 더해 중국이 19세기 말처럼 덩치만 크고 무기력한 거인에 머물러 있었다면 영국 '신사'들은 결코 홍콩을 반환하지 않았을 것이다.

하나 오해가 있다면 오늘날의 홍콩 전체가 영국에 '조차'(租借)된, 즉 빌려준 땅은 아니었다는 것이다. 1842년 제1차 아편전쟁 후 영국에 내준 홍콩섬과 1860년 애로우호 사건으로 촉발된 제2차 아편전쟁 후 영국이 차지한 카오룽반도는 조차지가 아니라 할양지(割讓地)였다. 즉 영국에 '등기 이전'을 완전히 해버린 땅이라는 뜻이다. 이후 영국은 청나라에 더욱 뻔뻔스러운 요구를 추가한다. "우리 땅을 지키려면 그 근처도 우리가 좀 차지해야겠어요."

이 날 강도 신사들 앞에서 청나라 실권자 이홍장은 언젠가 다가올 시한(時限)을 제시했다. "원하시는 홍콩 주변 땅은 99년 동안 조차하는 것으로 합시다." 일설에 따르면, 99년은 중국어로 '久久' 즉 사실상 영원하다는 말과도 연결된다며 영국을 설득했다고 한다. 하기사 99년 뒤라면 영국인들도 "그때 가서 생각하자."라고 범연히 넘겼을 것이다. 그렇게 설정된 조차지가 신계(新界)였다.

그런데 세월이 흘러 영국이 신계를 반환하기로 한 1997년이 성큼성큼 다가오면서 영국은 고민에 빠진다. 영구히 차지한 홍콩섬과 카오룽반도는 반환할 필요가 없었지만, 홍콩의 태반인 신계지역을 반환하면 홍콩의 존립 기반이 무너지는 셈이었던 것이다.

이리저리 아쉬운 소리도 해봤지만 중국은 요지부동이었다. "약속은 99년 조차다. 약속을 지켜라." 결국 1997년 영국은 울며 겨자 먹기로 홍콩 전체를 중국에 반환한다. 신계 조차지 이후 99년, 아편전쟁으로 홍콩섬을 차지한 뒤로 치면 155년 만의 퇴장이었다.

짧게는 99년, 길게는 155년 동안 영국의 강제 '양자'가 된 홍콩의 역사가 얼마나 복잡하고 기구하며 여러 얼굴을 지니고 있을 것인가. 유니언 잭이 휘날리는 영국 땅이지만 피치자(被治者) 대부분은 중국인이었고, 영국의 통치와 중국의 일상이 온존했던 복잡한 땅이었다. 그 가운데 영국인들마저 감화시켜버린 중국 문화(?)가 있었으니, '꽌시'(關係)로 대변되는 중국의 부정부패였다.

중국 역대 왕조의 정치사는 '부패와의 전쟁사'라고 해도 과언이 아닐 정도다. 청나라 건륭제 때 인물 화신(和珅)을 예로 들면, 그 거대한 청나라 왕조의 10년 세금 수입을 혼자서 꿀꺽했다고 추산된다. 도대체 어떻게 하면 그렇게 해먹을 수 있을까 싶지만 또 그게 가능한 나라가 지대물박(地大物博)의 나라, 즉 땅 넓고 물산 풍부한 나라 중국이었다.

이 전통은 영국 통치하의 홍콩 공무 세계에도 면면히 흘렀다. "불을 끄기 위해 소방서에 연락해도 뒷돈을 요구하고, 경찰들은 매일 양치질을 하는 것처럼 부패가 생활의 일부가 되어 있던" 곳이었다.[3]

그중 경찰의 부패는 상상을 뛰어넘었다. "경찰 오직의 으뜸은 소위 '당연한 요구'다. 도박장이나 마약 업자에게서 상납을 받아 잡순다고… 홍콩 도박장이 매달 경찰에게 200홍콩달러를 상납하고 경찰서장은 앉아서도 하루에 20홍콩달러를 번다… 스물두 살의 현직 경찰은 권총을 갖고 달아나 은행을 털어 9만 홍콩달러를 유흥비로 흘렸다. 뒷골목의 도색 영화관은 관람료의 절반을 경찰에 바치는 게 공공연한 비밀로 되어 있다."[4]라고 했으니 말이다.

반부패 수사기관 염정공서의 탄생

고위 공무원직을 차고 앉았던 영국인들도 이 못된 습속에 물들어 있었다. '피터 고드버'라는 영국인 경찰 간부도 그중 하나였다. 그는 꽤 유능했다. 1967년 홍콩은 중국 문화대혁명의 영향을 받은 젊은이와 노동자들이 일으킨 반영(反英) 폭동에 휩싸인다.

몇 달 동안 진행된 소요 과정에서 피터 고드버는 단호하고 기민한 판단으로 시위대에 대처하면서 영웅 대접을 받았다. 불법 이민과 빈민들이 들끓는 카오룽반도 지역 경찰의 NO.2까지 올라갔

1975년 뇌물수수 혐의로 홍콩에 송환된 영국인 경찰 간부 피터 고드버
©South China Morning Post

으니 출세했다는 평판에 부족함이 없었다.

명예로운 은퇴 후 꽃길만 걸으면 될 것 같던 그는 뜻밖의 추락 위기를 맞는다. 그의 재산이 무려 473만 홍콩달러(현재 한국 돈으로 환산하면 50억 원 정도)에 달한다는 사실이 알려진 것이다. 21년간 홍콩 경찰에 재직하면서 받은 봉급 총량의 여섯 배가 넘는 거액이었다. "도대체 이 돈을 어떻게 챙긴 것이냐."라며 홍콩 당국은 그에게 해명을 요구했지만, 1973년 고드버는 홍콩을 탈출해 영국으로 돌아가버렸다.

홍콩 사람들은 격분했다. 고양이에게 생선을 맡겼다는 사실에도 열이 치솟다가 화병이 날 지경인데 이 도둑 고양이, 경찰 고위 간부가 영국으로 도망가서 호화 생활을 누리다니! 도대체 이게 말이 되는가! 연일 시위가 이어졌고 홍콩 시민들은 고드버를 잡아오라고 아우성쳤다.

하지만 사태 초기 영국은 손을 놓고 있었다. 고드버를 송환하자면 쌍방가벌성 원칙에 따라 고드버의 행동이 홍콩과 영국 쌍방 모두에서 범죄를 구성해야 했는데 "뇌물을 받았다."라는 구체적 증거가 아니라 "재산이 불어난 걸 설명하지 못하고 귀국했다."라는 이유로 고드버를 홍콩으로 송환하는 건 무죄 추정의 원칙에서 벗어난다는 핑계를 대면서 차일피일 미루기만 했다.

하지만 고드버 송환 요구 시위가 영국의 홍콩 통치 전반에 걸친 불만이 폭발하는 양상으로 번지면서 영국도 더 이상 앉아서 뭉

갤 수만은 없게 되었다. 마침내 영국은 고드버의 부하 직원이 폭로한 뇌물 수수를 근거로 고드버를 체포해 홍콩으로 송환했다. 고드버는 홍콩 법정에서 징역 4년을 선고받고 형기를 치르게 된다.

피터 고드버는 나름 억울했을 것이다. "내가 홍콩의 안정을 위해 얼마나 헌신했는데! 나만 뇌물을 먹은 것도 아니고 홍콩의 거의 모든 게 부패로 얽혀 있었는데! 나는 남 하는 만큼만 먹었을 뿐인데! 상관들은 더 해먹는 걸 봤는데!" 하면서 감옥의 벽을 쳤을지도 모른다. 그러나 홍콩 사람들 역시 수십 년 뒤 나올 한국 노래 가사를 미리 되뇌고 있었다.

"내게 그런 핑계 대지 마. 입장 바꿔 생각을 해 봐. 내가 만약 너
라면 넌 그럴 수 있니."

범죄는 구조적인 성격을 지닐 수밖에 없다. 경중(輕重)을 따질 수 있을지언정 남들 다 하는 일이니 나는 무죄라고 고집할 수 없다. 사회적 모순에 기대 개인적 일탈을 간과할 수 없는 이유다.

여기서 더 중요한 건 범죄를 대하는 사회의 자세가 아닐까. 범인 한 명을 잡아 태워 죽이든 능지처참을 하든, 범인 개인에 대한 응징에 매달리는 것보다 범죄자를 엄중히 처벌하되, 다시는 그런 범죄가 없도록 그리고 줄어들 수 있도록 구조적 해결책을 세우는게 훨씬 더 의미가 크다는 이야기다.

홍콩은 이 어려운 일을 해냈다. 고드버 사건을 계기로 설립된 반부패 수사기관 '염정공서(廉政公署, Independent Commission Against Corruption)'가 막대한 투자와 강고한 의지를 무기로 뿌리 깊은 부패와의 전면전을 벌이기 시작했던 것이다.

부패한 경찰은 충돌을 불사하며 염정공서에 저항했지만 별 소득을 거두지 못했고, 썩은 내 풀풀 풍기던 홍콩의 관계(官界)는 동아시아에서도 손꼽히는 청정 지역으로 시나브로 변화해 갔다. 범죄자 고드버의 비리가 역사를 바꾸는 계기가 된 것이다.

지금의 한국은 어떨까, 다를 게 없다. LH 직원들의 내부 정보를 이용한 부동산 투기를 비롯해 부당한 권력과 불공정한 특권을 활용한 비리들은 발각될 때마다 한국 사회를 들끓게 했고 한국 사람들은 분노를 금치 못했다.

반복하지만 피터 고드버 같은 이들을 잡아내는 것보다 더 중요한 건 그런 범죄들을 '구조적으로' 원천봉쇄하는 일이다. 범죄자를 어떻게 심판할 것인지 고민하는 것도 필요하나, 그를 엄중 처벌하면서 카타르시스를 느끼는 그야말로 '분노의 배설'에 그치면 허해지는 건 우리의 마음뿐이지 않을까.

인권 존중의 전범으로 남은
한 청년의 범죄

미란다 원칙, 에르네스토 미란다

변호사의 딸 유괴 사건을 둘러싸고 벌어지는 일련의 일을 스릴 넘치게 담아낸 영화 〈세븐 데이즈〉에서 변호사의 친구이자 형사 김성열은 용의자를 체포한 후 분기탱천해서 외친다. "넌 변호사를 선임해도 소용없고 묵비권을 행사하면 계속 처맞는 거야!" 〈인정사정 볼 것 없다〉에서도 강력계 우 형사는 범인에게 부르짖는다. "내가 지금 너한테 왜 이런 말을 하는지는 모르겠지만, 너는 변호사를 선임할 권리가 있고 그리고 나머지는 지금 생각이 안 나."

그런데 아무리 화가 나도 범인을 체포하면서 저렇게 말하면 큰일 날 수 있다. 알다시피 위 영화들에서 형사들의 대사는 범인의 권리를 고지해주는 '미란다 원칙'인데, 이를 제대로 고지하지 않는 건 무죄 판결의 근거가 될 수도 있다.

경찰은 모름지기 〈베테랑〉에서 사악한 재벌 2세 조태오의 덜미를 잡은 서도철처럼 또박또박 말해줘야 하는 것이다. "지금부터 묵비권을 행사할 수 있고 변호사를 선임할 권리가 있으며 지금부터 하는 모든 말은 법정에서 불리하게 작용할 수 있습니다."

그런데 2007년 〈세븐 데이즈〉 속 김성열의 노호(怒號)에 등장하고 2015년 〈베테랑〉에서 서도철이 힘줘 읊었던 '묵비권'은 당시 우리나라에서 시행되던 미란다 고지와는 차이가 있다.

2019년 미란다 고지 원칙이 개정되기 전까지 우리나라 경찰이 범인을 체포할 때 고지했던 건 "범죄 사실의 요지, 체포 또는 구속의 이유와 변호인 선임권, 변명할 기회, 체포와 구속 적부심사 청구권"[5]이었다. 진술 거부권, 즉 묵비권은 체포 후 피의자 신문 단계에서 고지하면 되는 절차였다.

경찰이 "피의자 방어권을 실질적으로 보장한다는 취지에서 체포 시에도 묵비권을 고지하기로" 해 우리나라 미란다 원칙에 묵비권이 추가된 건 2019년 이후의 일이다. 그 이전 영화들에서 등장하는 "너는 묵비권을 행사할 수 있고" 운운은 할리우드 영화를 너무 많이 봤기 때문이라고나 할까.

어쨌든 미란다 원칙은 언제부터 우리 역사, 아니 세계 역사에 등장했던 걸까. 그 역사는 그렇게 길지 않다. '미란다'의 이름은 비

'미란다 원칙'의 유래가 된 에르네스토 미란다 ©AP Photo

열하고 사악했던 범죄자 '에르네스토 미란다'로부터 비롯되었다. 1963년 미국 애리조나주 피닉스에서 한 18세 소녀가 괴한에 납치되어 사막으로 끌려다니며 성폭행당하는 사건이 발생했다. 소녀는 범인의 인상착의는 기억하지 못했지만 녹색 차량으로 납치되었고 차 안에 밧줄로 만든 특이한 손잡이가 있었다고 증언했다. 그런데 피해자의 사촌 형제가 증언에 들어맞는 용의 차량을 동네에서 발견해 경찰에 신고한다.[6]

미란다 원칙이 범인을 잡는 데 방해가 되었을까?

경찰은 즉시 출동해서 차량 소유주를 찾는다. 소유주는 여성이었지만 그녀에겐 전과가 상당히 화려한 남자친구가 있었다. 일찌감치 여러 범죄를 저질러 소년원을 들락거렸고 군에 입대해서도 사고를 쳐서 불명예 제대를 한 전력의 에르네스토 미란다였다.

경찰은 옳다구나 그를 연행해 다른 용의자들과 함께 세워 피해자에게 보였지만, 피해자는 미란다를 정확히 지목하지 못했다. 그래도 여러 정황이 미란다가 범인임을 가리키고 있었기에 경찰은 강도 높은 신문을 펼친다. 미란다는 두 시간을 견디지 못하고 혐의를 자백했고 진술서를 작성한다.

그 진술서 용지 위에 쓰여 있던 글귀는 이랬다. "이 진술은 자발적으로 행해졌으며 나는 내 법적 권리에 대해 완벽하게 숙지했고 내가 하는 진술이 나에게 불리하게 적용될 수 있음을 이해하고 있다."

미란다의 재판이 진행되었다. 그런데 변호사조차 제대로 구하지 못한 무일푼의 건달 미란다 앞에 70대의 국선 변호사 앨빈 무어가 나타난다. 당시 국선 변호사는 크게 무리하지 않고 형량을 줄이는 정도의 노력만 기울이는 게 상례였지만 앨빈 무어는 남다른 구석이 있었다.

"수임료는 건당 100달러. 우리 돈으로 12만 원 정도 받고 변론을 맡아 항소심까지 갔다. 하지만 유죄를 피할 수 없었다…. 그는 한 가지를 집요하게 물고 늘어졌다. 의뢰인은 신문 전에 변호인 선임권을 고지받지 못했다는 점이다."[7]

즉 미란다가 "스스로에게 불리한 증언을 하는 걸 방지하고 변호사의 조력을 받을 권리를 명시한 미국 수정헌법 제5조의 내용을 알 턱이 없음에도 불구하고, 신문에 앞서 수사관들이 이 사실을 미리 통보하지 않았기 때문에 그런 권리를 모르는 상태에서 이뤄진 미란다의 자백은 처음부터 증거로 채택될 수 없다"[8]라는 주장이었다.

앨빈 무어 이후 다른 변호사와 인권 단체도 이 사건에 붙었고 미란다 판결은 급기야 연방 대법원까지 올라간다. 당연히 논쟁이 들끓었다. "흉악범들 수사를 어떻게 하란 말이냐, 변호사가 입 다물라고 해버리면 신문을 계속할 수조차 없는데 범인을 잡으라는 것이냐 말라는 것이냐." 하며 아우성치는 경찰, 검찰의 불만이 하늘을 찔렀다. 담당 검사의 반박을 들어 보자.

"우리는 훌륭한 경찰관이 있음을 잘 알고 있고… 쿨리를 비롯한 경찰관들은 피고인의 권리를 빼앗은 사실이 없고, 피고인이 뭐라 하든지 상관없이 그럴 리도 없다."[9]

그러나 1966년 6월 13일 미국 대법원 대법관 아홉 명은 세기의 판결을 내린다. 5:4의 판결로 미란다의 무죄를 선언한 것이다. 외부와 단절된 공포 분위기에서 피의자가 자유로운 진술을 할 수 있으려면 밟아야 할 절차가 분명히 있고, 그 절차를 어긴 채 이뤄진 자백은 유죄의 증거가 될 수 없다는 게 판결의 요지.

　　"대법원이 범죄 예방이나 범죄 피해자의 권리보다 범죄자의 권리를 더 존중하고 있다."라는 우리에게도 낯익은 항의가 등장했고 미국 전역에서 격렬한 논란이 일었지만, 대법원의 판결은 낙장불입이었고 누구도 바꿀 수 없는 원칙이 되었다. 미국 각지의 경찰들은 미란다 원칙을 적은 종이를 들고 다니면서 외웠고 체포한 이의 귀에 대고 읊는 데 익숙해져야 했다.

　　대법원에서 무죄를 받았지만 미란다는 끝내 죗값을 치렀다. 미란다의 동거녀가 범죄 사실에 대해 새로운 증언을 했고 미란다는 다시 체포되어 징역 10년을 살았던 것이다.

　　출소 후 미란다 카드를 만들어 "내가 문제의 미란다입니다."라고 호소하는 마케팅(?)으로 근근이 돈을 벌며 살던 그는 술집에서 일어난 시비 끝에 칼에 목을 찔려 숨지고 말았다.

　　공교롭게도 "미란다 살해용의자를 체포했던 경찰은 13년 전 미란다를 체포했으나 피의자의 권리를 설명해주지 않았던 바로 그 경찰이었다. 미란다 살해용의자가 미란다 원칙을 내세우며 묵비권을 행사해 일부 혐의에서 무죄를 받았다."[10]라고 하니 역사의 장난은 짓궂기 짝이 없다.

범인을 잡아야 할 사람들이 상당히 불편해졌지만 미란다 원칙이 정말로 범인을 잡는 데 방해가 되었을까? 그렇진 않다. 오히려 '자백은 증거의 여왕'이라고 해서 어떻게든 자백만 받아내면 만사 오케이였던 관행에 경종을 울려, 수많은 가짜 범인의 양산을 막았고 합리적 증거와 증인을 통해 범인을 밝히는 계기가 되었다.

천하의 나쁜 놈, 연쇄살인범에게까지도 이 원칙이 적용되어야 하는 이유는 그들이 인간으로서 보장받을 수 있는 권리를 보장받을 때 일반 시민의 권리 또한 소중하게 여겨질 수 있기 때문이다.

"짐승 같은 놈들에게 무슨 권리?"라고 코웃음 치는 사람에게도 짐승의 누명을 쓰는 일이 일어나지 말라는 법은 없는 것이다. 결코 위대하지도 뛰어나지도 않았던, 아니 인간 이하의 범죄자였던 한 청년의 범죄가 인류가 이룩한 인권 존중의 전범으로 남은 이유다.

도둑맞은 후 더 큰 보물이 된
다빈치의 초상화

<모나리자> 도난 사건, 빈센초 페루자

현존하는 예술 작품 가운데 최고의 몸값을 지닌 그림은 무엇일까.
실제로 거래되는 작품들과 박물관에 내걸린 그림들을 전부 망라
해서 말한다면, 단연 으뜸은 프랑스 루브르 박물관의 상징 <모나
리자>이지 않을까.

기네스북에 따르면 40조 원 정도의 가치라고 하지만, 400조
원을 준다고 해도 프랑스는 <모나리자>를 팔지 않을 것이다. 프랑
스가 자랑하는 루브르 박물관의 상징이요, 심장 같은 작품이니까.

레오나르도 다빈치가 프랑수아 1세의 초빙으로 프랑스에 갈
때 챙겼고 다빈치 사후 프랑스 왕가의 소유가 되어 프랑스의 보물

로 수백 년을 지내온 〈모나리자〉는 20세기 들어와 몇 번의 해외 나들이를 경험한다.

1963년 미국 대통령 존 F. 케네디 영부인 재클린 케네디의 간절한 호소로 미국 땅을 밟은 바 있고, 러시아 모스크바와 일본 도쿄에 모습을 드러내기도 했다. 모두 철통같은 경호와 천문학적인 보험료를 들인 비싼 나들이였다. 하지만 〈모나리자〉의 가장 길었던 프랑스 밖 나들이는 그렇게 순탄하지도 호화롭지도 못했다.

1911년 8월 22일 〈모나리자〉를 즐겨 찾던 화가 루이 베루는 일순간 눈을 화등잔처럼 크게 뜬다. 눈을 의심하며 몇 번이나 비비고 봤지만 그의 목전에 펼쳐진 건 '수수께끼의 미소' 주인공 〈모나리자〉의 빈자리였다. 도대체 이게 무슨 일인가.

경비 책임자에게 달려갔는데 돌아온 반응은 심드렁했다. "홍보 사진이라도 찍으러 가져간 거 아니겠습니까. 가끔 그런 일 있잖아요." 박물관 본부에 연락했으나 돌아온 답은 "그런 사실 없음."이었다. 그제야 루브르 박물관 직원들 머릿속에 거대한 사이렌이 울리기 시작했다.

"〈모나리자〉가 없어졌다."

루브르 박물관은 즉시 폐쇄되었고 박물관을 서캐 훑듯 샅샅이 뒤졌지만 〈모나리자〉는 발견되지 않았다. 전날 8월 21일 마지막으로 목격된 뒤 흔적도 없이 사라져버린 것이다.

본디 〈모나리자〉는 오늘날처럼 '루브르의 심장'으로 여겨질 만큼의 위상은 아니었다. 하지만 뜻하지 않게 잃어버린 물건에 대한 집착으로 가치는 수직상승하게 마련이다. 이를테면 숭례문에 별 관심 없던 한국 사람들도 어느 정신 나간 노인의 방화로 숭례문이 불탔을 때 발을 동동 구르며 눈물을 훔쳤듯이.

"영원한 미소를 잃어버렸다!" 프랑스 언론은 연일 분노를 터뜨리며 대서특필했다. 평소 〈모나리자〉가 있는지 없는지도 몰랐던 사람들이 빈자리라도 보겠다며 대거 몰려들었다.

> "프란츠 카프카와 그의 친구 막스 브로트도 〈모나리자〉가 사라진 자리를 보려는 대열에 합류했다. 브로트가 일기에서 썼듯이 〈모나리자〉의 이미지는 도처에 있었다…. 매체를 막론하고 모든 문화에서 흘러넘치게 되었다."[11]

〈모나리자〉는 '거기 있어서'가 아니라 '사라졌기에' 갑자기 떠버린 것이다. 아울러 품격 높으신 귀족들의 고고한 감상에서 벗어나 무더기로 몰려드는 대중의 여신(女神)으로 광장에 모셔졌다.

이탈리아의 영웅이 된 그림 도둑

경찰은 눈에 불을 켰다. 조금이라도 걸리는 게 있으면 용의자로 족칠 기세였다. 파블로 피카소도 용의자 중 하나로 지목되었다. 도난 미술품인 줄 모르고 사들였던 전력이 문제가 되었기 때문이다. '미라보 다리 밑에 센 강은 흐르고⋯.'의 유명한 시구(詩句)를 남긴 시인 기욤 아폴리네르도 잠시나마 철창 신세를 졌다. "예술가의 상상력을 가로막는 박물관을 불태워 버려라."는 과격한 언사를 내뱉은 통에 장물 취득 혐의를 의심받았기 때문이다.

하지만 둘은 범인과는 전혀 관련이 없었다. 대담하게도 박물관에 걸린 〈모나리자〉를 벽에서 떼어내 태연하게 들고 나간 사람은 따로 있었다. '빈센초 페루자'라는 이름의 이탈리아인이었다.

〈모나리자〉를 훔친 빈센초 페루자 ©위키피디아

그는 〈모나리자〉에 안전유리를 씌우는 작업을 하던 노동자였다. 액자의 유리를 신속히 떼어낼 줄 알았던 그는 액자에서 그림을 분리해 코트 자락에 숨긴 뒤 박물관을 나가 집에 숨겼다. 사실, 프랑스 경찰이 조금만 세심했다면 진작에 쇠고랑을 찰 수 있었다. 도난 현장에 그의 지문이 큼직하게 남아 있었으니까 말이다.

수사 과정에서 경찰이 그의 집까지 찾아가 이것저것 탐문했음에도 불구하고 경찰은 그의 지문을 조회하지 않았다. '외국인 노동자 따위가 예술 작품의 진가를 알아보고 훔칠 리 없다.'라는 고정관념 때문이었다. 페루자는 그림을 들고 이탈리아로 귀국해 세상이 조용해지길 기다렸다. 2년여 시간이 흐른 뒤에야 그는 피렌체의 미술상에게 편지를 보낸다.

"루브르에서 도난당한 레오나르도 다빈치의 작품을 가지고 있소. 다빈치가 이탈리아인이었으니 이 그림의 주인은 이탈리아가 되어야 하오. 이 걸작을 있던 자리로 돌리고 싶소. 레오나르도 페루자."

미술상 알프레도 제리는 반신반의하며 '레오나르도 페루자'라고 자신을 소개한 이를 만나 그림을 확인하곤 눈이 튀어나올 만큼 놀랐다. 루브르 박물관의 흔적이 고스란히 남은 진품 〈모나리자〉였기 때문이다.

여기서 레오나르도 페루자, 아니 빈첸초 페루자의 뜻대로 돈 10만 달러 정도에 그림을 사서 피렌체에 흔했던 부자들에게 몇 배를 받고 팔았다면, 〈모나리자〉는 영원히 어느 귀족 가문의 수장고 속 잠자는 공주가 되었을지도 모른다. 그러나 그러기에 알프레도 제리는 너무 반듯한 사람이었다. 아니면 그런 대단한 일을 해치우기엔 간이 작았다고 할까. 그가 경찰에 신고하면서 페루자는 체포되고 〈모나리자〉는 이탈리아 정부의 손에 들어간다.

그런데 10만 달러에 〈모나리자〉를 거래하려 했던 문화재 절도범 페루자는 엉뚱한 기염을 토했다.

"〈모나리자〉를 고향으로 돌려보내고 싶었다. 이탈리아 문화재를 약탈한 나폴레옹에게 복수하고 싶었다."

기실 이탈리아인들도 〈모나리자〉에 그렇게 큰 관심은 없었다. 프랑스의 루브르 박물관이나 영국의 영국 박물관에 있는 이탈리아 예술품이 어디 한두 점이었겠는가.

그런데 〈모나리자〉를 프랑스로 가져간 나폴레옹에게 복수하고 (이건 역사적 사실이 아니다) 〈모나리자〉를 고향으로 되돌리려 했다는 맹랑한 절도범의 범행 동기는 통일 왕국을 이룬 지 수십 년밖에 안 되는 '초보 이탈리아 국민'을 열광시켰다.

페루자는 일약 국민적 영웅이 되었다. 전국에서 쏟아지는 꽃다

발과 선물 공세에 파묻힐 지경이었다. 루브르의 〈모나리자〉가 부재(不在)로 비로소 대중에게 드러났다면, 이탈리아의 〈모나리자〉는 이탈리아인들의 영혼을 하나로 묶는 존재로 거듭난 것이다.

어쩔 수 없이 프랑스에 반환되긴 했지만 이탈리아인들은 반환 전 피렌체, 로마, 밀라노를 순회하며 〈모나리자〉 전시회를 연다.

"구름 관객이 몰려들었다. 그림 앞에서 눈물을 글썽이는 사람도 있었다. 로마를 거쳐 밀라노 전시가 이어졌다. 이 전시에 이틀 동안 6만 명이 몰렸다."[12]

이후 이탈리아인에게 〈모나리자〉는 '이탈리아로 돌아와야 할' 보물로 각인된다. 그로부터 100여 년 뒤 2018년 러시아 월드컵에서 프랑스가 우승한 후 루브르 박물관 측이 기쁨을 주체하지 못해 푸른색 유니폼을 입은 〈모나리자〉를 공식 트위터 계정에 올렸을 때 이탈리아인들이 격분했다.

"모나리자는 이탈리아 사람이다! 이런 짓 그만둬라." 이에 루브르 박물관은 공식적으로 응대한다. "〈모나리자〉는 프랑수아 1세가 레오나르도 다빈치로부터 구입한 것임!"

오늘날 루브르 박물관을 통째로 자신을 위한 신전으로 만들어 버렸다고 해도 과언이 아닐 〈모나리자〉는 100여 년 전 페루자가 자신을 돌돌 말아 훔쳐 가기 전까진 꿈도 꾸지 못했던 오늘날의 지위를 만끽하며 신비의 미소를 흘리고 있는지도 모르겠다.

그녀가 페루자를 만난다면 과연 어떻게 인사를 할지 궁금하다. 프랑스말로 "메르시 무슈 페루자." 하며 키스를 보낼까, 이탈리아 말로 "그라찌에 시뇨레 페루자." 하며 윙크를 할까.

여자는 배를 못 탔다지만
'여성 해적'은 많았다

여자 해적 듀오, 앤과 메리

필자의 아버지는 원양어업 회사에 오래 계셨다. 망망대해를 누비는 마도로스가 아닌 지상 근무를 하셨지만, 아무래도 뱃사람들과 부대끼며 살아가다 보니 그쪽의 문화에 익숙했다. 그런데 어느 날 TV 드라마에서 출항 직전의 외항선에 여자가 올라타는 모습을 보며 크게 코웃음 소리를 냈다.

> "출항하는 외항선에 어떻게 여자가 올라타? 뱃사람들은 미신을
> 잘 믿는다. 휘파람 불면 큰바람을 부른다거나 그런 것처럼 배에
> 여자 태우면 재수가 없다고 아주 싫어하지."

흥미로운 건 여자를 태우면 재수 없다는 미신이 동양과 서양을 막론한 뱃사람들 일반에 퍼져 있었다는 사실이다. 한국이건 중국이건 프랑스건 영국이건 뱃사람들은 '여자를 태우면 좋지 않다.'라는 인식을 수백 년 동안 지녀 왔다는 이야기다.

이런 속설이 생겨난 데는 여러 이유가 있을 것이다. 남존여비 (男尊女卑)의 일각일 수도 있겠고, 아름다운 여자는 바다로 하여금 질투심을 불러일으킨다는 어설픈 동화 같은 믿음일 수도 있을 것이다. 또 열악한 항해를 여자가 버티기도 어려웠고 망망대해를 오랫동안 헤매야 하는 직업 속성상 성적(性的)인 문제가 발생하기 쉽기에 배 안의 질서가 무너질 수 있다는 현실적 우려도 작용했을 것이다.

그런데 놀랍게도 수백 년 전, 승객이 아닌 선원으로 배에 올라탔던 여자 뱃사람들이 있었다. 그 가운데 보통 어선이나 화물선 또는 정규 군함의 선원이 아니라 자그마치 '해적'으로 유명한 두 사람 '메리 리드'와 '앤 보니'에 대해 알아보자.

대항해 시대 이후 유럽 국가들은 바다를 통해 본국으로 어마어마한 부(富)를 실어 날랐다. 그 와중에 수없이 많은 전쟁을 치르면서 모든 수단을 동원해 상대방에게 경제적 타격을 입히려고 했다. 민간인들에게 '약탈 면허'를 주고 상대방 배를 공격하게 한 것도 그 작전 중 하나였다.

전쟁 후에도 약탈을 포기하지 않은 민간인들은 점차 해적(海

賊, Pirates)으로 변신해 나간다. 이 해적의 황금시대는 '길게 봐야 17세기 말에서 18세기 초반까지의 40여 년'[13]이었지만 이즈음 활동한 해적은 후대 사람들의 상상을 자극하며 수많은 소설과 영화의 모델이 되었다.

메리 리드와 앤 보니가 해적의 일원으로 바다를 누빈 것도 바로 이때였다. 하지만 그녀들이 유일한 경우였던 건 아니다.

"해적선은 갈 곳 없고 추방되고 환영받지 못하는 사람들이 세상에서 성공하는 길을 찾을 수 있는 장소였다. 이 중에는 여자들도 있었다. 특히 노동 계급의 여자들이었다. 남장(男裝)은 노동 계급 여성들이 환경을 극복하기 위해 쓸 만한 방법이었다. 네덜란드 동인도 회사에 기록된 남장 여자 직원 사례만 100건이 넘을 정도다."[14]

메리 리드는 런던 외곽에서 사생아로 태어났는데 그녀의 어머니는 시댁으로부터 돈을 뜯어내기 위해 메리를 죽은 남편과의 사이에서 낳은 아들이라고 속였다.[15]

메리는 영국군에 입대할 만큼 거칠고 용맹하게 자랐지만 동료와 사랑에 빠져 한 남자의 아내가 된다. 하지만 그녀는 주방에서 요리하며 아이들과 씨름할 팔자가 아니었다.

얼마 지나지 않아 남편이 죽자 메리는 다시 바지를 입고 바다로 향했고 그녀가 탄 상선이 해적에게 나포되었을 때 그녀는 "나도 해적이 되겠다."라고 외친다.

그렇게 해적으로 바다를 누비던 어느 날 그녀는 잭 래컴이라는 해적선 선장의 배에 합류한다. 래컴의 배에는 또 한 명의 남장 여자가 타고 있었다. 그녀의 이름은 앤 보니, 그녀의 아버지는 하녀와 불륜을 저질러 앤을 낳고 이혼당한 뒤 미국으로 건너왔다.

앤 역시 강단 넘치는 여성으로 자라났다. 자신을 성폭행하려고 덤비는 남자를 두들겨 패서 앓아눕게 만들었을 정도로 드센 여자였다. 그녀 역시 제임스 보니라는 선원과 결혼했지만 잭 래컴이라는 해적선 선장을 만나 사랑에 빠지면서 래컴의 해적선에 오른 케이스였다.

앤은 우락부락하지 않게 잘생긴(?) 남장 메리에게 호감을 느끼고 접근했는데 메리가 "나는 여자예요."라고 밝히면서 실망했다고 한다.

해적 두목 래컴도 어지간히 눈치가 없었던 모양이다. 메리와 앤이 사이좋게 지내는 모습에 질투를 느끼고 앤더러 "네 새 연인의 목을 베겠다."라고 펄펄 뛰었다고 하니까 말이다. 메리가 정체를 밝혔을 때 래컴은 얼마나 머쓱했을까.

가슴 보여주면서 "넌 여자한테 죽는다"

앤과 메리는 그야말로 악명 높은 해적으로 이름을 떨쳤다. 총칼을 휘두르는 전투에서도 뒤처지지 않았고 상대방의 목을 자르기 전에 먼저 가슴을 보여주면서 "넌 여자한테 죽는다."라고 알려줬다는 전설도 있다. 메리의 경우 명사수여서 새로 사귄 해적 연인을 위협하는 해적을 결투 끝에 쏴 죽이기도 했다.

하지만 그들의 해적 운은 길지 않았다. 해적 소탕에 나선 영국의 민간 무장선(武裝船)이 자메이카 근처 해안에 닻을 내리고 쉬고 있던 해적선을 기습한 것이다.

하필이면 앤과 메리의 동료들은 모두 술에 취해 있었고 필사적으로 저항한 건 앤과 메리 둘뿐이었다. 술 취한 해적들이 갑판 밑에 숨어들었을 때 총잡이 메리는 그들에게 총을 쏘아붙이며 욕설을 퍼부었다고 한다. "이런 비겁한 놈들!"

머지않아 앤과 메리 그리고 그녀의 연인들을 포함한 해적들은 굴비 엮이듯 끌려왔고 앤과 메리를 제외한 전원이 교수대에서 목이 매달린다. 선장 잭 래컴을 향해 앤이 일갈했다고 전한다. "남자답게 싸웠으면 개처럼 목 매달릴 일도 없잖아!"

하지만 둘은 사형을 면했다. 해적들의 포로가 되었었던 도로시라는 여성이 "남자 해적들이 나를 죽이려 하자 그들이 달려와 강하게 항의하며 보호해줬다."[16]라고 증언하기도 했지만 앤은 래컴의 아이를, 메리는 동료 해적의 아이를 임신하고 있었다.

앤은 아이를 낳은 뒤 열병으로 죽었지만 메리는 아버지의 도움으로 감옥에서 나올 수 있었다. 이후 그녀는 또 다른 남자와 결혼해 많은 자녀를 낳으며 여든 살까지 살다가 평온하게 죽었다.

여성 해적들의 삶을 돌이켜보다가 문득 영화 〈캐리비안의 해적 3〉의 프롤로그가 떠올랐다. 영국 해군에 붙잡혀 교수형 당하는 남녀노소가 등장하는 장면. 그 가운데 한 소년이 노래를 부르기 시작하고 곧 합창으로 변한다. "요~호~ 모두들 깃발을 높이 올려라. 도둑과 거지들… 우리는 결코 죽지 않는다."

해적들은 '도둑과 거지', 즉 당시 사회로부터 배척받고 탈락한 사람들이 택했던 절망적이지만 유일한 출구이기도 했다. 사람들을 무차별적으로 죽이고 물건을 빼앗는 악당이었으되 지도자를 직접 뽑고 때론 그 자리를 박탈하기도 할 만큼(소설 『보물섬』에서 '검은 쪽지'를 전달해 선장을 해고하는 장면을 기억해보자) 민주적인(?) 집단이었고 이익 분배도 상당히 공평하게 이뤄지는 '범죄 공동체'였다.

"가난은 악의 근원"이라는 조지 버나드 쇼의 말처럼 가난에 내몰린 '거지'들은 '도둑'이 되기 일쑤였고 그들은 해적을 자임하며 거친 바다에 나섰던 것이다. 앤과 메리가 남편을 잃거나 먹고살 길이 충분했더라면 아무리 선머슴 같이 자란 그녀들이라고 해도 서슴없이 해적선에 올랐을까?

그들을 미화하자는 얘기가 아니다. 오늘날에도 해적들은 세계 곳곳에서 기승을 부리고 있다. 그들을 소탕하는 데 군함과 대포도 당연히 중요하겠으나 해적질로 얻는 위험한 이익을 다른 방식으로도 벌 수 있도록 만들어주는 게 중요하지 않을까. 그렇지 않으면 해적은 "영원히 죽지 않을" 직업으로 남아 우리를 괴롭힐 테니까 말이다.

소녀를 보호할 법이 없어
동물보호법을 동원하다

아동 학대에서 구조된, 메리 엘렌 윌슨

인간은 다른 동물에 비해 성장이 느리다. 웬만한 짐승은 태어나자마자 일어서고 몇 달 지나면 거의 다 자란 느낌을 주지만, 인간은 돌이 되어야 아장아장 걷고 열 살이래야 꼬마 티를 벗지 못해 성인의 보호 없인 생존하기 어렵다.

하지만 인류 역사에서 오랫동안 아동은 보호의 대상이라기보다 한시바삐 키워 노동력을 써먹어야 할 사육의 대상이었고, 힘센 어른들의 범죄의 제물이자 빗나간 학대의 희생자일 때가 많았다.

동서양을 막론하고 차별받고 설움에 찬, 우울한 아이들의 설화가 가득한 이유일 것이다. 우리나라에 콩쥐와 팥쥐가 있었다면 서양엔 신데렐라가 있었고, 장화와 홍련이 억울한 귀신이 되었다면 백설공주는 새어머니에게 몇 번이고 목숨을 위협받지 않았던가.

아동 보호에 대한 인식이 새롭게 정립되기 시작한 건 19세기 후반에 이르러서다. "스탠리 홀은 '아동 마음의 내용'이라는 제목의 논문을 통해 아동을 사랑과 따뜻함으로 양육해야 한다는 생각을 확산시켰고, 아놀드 게젤은 아동기의 발달 특성을 체계화해 연령별 순서적인 발달과정을 과학적으로 연구했다."[17]

하지만 세상은 쉽게 바뀌지 않았다. 아동은 어른의 소유물로서 보호자가 아동에게 어떤 행동을 하든 '집안 문제'라는 인식이 강했고, 아동에 대한 폭력과 학대를 법으로 처벌한다는 개념은 희미하기 이를 데 없었다. 그러던 중 1874년 미국 사회는 갑자기 출현한 한 어린 소녀, '메리 엘렌 윌슨'의 비극 앞에서 크나큰 충격에 휩싸인다.

메리 엘렌은 태어나자마자 아버지를 잃었다. 아버지가 남북전쟁에 참전해 전사했기 때문이다. 아이를 감당할 수 없게 된 어머니는 지인의 집에 아이를 맡겼다. 『레미제라블』에 나오는 어린 코제트의 처지와 비슷했다고 할까.

메리의 어머니는 코제트의 어머니처럼 갖은 노력으로 돈을 벌어 송금했지만 아이를 맡은 이의 요구를 채워주지 못했고, 메리 엘렌은 뉴욕시의 자선부(Department of Charity) 산하 고아원으로 보내진다.

학대 가정에서 구조된 후의 메리 엘렌 ©The George Sim Johnston 기록보관소

　뉴욕시 자선부 역시 불쌍하긴 하지만 '세금을 축내는' 존재였던 메리 엘렌을 돌볼 의사가 없었다. 뜬금없이 나타나 자신들이 메리 엘렌의 친부모라고 주장하는 맥코맥 부부에게 덜렁 메리를 안겨줄 정도였으니 미뤄 짐작할 만하다. 맥코맥 부부는 자신들이 메리 엘렌의 부모라는 증거를 아무것도 제시하지 않았지만 메리 엘렌은 그야말로 짐짝처럼 그들의 손에 넘어가고 말았다.

　더 황당한 사실은 메리 엘렌을 데려오면서 기이한 계약서가 작성되었는데 메리 엘렌에게 기약도 애매하고 급료도 없는 가사 노동을 시킨다는 내용이 들어 있었다. 즉 맥코맥 부부는 하녀로 쓸 생각으로 친부모 행세를 하며 아이를 데려갔고 자선부는 옳다구나 하고 아이를 떠넘겼던 것이다.

남편 맥코맥은 메리를 데려온 후 곧 죽었고 아내는 곧 다른 사람과 재혼해 '코널리 부인'이 되어 뉴욕 웨스트 41번가 아파트로 이사를 간다. 여기서 코널리 부인은 『레미제라블』에 등장하는 절대악 캐릭터인 테나르디에 부인 이상의 악마로 현신한다.

그녀는 메리 엘렌을 혹독하게 부려먹는 한편 수시로 때리고 불로 지지고 옷장 속에 가뒀으며 외출할 땐 캄캄한 방에 아이를 개처럼 쇠사슬로 결박해 놓았다.

그때마다 이웃들은 찢어질 듯 구원을 청하는 아이의 울음소리에 귀를 막아야 했다. 그러나 제지할 수 있는 수단도 남의 '가정사'에 오지랖 넓게 나설 사람도 없었다.

한 인간을 구하는 건 우주를 구하는 것

그래도 참다못한 이웃 사람 하나가 에타 휠러라는 감리교 선교사에게 이 사실을 이야기했고 에타 휠러는 가까스로 메리 엘렌을 만날 수 있었다.

메리 엘렌의 상태가 어땠는지는 후일 그녀 자신의 증언을 통해 짐작해보기로 한다.

"나는 다른 아이와 놀 수 있도록 허락받은 적이 없었고, 친구와 사귀어 본 적도 없어요. 엄마는 거의 매일 채찍질하고 때렸어요. 꼬인 채찍으로 때려서 피부가 벗겨지기도 했어요. 내 몸에 항상 시퍼런 멍자국이 있었어요. 지금도 내 머리엔 엄마가 낸 시퍼런 멍자국이 있고 왼뺨엔 가위에 찔린 흉터가 있어요."

에타 휠러는 분통을 터뜨리며 메리 엘렌을 코널리 부부로부터 구해내고자 동분서주하지만, 사람들의 반응은 뜻밖에도 미지근했다. "애가 거리를 헤매는 것보다 코널리 부부의 보호를 받는 게 낫지 않겠어?" "구식이고 완고하긴 하지만 애를 엄하게 교육시킨다는데 무슨 처벌을?" 세상이 무심할수록 에타 휠러는 머리를 쥐어뜯었다. '무슨 수가 없을까?' 고민하던 그녀에게 조카딸이 뜻밖의 제안을 해왔다.

"동물보호운동가 헨리 베르그라고 들어 봤죠? 요즘 동물 학대 사례를 많이 발굴해서 엄청나게 떴잖아요. 그 사람이 세운 동물보호학대방지협회(ASPCA) 회원 수도 엄청나요. 그에게 가보지 그래요?" 에타 휠러는 버럭 소리를 질렀다. "야! 메리 엘렌은 사람이야. 동물이 아니라고!" 그러나 조카딸 역시 야무지게 대답했다. "She is a little animal, surely." 번역하자면, "지금 그녀는 분명히 작은 동물일 뿐이에요."쯤 될 것이다.

사람 또한 동물이니 사람을 보호할 법이 없다면 동물보호법이리도 동원해야 한다는 뜻이었다.

처음엔 말도 안 된다고 생각했지만 에타 휠러는 저명 인사이며 언론과도 접점이 많은 헨리 베르그에게 도움을 청하기로 한다. 베르그 역시 사태를 파악한 뒤 경악을 금치 못하고 메리 엘렌 구출 작전에 적극적으로 나선다.

에타 휠러는 주변의 증언들을 모았고 베르그는 동물보호학대방지협회 조사원을 위장 투입해 실태를 파악하고 증언을 입증할 현장 증거를 수집했으며 언론에 낱낱이 폭로한다. 메리 엘렌을 구출해 달라는 법정 투쟁에 나선 동물보호학대방지협회 고문 변호사는 법정에서 외쳤다.

"동물 학대를 막는 법이 아동을 보호하는 법보다 더 중요할 순 없습니다!"

미국인들은 그제야 눈을 뜬다. 동물보호소는 있었지만 학대받는 아이들은 갈 곳이 없었던, 고아원에서 친부모 행세를 하며 아이를 데려와 하녀로 부려먹으면서 가학성(加虐性)의 제물로 삼아도 제지할 수 없었던 암울한 현실과 직면한 것이다.

이 참혹한 아동 학대의 가해자인 코널리 부인에게 미국 법원은 역사적인 '징역 1년'의 판결을 내린다.

요즘 기준으로 보면 말도 안 되는 처벌 같지만 "거리를 헤매는 것보다 학대하는 부모 곁에 있는 게 낫다."라는 인식이 지배적이던 당시로선 실로 지대한 의미가 담긴 판결이었다. 아울러 이 사건을 계기로 세계 최초 아동보호기관인 '뉴욕아동학대방지협회(NYSPCC)'가 설립되었다.

컴컴한 아파트 벽장에 갇혀 매 맞고 불로 지져지고 가위에 찔리며 시들어가던 소녀 메리 엘렌은 구원받았고 에타 휠러의 가족 품에서 새 삶을 찾았다. 그녀는 행복한 결혼 생활을 했고 훌륭한 어머니로 아이들을 길러냈으며 무려 아흔두 살까지 장수를 누리다가 세상을 떠났다.

"한 인간을 구하는 건 우주를 구하는 것이다."라는 『탈무드』의 경구에 따르면, 이웃집 소녀의 비명을 견디지 못하고 도움을 청한 이웃과 그에 응해 달려와 분노하며 눈물 흘린 에타 휠러와 그녀와 손잡고 메리 엘렌을 구한 헨리 베르그는 우주 여러 개를 구한 셈이다.

때로 귀를 열고 눈을 크게 뜨고 주변을 둘러볼 필요가 있지 않을까. 우리에게 닿은 가냘픈 비명, 애타는 호소 하나에 호응하는 게 누군가의 생명을 구하고 우리의 삶과 후손들의 미래를 바꿀 수도 있다는 걸 다시금 되새기고 곱씹으며 말이다.

2장

세계사 속 만들어진 괴물

90년 전 너희에게도
내일이 없었구나

대공황기 커플갱, 보니와 클라이드

〈우리에게 내일은 없다〉는 1967년작 할리우드 영화다. 페이 더너웨이와 워렌 비티가 주연한 이 영화의 원제는 〈보니와 클라이드〉다. '우리에게 내일은 없다'라는 멋있는(?) 제목은 일본 사람이 지었고 우리는 그걸 빌려 쓴 것이다. 미국의 대공황 시대, 즉 1930년대 막 나가는 남녀 범죄자 '보니와 클라이드'가 은행을 털고 강도짓을 하고 종횡무진하다가 결국 보안관들의 일제 사격을 받고 처참하게 죽기까지의 과정을 그렸다.

'보니 파커'와 '클라이드 배로'는 실존 인물들이었다. "겨우겨우 먹고살았던 두 범죄자의 삶을 미화하고 그들이 저지른 여러 중범

적를 벤조 음악에 실어 피카레스크식(주요 등장인물이 도덕적 결함을 안고 있고 그들이 이야기를 이끄는 구성) 모험극 정도로 묘사했다."[18]라는 비난에도 불구하고 이 영화는 공전의 히트를 쳤다.

어떻게 보니와 클라이드는 죽은 지 30년이 지나서도 영화의 소재가 되었고, 사실 왜곡 논쟁을 넘어 영화팬들의 공감을 불러일으킬 수 있었을까. 대체 보니와 클라이드는 어떤 사람들이었을까.

보니 파커는 매우 영민한 소녀였다. 어린 나이에 시를 쓰고 공부도 곧잘 했다. 하지만 그녀의 가족에게도 대공황은 어김없이 덮쳐 왔다. 아버지가 운영하던 식당이 쫄딱 망한 것이다.

고등학교를 갓 졸업한 보니에게 버젓한 일거리는 주어지지 않았다. 식당 종업원으로 근근이 생계를 이어가던 보니는 열여섯 살에 충동적으로 결혼하지만 남편은 강도 혐의로 감옥 신세를 진다.

실질적인 결혼 생활은 거의 이뤄지지 않았지만 보니는 그와 이혼하지도 않았다. 이유는 간단했다. "감옥에 있을 때 이혼하는 건 좀 더러운 모양새잖아." 그녀가 어떤 성격을 지닌 사람이었는지를 언뜻이나마 짐작케 하는 일화다. 식당 웨이트리스로 일할 때 가난한 손님들에게 친절을 베풀기도 했다는 보니 파커는 어느 날 상습적인 범죄자로 감옥을 들락날락하던 클라이드 배로를 만난다.

클라이드 역시 대공황의 희생자였다. 텍사스의 가난한 농민 아들로 태어나 배우지 못하고 기술도 없는 젊은이에게 닥친 대공황의 파도는 버겁고 힘겨웠다. 좀도둑질을 아무렇지도 않게 하게 된 클라이드는 감옥을 들락날락했고 와중에 보니를 만났다.

클라이드의 사진을 보면 꽤 귀여운(?) 인상이다. 당시 동료 재소자는 그가 뻔질나게 감옥을 출입하며 학생에서 "방울뱀으로 변신"하는 모습을 지켜봤다고 증언했다. 즉 클라이드는 범죄자로 타락하고 있었지만 세상이 온통 꽉 막혀 있던 보니에겐 방울뱀의 딸랑거림조차 매력적으로 느껴졌던 것 같다.

보니는 감옥에 면회를 가면서 클라이드에게 몰래 권총을 건넸고 클라이드는 그 권총으로 탈옥을 시도하다가 추가 징역을 산다. 클라이드는 굴하지 않고 발가락을 두 개나 자르는 자해를 서슴지 않은 끝에 가석방으로 세상에 나오는 데 성공한다.

사람 죽이는 걸 두려워하지 않게 된 클라이드를 보니는 서슴없이 따랐다. 담배를 입에 물고 총을 든 그녀의 사진은 유명하지만 "보니가 강도 행위에 가담해 총을 쏘며 살인을 했다는 세간의 믿음은 소문에 불과했다. 시간이 지난 뒤 흘러나온 여러 증언은 그녀가 운반책 이상의 역할을 하지 않았다는 사실을 입증한다."[19]라고도 했다. 보니는 사진 속에서처럼 익숙하게 총을 휘두르며 사람을 죽인 적은 없다는 것. 그렇다고 그녀의 죄가 덜어지진 않는다.

어떤 이들은 클라이드를 따른 보니를 두고 '히브리스토필리아(Hybristophilie)'라고 평하기도 한다. 히브리스토필리아는 범죄를 저지르는 성적 파트너에게 사랑을 느끼는 성적 취향을 말한다.[20] '나쁜 남자'에게 빠져드는 기이한 심리 상태라고 할까.

동조할 수 없었으나 공감할 순 있었다

필자가 생각하기에 사람을 거침없이 죽이는 클라이드로부터 벗어날 기회가 충분히 있었음에도 보니가 클라이드를 떠나지 않았던 건 다름 아닌 '공감' 때문이 아닐까 싶다. 대공황의 칼날 아래서 어떤 이들은 피눈물을 흘리며 숨을 죽였지만 어떤 이들은 방울뱀의 독기를 키우며 범죄의 유혹에 망가져 가고 있었다.

그 모습을 속속들이 지켜봤던 보니는 "그들의 타락은 자신들의 책임이 아니라 사회의 탓"이라고 봤으며 "클라이드를 흉악범으로

〈우리에게 내일은 없다〉의 실제 인물인 클라이드 배로(왼쪽)와 보니 파커(오른쪽) ⓒ위키백과

보지 않고 희생자로 생각"했다. 대공황기 미국 사회에서 소외되고 있던 자신을 그와 동일시한 것이다.

한때의 문학소녀 보니는 여러 편의 시를 남겼다. 그중 클라이드에 대한 마음을 읊은 시 하나.

사람들은 그를 냉혈인간 살인자라고 하지요
사람들은 그를 인정도 없고 비열한 인간이라고 하지만
나는 그가 정직하고 올바르며 깨끗한 사람이라고 분명히 말할
수 있답니다
하지만 법이 그를 우롱했고
그는 체포되면서
'나는 석방될 수 없으니 그들을 지옥에서나 만날 거야.' 외치면서
감옥에 갔습니다

이렇게 두고 보면 보니는 세상으로부터 버림받은 클라이드의 손을 잡고 세상을 향한 그의 단말마적인 복수에 동참했다고도 볼 수 있을 것이다. 그 짧고 끔찍한 복수 기간 동안 그들은 악마와 인간 사이를 왔다 갔다 한다.

엄청난 운전 실력으로 포드 자동차를 타고 몇 개 주를 넘나들면서 수십 달러 때문에 사람 목숨을 파리처럼 앗아가다가도, "자동차 성능이 매우 좋다."면서 포드에게 칭찬 편지를 보내고 기껏 납

치한 사람을 치비까지 줘서 돌려보내는 기행을 벌이면서 말이다.

그들은 이중적이고 양면성을 지닌 '커플갱'이었다. 대공황 시대를 살던 사람들은 돌이킬 수 없이 망가진 보니와 클라이드의 범죄 행각을 혐오하면서도 은근한 카타르시스를 느꼈다.

보니와 클라이드가 루이지애나주의 소도시 외곽에서 그들을 노리고 잠복한 여섯 명의 경찰 추격대가 퍼부은 총탄에 벌집이 되어 죽었을 때, 이 경찰들을 영웅으로 칭송하는 뒤편으로 "겁쟁이에 비열한 놈들"이라는 비난이 일었을 정도였다면 이해가 갈 것이다.

보니와 클라이드가 사망한 지 80년이 넘게 흘렀지만 이들의 이야기는 1967년 영화 〈우리에게 내일은 없다〉를 비롯해 수많은 예술 작품의 모티브가 되었다.

스토리가 남긴 매력 때문이라기보다 그들에게 동조할 수 없으나 공감할 순 있었던 사람들 그리고 그들을 고단하게 하는 세상이 지속적으로 존재해 왔기 때문이 아닐까.

보니와 클라이드가 활개를 치고 다니던 시절은 존 스타인벡의 『분노의 포도』 무대였다. 『분노의 포도』에서 주인공 가족이 은행에 빚을 갚지 못하자 은행이 보낸 트랙터가 주인공네 땅과 집을 갈아엎는다. 트랙터 기사는 미안해하며 말한다. "은행은 사람보다 더 강해요, 괴물이라구요. 사람이 은행을 만들었지만 은행을 통제하진 못합니다."

보니와 클라이드가 이런 괴물 같은 '은행'을 털었을 때 『분노의 포도』의 주인공 식구들 같은 사람들이 어떤 심경이었을지 짐작해 보자. 자기 이익 외엔 관심 없고 기득권을 지키려는 욕심만 드높은 시대 그리고 그런 냉기가 지배하는 사회는 배부른 사람들의 천국과 아쉬운 사람들의 지옥으로 갈라지게 마련이다.

보니와 클라이드는 악마 같은 사람들이었다. 악마를 없애기 위해 우리가 할 일은 무엇일까. 악마를 찾고 응징하는 것도 요긴하겠지만 우리 영역에서 지옥을 줄여나가는 노력이 더 필요하지 않을까. 악마는 지옥에서 활개를 치게 마련이다.

무뇌 거인이 되어버린
쓸모없는 혁명가

중핵파, 오사카 마사아키

2013년쯤이었나, 추석 연휴에 일본 대마도를 다녀왔다. 출입국 수속을 밟으며 벽에 나붙은 지명수배 포스터에 대충 시선을 두던 중 소스라치게 놀라고 말았다. 범죄 발생 일시가 소화(昭和) 46년이었기 때문이다. 소화, 즉 쇼와는 1989년 세상을 떠난 히로히토의 연호다. 그가 덴노(천황)로 즉위해 쇼와 원년을 선포한 게 1926년이니까 쇼와 46년이면 1971년이 된다.

즉 1971년의 범죄자를 2013년 일본의 변방이라 할 대마도의 출입국관리사무소 벽에서 마주한 것이다. 사진 속의 범죄자 '오사카 마사아키'(大坂正明)는 1949년생, 스물셋부터 예순다섯까지 도망다니고 있었고 말이다.

도대체 그는 무슨 범죄를 저질렀던 걸까? 단어 몇 개가 눈에 들어왔다. 중핵파(中核派), 경관살해범인(警官殺害犯人) 시부야 폭동 사건(渋谷 暴動事件).

이 사람이 어떤 종류의 범죄자인지 어렴풋이 짐작할 수 있었다. 오사카 마사아키는 1960년대에서 1970년대 초반, 세계적으로 봐도 가장 극렬했던 일본 좌익 학생운동의 일원이었다.

우리나라 학생운동도 가열하기로 유명했지만 일본의 극단적 학생운동 그룹들은 상상 이상으로 극렬했다. 일본 최고의 대학이라고 할 도쿄대학교엔 69학번이 존재하지 않는다. 일본의 학생운동연합조직 '전학공투회의(全学共鬪会議)', 줄여서 '전공투'가 도쿄대학교 야스다 강당을 점거하는 등의 사태가 빚어지면서 1968년 12월 29일 일본 문부과학성이 1969년 도쿄대 입시 중지를 발표해 학사 일정이 마비되어버렸기 때문이다.

일본 좌익 학생운동은 치열한 내부 노선 투쟁을 거치며 이합집산을 거듭했는데, 과격파는 과잉된 행동으로 힘을 잃었고 사회와 다수 학생으로부터 고립되어 갔다. 심지어 뜻을 같이하는 동지들을 의심하고 서로 죽고 죽이는 사태까지 치달아 '시작은 창대했으나 나중은 심히 미약한' 결말을 맺는다.

'중핵파'는 일본의 좌파 조직인 '혁명적공산주의자동맹 전국위원회'를 일컫는 이름이었다. 이들의 내력에 대한 자세한 설명은 생략하고, 일본 경찰이 40년 가까이 추적한 중핵파 오사카 마사아키가 어떤 일을 저질렀는지 집중해보기로 하자.

우선 범죄의 무대가 되는 '시부야 폭동 사건'(1971)부터. 그 무렵 일본은 오키나와 반환 문제로 시끄러웠다. 미국과 일본은 제2차 세계대전 종전 이래 미군이 점령하고 있던 오키나와를 일본에 반환하되 미군 병력과 기지는 존속시키는 데 합의했다. 이에 일본 좌파는 미군 철수 없는 오키나와 반환 반대를 외치며 격렬한 투쟁을 전개한다.

무장 봉기를 통한 프롤레타리아 혁명을 표방한 일본 좌익 학생운동 조직의 극단성은 도를 넘어서고 있었다. 적군파(赤軍派)는 국제 테러리즘과 손잡고 여객기를 납치해 북한으로 넘어가는 짓도 서슴지 않았을 정도였다.

중핵파(中核派)가 집중한 투쟁은 나리타 공항 건설 반대 투쟁과 오키나와 반환 반대 투쟁이었다. 1971년 11월 10일 오키나와에서 경찰 한 명이 숨지는 폭력 사태가 빚어졌고, 11월 14일엔 중핵파의 주도하에 '전국 총결집 도쿄대 폭동 투쟁'이라고 명명된 대규모 집회가 벌어졌다. 당시 중핵파 전학련위원장의 지침은 살벌하기 그지없었다.

"화염병, 쇠파이프는 물론 폭탄 등 모든 무기를 사용해 폭동을 일으켜 권력의 주구 기동대를 섬멸하라."

전투 같은 시위, 아니 시위를 빙자한 전투가 도쿄 한복판 곳곳에서 벌어졌다. 도쿄 시부야구에 있던 가미야마 파출소도 습격당했다. 스물일곱 명의 기동대원들이 있었지만 150여 명의 중핵파가 일시에 달려들자 대책이 없었다. 그중 불운한 기동대원 한 명이 중핵파의 포로가 되고 말았다.

자본주의의 억압에 분노하고 프롤레타리아의 새로운 세상을 꿈꾸던 이상주의자들은 이상(理想)의 불길 속에서 악마가 되어 있었다. 현장에 있던 사람의 증언.

"죽여라를 부르짖는 가운데 엉망으로 구타당한 기동대원을 가운데로 끌고 갔고 옷깃을 잡고 석유를 부었다. 그리고 화염병 하나가 그 머리에 꽂혔다."

불길은 5미터나 치솟았다고 기록되어 있다. 사람을 생으로 불태워 죽여버린 것이다. 이런 일을 저지르고도 중핵파 기관지는 호언한다. "드디어 해냈다! 우리의 동지를 살해해 온 권력의 감시견을, 그 가증스러운 가스총 사수를 섬멸했다."[21] 목격자들에 따르면 이때 이 시위, 아니 살인의 '지휘'를 맡은 이가 오사카 마사아키였다. 이쯤 되면 수십 년이 지나도록 일본 경찰이 이를 갈면서 잡고야 말겠다고 벼른 이유가 넉넉히 이해된다.

그 후 오사카 마사아키는 완전히 종적을 감췄다. '연대를 구해

고립을 두려워하지 않았던'(전공투의 슬로건 중 하나) 일본 좌익 학생 운동의 해는 일찌감치 산 너머로 떨어졌지만 소규모 조직은 살아남았고 오사카 마사아키는 그들 속에 은신해 수십 년을 살았다.

그로서는 운이 끝까지 좋진 못했다. 원래는 공소시효가 만료되면서 자유의 몸이 될 수도 있었지만 "공범자에 대한 법원의 공판 진행이 피고의 질병 치료를 이유로 1981년에 정지되는 바람에 오사카의 공소시효도 중단된 상태에서 2010년 살인죄의 공소시효도 폐지"[22]되며 수배의 그물이 거둬지지 않았던 것이다.

'무뇌 거인'이 된 운동

일본 경찰은 주요 조직원들 머리가 백발이 되고 폭력 성향도 누그러진 중핵파 속에 오사카가 수십 년 동안 은신해 온 사실을 간파했고, 마침내 2017년 6월 히로시마의 중핵파 사무실에서 60대 노인을 체포했다. 조사 과정에서 묵비권을 행사한 이 노인의 DNA 조사 결과가 밝혀졌을 때 일본 열도는 크게 출렁였다. "오사카 마사아키가 맞다!"

그렇게 오사카 마사아키는 체포되었지만 잔존 중핵파는 그의 무죄를 주장했다. 반세기 전의 증언과 증거가 확고부동할 수 없고, 실제로 중핵파 관련 사건에서 무고함을 주장하는 이가 수십 년 동안 감옥에 갇힌 일도 있었으니 진실은 다퉈 봐야 할 것이다.

확실한 건 일본 좌익 학생운동이 "폭력적인 행동으로 세상에 쇼크를 줘 주목을 받는 게 '혁명적'인 호소 방식이라고 생각한다면, 사회를 얕잡아보고 표현의 자유를 남용해 자신의 목을 조르는 행위"[23]라는 비판에서 결코 자유롭지 못했다는 사실이겠다.

그들은 무의미한 폭발을 반복하며 애꿎은 피해자와 좌절한 가해자들만 양산한 채 스러져 갔다. 또래 젊은이들에게 화형당한 기동대원 같은 이들은 피해자, 수십 년 동안 골방에 갇혀 신념 '따위'를 고수한 쓸모없는 혁명가들은 가해자가 될 것이다.

전공투 후 일본엔 더 이상 학생운동이 존재하지 않는다고 할 만큼 학생들의 사회 참여는 대가 끊겼다. 전공투 세대 상당수는 "1970년대 이후 투쟁의 장소를 바꿔 다양한 개별 과제를 통해 일본 시민사회를 변화시키는 계기를 제공했다. 그러나 개별 과제 속으로 확산된 운동이 시민사회 전체의 변혁 운동으로 연결되는 일은 한 번도 없었다."[24]

운동은 보다 나은 삶을 추구하지만 대개 추진 과정에서 인간의 희생과 배제를 당연한 것으로 치부하기 일쑤다. 운동의 대의가 개별 인간의 권리와 일상을 넘어서는 거인(巨人)이 될 때 그 거인은 인간을 잡아먹기 십상이다. 일본 애니메이션 〈진격의 거인〉에 나오는 무뇌 거인들처럼 말이다.

20세기를 통틀어 여러 무뇌 거인들을 목격했다. 그중 작은 것 몇 마리는 우리 역사에서도 더러 발견되지 않을까.

전쟁 같은 현실에 둔감한
우리 안의 사이코패스

목적 없는 범죄, 헨리 하워드 홈스

범죄엔 대개 이유가 있다. 배가 고파 물건을 훔친다든지 누군가를 격렬히 증오해 무기를 휘두른다든지 돈을 노리고 누군가의 뒤통수를 친다든지. 하지만 종종 도무지 이유를 알 수 없는, 그나마의 '핑계'조차 댈 수 없을 만큼 불가사의한 범죄와 맞닥뜨리곤 한다.

재미와 쾌락을 위해 사람 죽이길 즐겼던 부류들, 타인의 고통에 공감하기는커녕 고통을 주는 자체에 짜릿함을 느끼고 죄책감 같은 건 터럭만큼도 없는 기이한 존재들. 요즘 개념으로 '사이코패스'라고 부르는 이들의 범죄가 그것이다.

이 괴물 같은 존재를 가려낸 최초의 임상 전문가는 19세기 초의 프랑스인 정신과 의사 필리프 피넬이다. 그는 철저하게 잔혹하고 자제력이 완전히 결여된 행동 패턴을 '정신착란 증세 없는 정신이상'이라고 정의하며 '일반인이 저지르는 범죄'와 구분했다.[25]

19세기 중엽 이후 '문명국'을 자임하던 서구는 수시로 출몰하는 정체불명 요령부득의 범죄자들을 보며 경악했다. 1888년 8월 7일부터 11월 10일까지 3개월에 걸쳐 빈민굴로 유명했던 영국의 이스트엔드 지역에서 여러 명의 매춘부를 잔인하게 살해한 연쇄살인범 'Jack the ripper'(찢어 죽이는 잭)의 등장이 대표적 사례다.

잭 더 리퍼가 칼을 휘두르기 직전, 영국 작가 코난 도일은 불후의 캐릭터를 세상에 내놓는데 바로 명탐정 '셜록 홈즈'다. 홈즈는 단편 소설 「해군 조약」에서 이런 말을 내뱉은 바 있다. "목적 없는 범죄를 추적하는 게 가장 어렵다네." 바로 잭 더 리퍼 같은 사람들의 범죄에 대한 묘사가 아닌가.

셜록 홈즈가 전 세계적인 스타 캐릭터로 부상하던 즈음, '허먼 머제트'라는 이름의 의사가 미국 시카고에 나타난다. 친절하고 화술도 좋아서 많은 사람의 호감을 샀다. 그는 시카고에 정착한 후 '헨리 하워드 홈스'(H. H. 홈스)로 이름을 바꾼다. "1886년 7월 아서 코난 도일 경이 셜록 홈즈를 세상에 소개했고 머제트는 그때부터 자신의 이름을 홈스로 기재하기 시작했다."[26]

셜록 홈즈가 처음 등장한 소설 『주홍색 연구』가 1887년 출판되었으니, 조금 시차가 있지만 에릭 라슨은 머제트의 새로운 이름

1부 당신이 몰랐던 세계사 속 범죄자 열전

미국의 연쇄살인범 헨리 하워드 홈스 ©위키미디어

과 홈즈의 성이 연관되어 있다고 본 것 같다. 그런데 미국인 헨리 하워드 홈스는 영국인 셜록 홈즈와는 정반대의 인물이었다.

　의사 자격증을 딴 직후부터 그는 기괴한 사업에 맛을 들이고 있었다. 변사체를 구해 병원에 해부용 시신으로 팔아넘기는 일이었다. 각지의 이민자들이 무더기로 쏟아져 들어오던 빈민굴에서 무연고 시신을 구하는 건 일도 아니었고 그는 꽤 재미를 본다.

　사업을 확장(?)한 그는 극악무도한 수익 모델을 개발한다. 누군가를 표적 삼아 보험에 들게 한 후 죽여버려 보험금을 가로채고, 시신은 역시 해부용으로 팔아넘기는 수법이었다.

　"홈스는 옷을 잘 입었고 말솜씨가 좋았다. 그의 시선은 순진하고 솔직했다. 대화를 나누면 어찌나 집중해서 상대의 이야기를 듣는지 다른 일은 잊어버릴 지경이었다." 그즈음 시카고에서 박람회가 열리고 있었다. "미국은 1889년 프랑스가 만국 박람회를 개최해 전 세계인들의 경탄을 자아낸 것에 자극받았다. 유럽에 질 수 없다는 미국인들의 애국심이 갑자기 불붙었고, '콜럼버스의 신세계 발견 400주년'을 축하한다는 명목으로 시카고에서 세계 박람회를 개최했다."[27]

1893년 박람회 개최까지 '단 3년의 기간 동안 완전한 도시 하나를 파리 박람회의 영광을 뛰어넘을 정도의 수준으로 건설'했고 광기 어린 건설 과정에서 시카고로 몰려든 수많은 이가 목숨을 잃고 고통받았다.

살인마 홈스는 박람회 기간 동안 자신의 성(城) 같은 호텔을 지어놓고 사업(?)을 벌인다. 박람회를 보러 온 손님들, 일하러 온 사람들 가운데 운 나쁜 사람들은 가스실과 화장터까지 갖춘 홈스의 호텔에서 나가지 못했다.

홈스의 보험 사기를 끈덕지게 추적하던 형사가 덜미를 잡아채 범죄 행각이 만천하에 알려졌을 때 미국인들은 심대한 충격을 받는다. 최대 200명으로 추정되는 사람들이 홈스의 호텔에서 목숨을 잃은 사실이 밝혀진 것이다.

어떻게 이런 일이 가능했을까. 홈스가 주도면밀했던 이유도 있겠으나, 더 큰 이유는 사람에 대한 무지와 무심함이었다.

나도 모르게 사이코패스와 가까워진다

"시카고에서 실종은 마치 오락처럼 보였다. 곳곳에서 실종 사건 이 너무 많이 일어나 적절한 조사를 할 수 없었고, 사라진 사람 들의 계층이 그들의 시각을 어둡게 했다. 폴란드 소녀들, 도살장 의 소년들, 이탈리아 노동자들, 흑인 여자들이 사라졌을 때 찾으 려는 노력을 별로 하지 않았다."[28]

홈스의 호텔이 아니더라도 시카고에선 수없이 많은 사람이 그 야말로 불현듯 죽었고 그들의 시신은 병원의 해부용으로 보내졌 으며 머리털은 가발 공장으로 갔고 옷은 사회복지시설에 기부(?) 되었다. 이런 형국에서 "시인이 영감을 노래하지 않을 수 없는 것 처럼 나 역시 내 안의 살의를 어쩔 수 없다."라고 내뱉은 자칭 '사 탄' 홈스는 자신의 악마적 쾌락을 즐기고 있었던 것이다.

이런 사람이 왜 태어나는지에 대해선 대답하기 어렵다. 최근의 연구에 따르면 그들의 뇌 구조에 문제가 있어 보통 사람과는 판이 한 사고와 판단을 한다고 설명되기도 한다.

언젠가 취재 중에 문제 아동을 관찰하던 한 의사가 "우리끼리 얘기지만 이런 애들은 그냥 영원히 격리해야 해요."라고 뇌까릴 만 큼 우리와는 완전히 '다른' 존재일지도 모르겠다.

하지만 나는 그 의사의 말에 격렬하게 반대하고 싶었다. 우리와 '다른' 사람들이 나올 수 있을망정 그들을 '본디 어쩔 수 없는 존재'로 치부해버리는 건 사악할 만큼 게으른 일이기 때문이다.

살인마 잭이 설치던 영국의 이스트엔드는 미국 작가 잭 런던이 개탄했던 대로 "음란한 행위와 사람 형상의 짐승 같은 상스러움이 넘쳐나며 악함이 선함을 타락시키고 함께 신속하게 곪아 썩어들어가는" 곳이었다. 홈스가 악마의 사업을 벌이던 시카고 역시 사람이 죽어가든 없어지든 박람회에 미쳐 돌아가던 도시였다.

또한 홈스는 심각한 아동 학대의 피해자였고 또래들 사이에서 이른바 '왕따'를 당했던 사람이기도 했다는 사실도 기억할 필요가 있다.

사이코패스적 성향 자체는 선천적일 수 있겠으나 그 안에 도사린 악마성을 구현하도록 도운 건 '외부의 악마'였다는 뜻이다. 서로에 대한 배려를 잃고 자신만의 이익을 추구하는 사회라면, 사이코패스는 더 빈번하게 더 뜨거운 간헐천으로 우리 발밑을 뚫고 올라올 것이다.

"오직 자기 자신만을 위해 살고 타인의 고통과 슬픔을 외면한다면 우리들은 사이코패스의 피해자이기 이전에 그들의 공범일 수밖에 없다."라는 사이코패스 연구가 로버트 D. 헤어의 말을 명심해야 하는 이유이리라.

우리나라에서 하루에 몇 명이 스스로 목숨을 끊을까? 2019년 하루 평균 38명이었다. 세상을 뒤흔든 코로나19 3년의 희생자는

2022년 8월 현재 2만 5천여 명이다. 그러나 2019년 한 해의 우리나라 자살 사망자 수는 1만 3,799명, 2020년엔 1만 3,195명으로 두 해만 합쳐도 코로나19 희생자를 넘어선다.

내가 걸릴지 모르는 코로나19엔 민감하지만 그보다 훨씬 많은 인명을 앗아가는 '전쟁' 같은 현실에 둔감하다면 우리는 사이코패스와 가까워지고 있는 게 아닐까? 잭 더 리퍼와 헨리 하워드 홈스가 우리 안에서 음산하게 웃고 있는 건 아닐까?

영국 정보원은
왜 소련 스파이가 되었을까

전설의 영국인 간첩, 조지 블레이크

제네바 협약에 따르면 포로는 적절한 대우를 받고 전쟁 포로로서의 권리를 존중받게 되어 있다. 하지만 제네바 협약조차 외면하는 존재가 있다. 바로 '간첩'(間諜)이다. 1949년 비준된 제네바 협약 제1의정서 제46조는 이렇게 규정하고 있다. "간첩 행위에 종사하면서 적대국의 영역에 들어간 충돌 당사국 군대의 구성원은 전쟁 포로로서의 지위를 가질 권리가 없으며 간첩으로 취급될 수 있다."

새삼스러운 규정도 아니다. 1907년 헤이그 평화회의에서 체결한 육전 조약에 따르면, 피아 식별 의무를 어기고 적군의 복장을 하고 있다가 체포될 경우(스파이 혐의로) '무조건 총살형'에 처해지도록 되어 있으니까 말이다. 전쟁터에서만이 아니라 상대방의 심장부에 잠입해 비밀을 캐내고 거짓 정보를 흘려 상대방을 교란시키는 간첩 행위는 어느 나라에서나 가장 무겁게 처벌하는 범죄다.

2020년이 저물어가던 12월 27일, 한 전설적인 영국인 간첩이 세상을 떠났다. 그 이름은 '조지 블레이크'. 아흔여덟 살에 죽었으니 거의 한 세기를 채운 삶이었다. 어느 100년이 그렇지 않겠냐마는 그의 100년 생애는 몇 편의 영화로도 모자랄 사연으로 가득하다. 그는 우리나라와도 인연이 많은 사람이다. 그가 간첩이 된 계기가 다름 아닌 한국전쟁이었던 것이다.

이집트 출신의 유대계 아버지와 네덜란드인 어머니 사이에서 태어난 블레이크는 제2차 세계대전이 터지고 나치 독일이 네덜란드를 점령하자 영국으로 망명한다. 영국군 첩보부대의 일원으로 활약하던 그는 종전 후 케임브리지대학교에서 공부하다가 영국 정보기관의 러브콜을 받고 스파이계에 입문한다. 그리고 1948년 그때껏 거의 듣지 못했을 나라 한국 주재 영국 대사관의 부영사(를 빙자한 정보원)로 부임한다.

냉전 구도에 남북으로 나뉜 한국은 치열한 첩보전의 무대였고 저마다의 이익을 위해 각국이 심은 스파이들이 활발히 움직이고 있었다. 블레이크도 그중 하나였다. 한국전쟁의 징후를 가장 먼저 보고한 정보원이 그였다는 설도 있다.

하지만 한국전쟁 발발 후 단 사흘 만에 인민군이 서울을 점령

하면서 블레이크는 북한 인민군의 포로로 전락하고 말았다. 영국 총영사 홀트와 부영사 블레이크를 포함한 영국인들은 평양을 거쳐 압록강까지 끌려다니며 고초를 치른다. 포로 생활 초반, 그는 공산주의자들에게 강력하게 반발하는 모습을 보여줬다고 한다.

"북괴에 같이 억류되었던 〈옵저버〉 특파원 필립 딘 기자가 끝까지 블레이크를 옹호하고 나선 걸 보면 블레이크가 억류 초기에 매우 반발적으로 행동한 것도 사실인 것 같다."[29]

하지만 무슨 이유에선지 그는 인생 항로를 180도 바꾼다. 포로 생활 중 영국의 정보원에서 소련의 스파이로 전향한 것이다. 이를 감쪽같이 숨긴 채 블레이크는 '역경을 딛고 귀환한' 영웅으로 영국의 해외 정보부서인 MI6에서 중책을 맡게 된다.

미국과 영국의 정보기관은 '철의 장막' 저편의 소련 정보기관 KGB와 소리 없이 불꽃 튀는 전쟁을 벌였다. 영국의 MI6가 오스트리아 수도 빈에서 소련과 동구권의 통신 집결지를 발견한 뒤 땅굴을 파서 도청하는 데 성공하자 미국 CIA는 몸이 달았다. 그들은 베를린에서 땅굴을 파기로 하고 경험자인 MI6에 도움을 청한다.

"1953년 10월 22일 런던에서 미·영 양국 정보기관 회의가 열렸다. 모두 9명이 참석, 상세한 계획이 논의되었다. 빈 터널 작전을

구상하고 실행에 옮겼던 MI6 빈 지부장 피터 런도 때마침 베를린 지부장으로 옮겨 호흡이 척척 맞았다."[30]

막대한 자금과 노력을 들여 땅꿀 작전이 개시되었고 성과도 뿌듯할 정도로 대단했다. "황금 같이 값진 정보들을 얻었다."라고 CIA가 자평하며 '골드 작전'으로 명명할 만큼의 성과였다. 그런데 어느 날 베를린에 폭우가 쏟아졌고 망가진 통신망을 복구하는 과정에서 소련이 땅꿀을 발견하며 작전은 끝나고 말았다.

소련은 험악한 어조로 제국주의자들의 음모를 비난했지만 CIA는 들은 척도 하지 않았고 상황은 그렇게 마무리되는 듯했다. 그런데 1961년 KGB를 위해 일하던 폴란드인이 망명하면서 황망한

조지 블레이크가 2001년 6월 28일 러시아에서 열린 출판 기자회견에 참석하고 있다 ©AP Photo

사실을 폭로한다. "MI6의 조지 블레이크에 의해 터널 작전이 사전에 누설되었다."

앞서 언급한 10월 22일 비밀회의의 서기는 다름 아닌 조지 블레이크였다. 고양이에 생선을 맡긴 듯, 터널 작전 회의의 토씨 하나 하나까지 몽땅 KGB에 넘어갔던 것이다. KGB는 이 금쪽 같은 스파이를 숨기고자 터널 작전을 모르는 척했다. 심지어 동맹국인 동독 정부에도 알리지 않았을 정도로 비밀을 지켰다.[31]

당연히 이외에도 수많은 '값진 정보'가 블레이크의 손을 거쳐 소련으로 넘어갔다. 소련은 가끔 역정보로 장난을 쳤고 서방의 심장부에서 활개치고 다니는 귀중한 존재, 조지 블레이크를 깊숙이 숨겼다. '폭우로 인한 우연한 땅굴 발견'조차 소련이 꾸민 연극이었으니, CIA는 자신이 무슨 역을 하는지도 모르는 어릿광대 노릇을 했던 것이다. CIA로선 쥐구멍을 찾고 싶을 정도의 망신이었다.

"앞으로 어느 스파이가 자백하겠는가"

조지 블레이크는 동구권에서 암약하던 수백 명의 스파이 명단을 고스란히 넘겼는데 MI6 소속의 동료 스파이 마흔두 명도 포함되어 있었다. 그들 대부분은 목숨을 잃었고 영국 첩보망은 막대한 타격을 입는다. "그가 소련에 전달한 정보로 영국의 첩보망이 아무 쓸모가 없게 되었다."라고 영국의 파커 대법관이 통탄할 만큼.

블레이크는 체포된 뒤 혐의를 인정하고 징역 42년형을 선고받는다. 그런데 마치 영화처럼 그는 감방에서 안개처럼 사라져버렸다. 이번엔 KGB의 공작도 아니었다. 같은 교도소에 수감된 반핵 운동가들이 블레이크를 '냉전의 희생자'로 여기고 출옥 후 치밀한 계획을 꾸며 그를 탈옥시킨 뒤 동독 국경까지 데려다줬던 것이다. 이후 블레이크는 유유히 소련으로 넘어가 여생을 보내다가 천수를 누리고 파란 많은 인생을 마감했다.

간첩 혐의로 체포된 뒤에도 그의 포로 시절 동료가 혐의를 부인했을 만큼 공산주의자들에게 반항적이던 영국 정보원이 소련의 스파이로 돌변했던 이유는 무엇이었을까.

영국의 MI6는 '공산주의자들의 세뇌' 때문이라고 봤고 블레이크 본인은 미 공군의 폭격으로 속절없이 죽어가는 사람들을 보며 분노해 "내가 잘못된 편에 섰고 공산주의 체계가 승리해 전쟁이 끝나면 인류에 더 나을 것으로 생각"했다고 주장했다. 그는 이런 말을 남기기도 했다.

"나더러 배반자라고 하지만 배반을 하려면 먼저 어디에 속해야 한다. 나는 결코 어디에도 속한 적이 없다."

첩보원 경력을 지녔으며 스파이 소설의 대가였던 존 르 카레는 그의 저서 『팅커, 테일러, 솔저, 스파이』에서 말하고 있다. "블레이크는 외국인에다 인종차별이라는 험한 벌판 속에서 성장했고, 그를 내심 경멸하는 사람들의 인정을 받으려고 엄청 노력했다. (…) 이런 사람들은 태어날 때부터 그들이 결국 봉사하게 되는 사회계층으로부터 소외되어 있었던 것이다." 즉 영국에 충성하고자 했던 블레이크는 태생적으로 충성의 대상으로부터 소외될 수밖에 없었다는 뜻이리라.

실제로 영국 엘리트 출신으로 든든한 배경을 뒀던 '케임브리지 5인방'이 공산주의에 공감해 엄청난 간첩질을 한 게 드러났을 때 감옥에 간 사람은 아무도 없었다. 소련으로 무사히 도망치거나 혐의를 자백함으로써 형벌을 모면했기 때문이다.

하지만 유대인인데다 배경도 가문도 없는 블레이크는 징역 42년이라는 중형을 선고받았다. 그에게 이를 갈던 영국 정보기관 MI6조차 못마땅해했던 중형이었다. "앞으로 어느 스파이가 자백하겠는가." 석연치 않은 판결은 함께 감옥에 간힌 반핵운동가들의 정의감을 자극했고 발각될 위험을 무릅쓰며 블레이크를 탈출시키게 했으니, 영국의 패착은 자업자득에 가까웠다고 할 수 있겠다.

왕년의 '해가 지지 않는 나라'가 발 아래 그림자조차 살피지 못했던 대가를 치른 셈이다. 제2차 세계대전과 냉전, 공산주의 몰락, 코로나19까지 현대사의 굵직한 순간들을 모두 목도한, 네덜란드 출신의 이집트계 유대인, 영국의 외교관이자 소련의 스파이였던 블레이크는 마지막에 무엇을 떠올렸을까. 그것이 궁금하다.

'아기 농장'의 아이들이
템스강에 던져지기까지

아이들 연쇄살인마, 아멜리아 다이어

19세기 말 영국은 전성기를 누리고 있었다. 홍콩부터 바하마 제도까지 5대양 6대주에 펼쳐진 대영제국은 영원할 것 같았다. 하지만 안을 들여다보면 영국 역시 엄청난 모순에 시달리고 있었다. 19세기 중엽, 인구 250만 명으로 세계 최대 도시로 부상한 영국 수도 런던은 특히 상태가 심각했다.

정원 이상의 승객을 실은 배처럼 감당할 수 없는 인구를 수용한 도시는 위기에 빠질 수밖에 없었다. 절망적인 가난의 공기가 만연한 가운데 어린아이들도 생업전선에 뛰어들어야 했고 부모들은 자식을 제대로 돌볼 수 없었다. 그런 환경에서 자란 어린이들은 범죄에 쉽게 물들었고, 희망의 부재(不在)는 독기(毒氣)의 날개를 키워 사람들을 쓰러뜨렸다.

1895년 7월 8일 영국의 빈민가 이스트런던에서 에밀리 쿰스라는 여자의 시체가 발견되었다. 그녀는 열세 살, 열두 살의 형제를 키우는 어머니였다. 들이닥친 경찰 앞에서 형 로버트는 자신이 어머니를 죽였다고 자백한다. 로버트와 그의 동생은 어머니의 시신을 방치한 채 일주일 넘게 살았다. 어머니의 물건을 전당포에 맡기고 받은 돈으로 전에 없는 풍족함을 누리고 있었다.

경악을 금치 못하는 경찰에게 로버트는 대답한다. "어머니가 도끼로 동생을 죽여버리겠다고 하니 그럴 수밖에 없었어요." 아이들을 몸에 붙은 혹 정도로 생각할 수밖에 없을 만큼 고된 삶에 찌든 어머니의 폭력 앞에서, 열세 살 형은 한 살 아래 동생의 보호자로 나섰고 보기 드물게 사악하고 광적인 살인자가 되어 정신병원에 갇힌다.

이렇듯 태어나는 아이들은 많았으나 그 아이들에게 최소한의 돌봄을 제공할 여력이 없는 사람들이 넘쳐났다. 영아 살해도 수시로 행해졌고, 아무도 돌보지 않는 거리의 아이들도 들끓었다. 찰스 디킨스의 『올리버 트위스트』가 출판된 게 1837년인데, 이 소설은 1834년 제정된 신 구빈법(Poor Law Amendment Act)을 신랄하게 까내리고 있다.

이 법의 사상적 기반을 제공한 이는 『인구론』을 저술한 토머스

맬서스였다. 그는 '빈곤'은 가족 부양 능력도 없으면서 성욕만 발동해 아이들만 잔뜩 낳은 가난한 사람들 때문에 발생한다고 봤다. 즉 '신 구빈법'이란 가난은 사회적 구제가 아니라 개인의 노력과 절제에 의해 극복되어야 하며 사회적 개입은 최소한에 그쳐야 한다는 원칙 위에 세워진 법이었다. 이런 상황에서 '능력 없는' 부모 아래 태어난 아이들이 어떤 취급을 받았을지 추정하는 건 그리 어렵지 않다.

피임약이나 그 밖의 피임 방법도 제대로 개발되지 않았을 때였으니 원하지 않는 아이들은 곳곳에서 태어났다. 아이를 키울 도리가 없는 부모와 '부도덕한 사생아'를 낳아 일터에서 쫓겨날 위기의 엄마들은 에밀리 쿰스처럼 아이들과 자기파괴적인 공생을 하거나 아이들을 포기할 수밖에 없었다.

불운한 부모로부터 수수료를 받고 아이들을 위탁받아 돌보다가 불임 가정이나 아이가 필요한 집에 입양을 보내는 '아기 농장'(Baby Farming)이 수익성 있는 사업으로 떠올랐다.

간호사와 조산사로 일하던 '아멜리아 다이어'는 남편이 죽은 뒤 1869년 이 사업에 뛰어든다. 그녀는 지역 신문에 광고를 낸다. "멋진 전원 집을 가진 부부가 건강한 아이를 입양합니다. 비용 10파운드."

하지만 안전하고 사랑스러운 가정을 제공하는 대신 그녀는 수수료만 챙긴 뒤 아이들을 죽이기 시작했다. '엄마의 친구'(아이들을

27년간 아기 농장을 운영한 아멜리아 다이어는
템스강에 아이들을 유기했다 ©DailyMail

잠재우는 효력이 있기에)로 알려진 아편 섞인 약을 먹이거나 목을 졸라 아이들의 목숨을 앗아갔던 것이다. 그녀는 집 근처뿐 아니라 리버풀과 플리머드 등 멀리 떨어진 곳까지 원정을 가서 아이들을 끌어모았고 어김없이 돈을 챙긴 후 아이들을 죽였다.

꼬리가 길면 밟히는 법이라고 다이어도 덜미를 잡힐 뻔했다. 1879년 의사들이 그녀가 맡은 아이들이 너무 많이 죽어간다는 사실을 포착한 것이다. 하지만 그들은 그녀가 아이들을 죽여왔다곤 꿈에도 생각하지 못했고 아이들을 제대로 돌보지 않았다는 방임 혐의로 6개월간의 노동교화형을 받게 하는 데 그쳤다.

거래 수단이 된 아이들

이후 다이어는 사업 방식(?)을 바꿨다. 의사의 사망 진단서를 받는 수고를 덜기로 한 것이다. 1895년 템즈강 근처 레딩으로 이사한 다이어는 아이들을 죽여 템즈강에 유기하기 시작했다. 불행한 아이들의 주검은 쓰레기와 폐수로 새까맣던 템즈강을 떠돌다가 영원한 망각의 바다로 흘러갔다.

다이어의 계획은 완벽해보였다. 1896년 3월 30일, 거룻배의 사공이 갈색 포장지에 싸인 기묘한 꾸러미를 주워 올리기 전까진.

노를 휘저어 꾸러미를 건져 올린 사공은 포장지를 풀어헤치다가 기겁하며 떨어뜨리고 말았다. 인형 같지만 분명한 아이의 손이 불쑥 튀어나왔기 때문이다. 사공의 신고를 받은 경찰은 시신을 감싼 종이를 조사하다가 결정적인 단서를 발견한다. '중부철도(Midland Railway) 브리스톨행'의 소인과 함께 다이어의 인적 사항이 담겨 있었던 것이다.

마침내 다이어는 체포되었다. 경찰은 템즈강 주변을 이 잡듯 뒤진 끝에 여섯 명 아이의 시신을 발견했고, 다이어에게 이 아이들도 유기한 거냐고 캐물었다. 다이어가 대답하길, "내가 죽인 애들이라면 목에 흰 테이프를 감고 있을 거예요." 경찰관들은 머리카락이 쭈뼛 서는 경험을 했을 것이다. 여섯 명의 아이들 모두 목에 테이프를 돌돌 감고 있었으니까.

하지만 그녀가 '아기 농장' 사업을 시작한 지 근 27년 동안 대관절 몇 명의 아이를 죽였는지는 정확히 밝혀지지 않았다. 재판을 받으며 그녀는 광인 행세를 하면서 사형을 모면해보려고 발버둥 쳤지만 받아들여지지 않았고, 1896년 교수대에서 악마를 능가했던 흉측한 생을 마감했다.

구조적 모순을 개인의 도덕성 여부로 퉁치고 아이들을 거래의 수단으로 활용하는 걸 묵인했던 영국 사회에 아멜리아 다이어라는 악마의 출현은 필연적이었다.

인간이 원래 선한 것인지 악한 것인지는 잘 모르겠지만, 인간의 악함은 인간의 약한 고리를 파고들면서 거대해지게 마련이고 사회적 배려와 개입으로부터 단절되면서 추악해지게 마련이다.

얼마 전 우리나라에도 다이어 같은 악마가 출현한 바 있다. 천사 같은 아이 정인이를 입양한 그 달에 아파트를 매입하며 '다자녀 혜택'을 노리고 끝내 아이의 췌장을 끊어버리는 학대 끝에 하늘나라로 보낸 악마가 우리 앞에 나타나지 않았던가. 또 2008년 서울과 수도권 신도시 아파트 특별분양 당첨자 중 상당수가 다자녀 혜택을 받기 위해 브로커까지 두고 허위 입양을 했던 사실을 기억할 필요가 있으리라.

우리는 얼마나 많은 사람을, 우주를, 그들의 미래와 가능성을 상실했고 또 잃어가고 있을까. 다이어의 정체가 밝혀지기 전 영국인들처럼 까맣게 모르고 있는 건 아닐까.

서두에서 얘기했던 소년, 엄마를 참혹하게 죽였던 로버트는 어떻게 되었을까? 워낙 어린 나이였기에 처형을 면한 그는 치료감호소에서 훌륭한 치유와 돌봄을 받고 17년 만에 출소했다. 그는 호주로 이민을 가 살면서 제1차 세계대전에 참전해 전공을 세웠다. 이후 가정폭력에 시달리던 소년 해리 멀빌의 후견인이 되어줬고, 멀빌은 결혼하지 않고 혼자 살다 죽은 로버트의 묘비를 세워줬다.

그 묘비명엔 이렇게 적혀 있었다. "그를 항상 기억하는 해리 멀빌과 그의 가족"[32]이라고 말이다. 엄마를 죽인 패륜아가 또 다른 불행한 사람의 구원자가 되는 게 인간이다.

우리가 무슨 일이 있더라도 어떤 상황에 처하더라도 인간성에 대한 믿음을 버리면 안 되고 어떤 아이들이라도 포기하면 안 되는 이유일 것이다.

"죽더라도 살 것이다" 부르짖은 사이비 교주

광신의 무서움, 짐 존스

「마태복음」 17장 20절에서 예수는 말한다. "진실로 너희에게 이르노니, 만일 너희에게 믿음이 겨자씨 한 알만큼만 있어도 이 산을 명해 여기서 저기로 옮겨지라 하면 옮겨질 것이다."

'믿음'은 인류 발전의 주요한 원동력이었다. 신앙은 인간에게 두려움을 잊게 해줬고 자신이 옳다는 신념은 불가능을 가능케 만들었다.

하지만 러시아의 문호 레프 톨스토이는 "그릇된 믿음이 불행의 씨앗."이라고 말하기도 했다. 맹신(盲信)과 편견의 위험성을 경고한 말이지만 믿음의 문제는 '그릇됨'에서 그치지 않는다.

누가 봐도 비정상적인 믿음은 차라리 덜 위험하다. 사람들 사이에서 금세 고립될 테니까. 오히려 처음엔 아름답고 건전해 보이던 믿음이 변질되고 흑화되면서 끔찍한 범죄의 모태가 될 때 우리는 '믿음'의 양면성에 경악한다.

코로나19 바이러스가 세계 최강대국 미국의 민낯을 낱낱이 드러낸 가운데 흘러나온 어느 흑인의 말은 무척 서글펐다. "마스크를 쓰고 다니면 흑인들은 (강도로 오인되어) 총을 맞기 십상이다." 노예해방 이후 150년 가까운 세월이 흘렀건만 아직도 인종차별의 벽은 굳건하기만 한가 하고 탄식이 절로 나오게 하는 푸념이었다.

하지만 그 장구한 시간 동안 인간에 대한 차별은 부당하다는 믿음으로 인종차별과 싸운 사람들도 많았다. '짐 존스'도 그중 하나였다.

짐 존스는 주정뱅이 아버지의 학대를 받으며 외톨이로 자라났지만, 인종차별 단체인 KKK 활동도 했던 아버지와는 달리 차별받는 흑인의 처지에 분노하는 공감력 높은 소년이었다.

흑인 친구를 집에 데려왔다가 아버지와는 말도 안 섞는 사이가 되었고, 이혼 후에 어머니를 택한 존스는 "종교는 인민의 아편"이라고 가르치는 사회주의 이념을 기독교와 결합시킨다. "극적인 사회 변혁은 오로지 종교를 통해 인민을 하나로 뭉치게 할 수 있을 때 가능하다."는 게 그의 생각이었다.

감리교회의 청년부 전도사가 된 그는 인종분리가 만연해 있던 기독교계에서 용감하게 인종통합 예배를 주장하고 "흑인 형제들이 예배당 맨 앞에 앉아 있어야 한다!"라고 부르짖으면서 논란의 주인공으로 떠오른다.

이후 짐 존스 인생의 두 축은 인종통합과 사회주의였다고 말할 수 있다. 인종차별에 대한 분노에 더해 "한 사람이 다른 사람보다 훨씬 많은 걸 갖는다는 사실이 역겹게 느껴졌다."

어쨌건 "나는 자본주의를 받아들일 수 없다."는 반자본주의 정서가 그를 지배했다. 그는 "종교적 사회주의의 메시지를 설교하기 위해 교회에 잠입함으로써 '자신만의 독특한 마르크스주의자'가 되었으며"[33] 기존 기독교계에서 이탈해 '인민사원'(peolples temple)이라는 독자적인 공동체를 건설한다.

"빈민층, 흑인을 포함한 소수인종, 약물 중독자, 창녀, 노숙자, 소외된 노인들 등을 상대로 펼친 전도 사업과 자선사업으로 명성을 얻었다… 짐 존스는 특유의 정치력을 발휘하며 적극적인 사회봉사 활동에 역점을 둔 결과 소외계층을 위한 급식소, 진료소, 낮 병원, 상담소, 양로원, 탁아소 등을 설치 운영했다. 또한, 인민사원의 엘리트들은 신도들의 법적 문제까지 나서서 해결해줬다."[34]

1부 당신이 몰랐던 세계사 속 범죄자 열전

"새로운 사회, 근대적인 천국" 만들자

"흑인을 사랑하지 않는 자는 영원히 지옥에서 불탈 것이다!"라고 부르짖는 짐 존스의 열변에 많은 사람이 감동했고 스스로 인민사원의 일원임을 자임했다. 특히 유색인종들의 참여가 두드러졌고 인종차별 철폐에 공감하는 사람들로부터도 큰 지지를 받았다.

이를테면 미국 제39대 대통령 지미 카터의 부인 로잘린 여사는 짐 존스의 유력한 지지자였다. 급기야 1976년 짐 존스는 인종차별 철폐에 기여한 공로로 마틴 루터 킹 상을 수여받는 영광까지

인민사원의 교주였던 짐 존스 ©EPA

누린다. 그러나 수상 당시만 해도 짐 존스는 그 명예에 걸맞는 사람이 아니었을 가능성이 크다.

"여러분이 나를 아버지로 본다면 나는 아버지가 없는 분들을 위한 아버지가 될 것입니다. 여러분이 나를 당신의 구주로 본다면 나는 당신의 구주가 될 것입니다."[35]라고 외치던 짐 존스는 모범적인 지도자가 아닌 사이비 교주가 되어 있었으니까.

"핵 폭발로 인류가 멸망할 것이고 나를 따르면 산다."는 등의 과대망상과 마약 복용 등 사생활에 대한 폭로 그리고 인민사원 내부 폭력에 대한 고발이 이어지자 짐 존스는 실천으로 극복하는 대신 비판으로부터의 고립을 택한다. 즉 '새로운 사회, 사회주의적 예루살렘, 근대적인 천국'을 만들자면서 인민사원 구성원들과 함께 남미 가이아나의 열대우림 속으로 집단 이주해버린 것이다.

짐 존스의 교리를 굳게 믿는 사람도 많았다. '존스타운'에서 행복한 사람들도 적지 않았다. 그러나 여기에 조금이라도 이의를 제기하거나 불만을 표하는 사람들은 배겨내기 어려웠다.

고발과 폭로가 이어지며 미국 하원 의원 리오 라이언이 가이아나 인민사원에 대한 현지 조사를 감행하기에 이른다. 인민사원에서 나가고 싶다는 사람들이 더러 나타났고 라이언 의원이 그들을 데리고 떠나려던 찰나, 인민사원 측 무장 경비대가 총격을 퍼부어 라이언 의원 포함 다섯 명이 죽임을 당하는 참사가 벌어진다.

이 소식을 들은 짐 존스는 인민사원 신도 전원을 불러 모은다.

이전부터 짐 존스는 신도들에게 자살 '연습'을 시켰다. 신경안정제를 탄 음료수를 주며 이걸 마시면 새로운 별에서 새로운 인생을 시작할 거라는 식의 세뇌 후 음료수를 들이키는 도상 연습을 반복 실시했던 것이다.

그는 1978년 한 해에만 '자살 연습'을 마흔세 번이나 되풀이했다고 한다. "당신은 죽더라도 살 것이다. 살아서 믿는 자는 절대 죽지 않을 것이다."라고 부르짖으면서 말이다. 그러나 이번만큼은 연습이 아닌 진짜였다.

1978년 11월 18일 무려 900명이 넘는 인민사원 신도들이 독약을 먹거나 총에 맞아 목숨을 잃는다. 자살인지 타살인지 알 수 없으나 짐 존스도 총을 맞고 죽었다. 전 세계를 뒤흔든 '인민사원 집단 자살 사건'이었다.

그렇게 희생된 사람들이 바보 같다고 생각할 수도 있겠다. 하지만 그렇게만 단정하긴 어렵다. 현장에 있지 않아 살아남았던 인민사원의 일원 로라 존스턴의 이야기를 들어보자.

"나는 모든 인종과 배경, 사회경제적 수준을 아우르는 환상적인 공동체를 봤다. 그들은 1천 명의 사람들을 위한 공동체로 만드는 일을 정말 훌륭하게 해냈다… 내 평생 알았던 사람들 중 가장 훌륭한 사람들과 가장 헌신했던 사람들이 목숨을 잃었다."[36]

그들 가운데 상당수는 사람들을 차별하고 남의 희생을 짓밟는 이기적인 삶에 저항했던 건전한 시민들이었다. 단지 그들의 의지를 짐 존스에 잘못 투영했고, 결국 실천 의미를 스스로 지워버렸을 뿐이다.

겨자씨 한 알만큼의 믿음만 있어도 산을 옮길 수 있다고 했지만 「야고보서」 2장 14절은 이렇게도 가르치고 있다. "만일 사람이 믿음이 있노라 하고 행함이 없으면 무슨 유익이 있으리오. 그 믿음이 능히 자기를 구원하겠느냐."

인간의 믿음은 산을 능히 옮길 수 있다. 하지만 산을 자기 머리 위에 떨어뜨릴 수도 있는 게 인간이다. '행함'엔 여러 의미가 있을 수 있겠지만 그중 하나로 '성찰'이 빠질 수 없다.

자신이 옳다는 믿음은 소중하지만, 믿음의 방향과 내용에 대해 항상 돌아보고 '행함'이 누구에게 유익한지 또는 해로운지 가늠하는 자세를 가져야 한다는 뜻이다.

그렇지 못할 때 믿음은 곧잘 악마의 도구가 된다. 헌신적인 열정에 넘쳐 이상촌을 건설하려던 인민사원의 '훌륭한 사람들'이 성찰에 게으름으로써, 짐 존스라는 범죄자의 피해자이자 공범으로 비참하게 세상을 떠나야 했던 것처럼 말이다.

3장

야만의 시대, 시대의 범죄

자식 죽인 죄명은
'살인' 아닌 '재산 손괴'였다

두 흑인 여성의 살인, 첼리아와 마가렛

세네갈의 수도 다카르 근처엔 고레(Goree)라는 이름의 작은 섬이 있다. 이곳은 16세기 이래 아프리카 연안 최대 규모의 노예무역 중심지였다. 1782년 네덜란드인이 세운 노예 창고에서 바다로 이어지는 문에는 '돌아오지 않는 문'이라는 이름이 붙어 있다. 수천만 명의 흑인들이 그 문을 나선 뒤 노예선에 실려 돌아오지 못할 길을 떠났기 때문이다.

수백 년간 노예로 팔려간 흑인들의 수는 수천만 단위에 이른다. 특히 북미 대륙으로 끌려갔던 흑인들은 대부분 서아프리카 출신이었다. 1619년 "적어도 세 명의 여자를 포함한 20명의 흑인을 실은 한 척의 범선이 버지니아 제임스타운에 우연히 상륙"[37]한 이후 흑인들은 대량으로 '수입'되어 온갖 학대를 겪으며 피비린내 나는 미국사의 일부를 구성하게 된다.

노예 '수입'만 해선 수요를 충당할 수 없었던 백인은 노예들의 '재생산'에도 관심을 쏟았다. 노예제의 어휘에선 '번식용 여자(breeder woman)' '애 밸 수 있는 여자' '새끼 치기엔 너무 늙은' '번식용 여자가 아닌' 등의 표현이 평범한 형용사였다. 1807년에 아프리카인 노예 거래가 금지됨에 따라 대농장 경제를 유지하기 위해선 국내 '번식'을 통해 노예를 얻는 일이 중요해졌다."[38]

1850년 미국 미주리주에 사는 농장주 로버트 뉴섬은 '첼리아'라는 이름의 열네 살 흑인 소녀를 노예로 사들인다. 이미 환갑을 넘었던 홀아비 뉴섬은 집안일을 시킬 하녀로 첼리아를 구입했다고 둘러댔지만 흑심은 따로 있었다.

그는 첼리아를 성(性)노예로 삼았다. 첼리아는 아이를 두 명이나 낳았고 세 명째를 임신하게 된다. 그즈음 첼리아는 몸이 좋지 않았지만 뉴섬은 노예의 사정 따윈 돌보지 않고 욕망을 채우려 들었다. 견디다 못한 첼리아는 뉴섬의 딸들에게 도움을 청해 봤지만 거절당한다.

아픈 몸 이외에도 첼리아에겐 뉴섬을 완강히 거부해야 할 이유가 또 있었다. 흑인 노예였던 조지와 사귀고 있었고 조지는 첼리아가 뉴섬과의 관계를 청산하길 원했다. 첼리아 역시 사랑하는 이 앞에서 주인의 만행에 시달리는 게 참지 못할 고역이었다. 첼리아는 뉴섬에게 경고한다. "이제 그만해요. 또 이러면 주인님을 죽여버릴지도 몰라요."

그럼에도 불구하고 1855년 6월 23일 뉴섬은 또다시 첼리아의 오두막을 찾았다. 더 이상 참을 수 없었던 첼리아는 몽둥이를 들어 뉴섬을 때려 죽이고 시신을 불태웠다. 갑자기 사라진 뉴섬의 행방을 찾던 가족들에 의해 범죄 사실이 밝혀졌고 첼리아는 살인 혐의로 재판을 받는다.

변호인들은 "어떤 여성이든 그녀의 의지에 반해 불법적인 협박과 속박을 통해 그녀를 더럽히는 건 범죄다."라는 미주리주 법령을 인용하며 첼리아를 변호했지만, 판사는 막무가내였고 백인 농부에 노예 소유주였던 배심원들은 유죄를 선고한다. 법령에 나오는 '어떤 여성'(any woman)에 흑인은 포함되지 않는다는 선언이었다.

"미주리 법정은 한 인간으로서 첼리아의 기본적인 권리를 끝내 인정하지 않았다. 이들은 첼리아에게 사형을 선고함으로써 백인 남성이 여자 노예를 성폭행했다 하더라도 범죄 자체가 성립되지 않는다고 공표한 것이다."[39]

셀리아 사건은 "백인 사회의 의도와는 무관하게, 미주리주 역사에서 유일무이하게 백인 노예주가 흑인 노예를 성폭행한 걸 공식적으로 인정한 재판"으로 남아 있기도 하다. 흑인 여성들은 노예 노동과 주인의 성 착취로 고통받고 같은 처지의 흑인 남자들로부터도 고통받던 최약자였다.

뉴섬을 거부하라고 셀리아를 압박했던 남자 노예 조지(뉴섬의 시체를 태울 땔감을 가져다준 공범으로도 추정된다)는 셀리아를 배신해 그녀를 범인으로 지목한 뒤 종적을 감춰버렸다. 이후 셀리아는 뉴섬의 세 번째 아이를 낳은 뒤에야 교수대에서 처형당한다. 이유는 결코 인도적인 게 아니었다. 그 신생아가 '뉴섬 가의 재산'이었기 때문이다.

아이가 자신의 처지를 이어받는다는 현실은 흑인 여성들에게 견딜 수 없는 고통이었다. 셀리아가 사형당한 다음 해인 1856년 일어난 마가렛 가너 사건은 그 아픔을 처절하게 증언한다.

'마가렛 가너'는 켄터키주에서 태어난 혼혈 노예였다. 그녀는 흑인 노예와 결혼해 아이를 낳았지만 장남 이외엔 그녀의 백인 주인 아이들로 추정된다. 그녀 역시 주인의 성노예였던 것이다.

자식들에게 자신의 삶을 물려주기 싫었던 마가렛은 『엉클 톰스 캐빈』의 혼혈 노예 엘리자가 탈출하던 그대로, 목숨 걸고 얼어붙은 강을 건너 자유주였던 오하이오주에 발을 디딘다. 하지만 당시 미국엔 도망노예법(Fugitive slave laws)이 시퍼렇게 살아 있었다. 특정 주에서 다른 주로 도망간 노예의 반환은 물론 노예 탈출을 돕거나 숨겨준 사람까지 처벌할 수 있는 매몰찬 법이었다.

켄터키의 노예 사냥꾼들은 오하이오주까지 마가렛의 가족을 추격했고 마가렛은 곧 그들에게 덜미를 잡힌다. 그때 그녀는 칼을 들어 아이들을 찌른다. 다시 노예가 되느니 죽는 게 낫다는 울부짖음이 터져 나왔을 것이다. 어머니의 칼에 다른 아이들은 상처만 입었지만 두 살배기 딸은 그만 목숨을 잃었다.

우리 시대 역시 야만으로 상정될 수 있다

변호인들은 마가렛 가너를 오하이오주에서 살인죄로 기소해야 한다고 강력히 주장한다. 노예에 관대했던 오하이오주의 특성을 고려한 것이었다. 하지만 검사는 도망노예법대로 켄터키주에 돌아가 재판을 받아야 한다고 고집했다. 그 죄명은 살인죄가 아니었다. "주인의 재산을 손괴한" 혐의였다. 즉 마가렛이 죽인 건 그녀의 딸이기에 앞서 주인의 재산이라는 판단이었던 것이다.

마가렛은 켄터키주로 송환되지만 사람을 죽이지 않았기(?) 때문에 사형을 면한다. 송환되는 도중 마가렛의 아이가 물에 빠져 죽는 사고가 일어났어도 그녀는 슬퍼하지 않았다고 기록되어 있다. 왜 슬프지 않았겠는가. 단지 그렇게라도 노예의 굴레에서 벗어났다는 사실이 슬픔을 상쇄할 뿐이었으리라.

이 글을 읽는 당신은 어떻게 이런 일들이 가능했을까 분개할 수 있다. 또 그런 야만적인 시대에 태어나지 않았음을 다행으로 여기며 가슴을 쓸어내릴지도 모르겠다.

하지만 기억했으면 좋겠다. 그 시대에 비해 적잖이 나아졌을망정 우리 시대 역시 우리 후손들에겐 견딜 수 없는 야만으로 상정될 수도 있다는 사실을.

"15세가량의 노예 소녀. 튼튼하고 건강. 성 경험 없음."이라는 19세기 미국 노예 시장의 광고 문구와 비슷한 글귀를 대한민국 한복판에서 목격한 바 있다. "동남아 OOO 여자와 결혼하세요. 숫처녀 보장."

어디 그뿐이랴. 자신을 유린하던 주인을 몽둥이로 내리치던 셀리아 같은 처지의 여성은 우리 주변에도 흔하고, 이 각박한 세상에 아이들을 두고 갈 수 없어 아이들의 목숨을 거두는 부모의 소식도 끊이지 않는다.

과연 우리는 19세기 중반의 미국보다 낫다고 자부할 수 있을까? 많은 미국인이 첼리아와 마가렛 등 노예제 희생자들의 참상을 목도하고 뼈저리게 반성하며 노예 해방의 깃발을 들어 역사를 바꿨다. 동시에 그만큼 많은 미국인이 노예들의 절규를 외면했고, 자신들의 야만적 편견을 쉽게 포기하려 들지 않았다.

인종 문제로 몸살을 앓고 있는 150년 후의 미국 역시 그 결과일 것이다. 우리들이 만들어갈 세상 역시 그럴 것이다. 한 번쯤은 곰곰이 고민해봤으면 좋겠다. 후손에게 어떤 세상을 물려주고 싶은지 말이다.

노동자의 처지를
고려하지 않았던 철강왕

악덕 기업주 혹은 노동자의 친구, 카네기와 조 힐

한국 어린이들이 읽는 위인전에 반드시라도 해도 좋을 만큼 들어가는 사람이 있다. 철강왕 '앤드류 카네기'. 스코틀랜드의 가난한 이민자로 미국에 건너와 아메리칸 드림을 실현시켜 철강 제국을 일군 기업인.

우리 속담에 '개 같이 벌어서 정승 같이 쓴다.'라는 말이 있는데 카네기는 가히 '정승처럼 쓴' 사람이다. 무려 3억 달러의 재산을 기부하고 죽었으니까.

그러나 '개 같이 돈을 번' 과정은 어땠는지, '개'는 과연 어떤 품종에 가까웠는지도 생각해볼 필요가 있을 것이다.

일단 그는 노동자들의 처지를 전혀 고려하지 않았던 악덕 기업주였다. "세계 최고의 강철왕이 되어서도 여전히 노동자에 대한 요구 강도를 높이고 그들의 봉급을 삭감하면서도 친노동자 성명을 발표했으며 측근의 아첨을 받았다."[40]

즉 노동자의 등을 어루만지며 그 입장을 십분 헤아리는 척하면서 '노동자를 이해하는 기업인'으로 비쳐지는 명예까지 거머쥐었지만 그 주먹을 노동자들의 명치에 꽂는 데 익숙했다는 뜻이다. 심지어 그 주먹질조차 자신의 의사가 아닌 양 행동했던 그는 "미국 산업 역사에 있어 가장 잔인한 수완가"[41]였다.

1892년 미국 펜실베이니아주 홈스테드의 카네기 제철소에서 파업이 일어났다. 당시 카네기는 대리인 헨리 프릭을 경영자로 내세우고 유유자적 유럽에서 노닐고 있었다. 카네기만큼이나 냉정한 기업가였던 프릭은 노조 파괴꾼들을 고용해 파업 노동자들과의 유혈 충돌을 일으킨다. 급기야 군대까지 출동한 끝에 열 명이 죽고 수백 명이 부상당하는 참사가 빚어졌다. 미국 노동운동사에서 유명한 '홈스테드 학살 사건'이다. 이탈리아에 머물고 있던 카네기는 소식을 듣곤 프릭에게 편지를 보낸다.

"모든 이에게 축하를. 인생은 또 한 번 살아볼 가치가 있으며 이탈리아는 참으로 아름답다."[42]

앤드류 카네기 ⓒDPA

그는 유혈 사태의 책임을 회피했다. 프릭에게 물러서라는 명령을 너무 늦게 전달했고 '사장님의 뜻을 따르겠다.'라며 투쟁을 중지하고자 하는 노동자들의 전갈 역시 뒤늦게 받았다며 안타까워했지만, 그건 몽땅 허위였다. 한때 동업자이자 대리인이었던 프릭이 카네기와 갈라서면서 "정직한 구석이 조금도 없다고 생각했는데 당신은 망할 도둑놈이었군."이라고 부르짖었던 것도 무리가 아닌 것이다.

오해하지 마시라. 카네기가 위인이 아니라 악인이라고 주장하는 건 아니다. 당시는 인간이 인간을 노예로 부리는 시대로부터 놓여난 직후였고 최악의 자본주의가 천하제일의 미덕인 양 사회를 지배할 때였다. 시대적 한계 속에서 카네기 역시 최선을 다해 살면서 자신의 이익을 실현했던 탁월한 기업가였던 건 부인할 수 없다.

카네기나 록펠러, 모건 등등의 굵직한 이름들 말고 수많은 기업가 역시 마찬가지였다. 사람들에게 진종일 일을 시키곤 굶어 죽지 않을 만큼의 월급만 주고 반항하면 사설 탐정단을 불러들여 총을 쏘고 안 되면 군대도 부르는 게 일이었지만, 그들은 대개 처벌받지 않았다.

즉 그들의 행동이 당시 법으론 범죄가 아니었거나 돈의 힘으로 법의 보호를 받았던 것이다. 아니, 그게 당시의 법이었다.

총살대에서 생을 마치고 남긴 유언

반면 노동자들은 쳇바퀴에서 조금이라도 벗어난 순간, 반항의 기미를 보이거나 권리를 외치자마자 범법(犯法)의 올가미를 목에 걸어야 했고 언제 어떻게 죽을지 모른다는 공포를 감수해야 했다.

그중 '조 힐'이라는 사람이 있었다. 그의 본명은 조엘 임마뉴엘 해글룬드, 스웨덴 사람이었다. 1848년 뉴욕에 도착한 카네기와 마찬가지로 찢어지게 가난한 유럽 출신 이민자로서, 1902년 뉴욕에 상륙한 그는 카네기와 정반대의 길을 간다.

미국 전역을 떠돌며 노동자로 산 그는 예술적 감성이 풍부하고 글도 잘 썼는데, 노동자들이 처한 상황에 분노했고 그들의 단결을 호소하는 노래를 만들어 퍼뜨리면서 유명해졌다. 그는 기존의 노래에 비틀린 가사를 갖다 붙이는 '노가바'의 명수이기도 했다. 기업가들과 정부 당국이 예의주시하는 요주의 인물로 떠오르면서 이름을 '조 힐'로 바꿨다.

그의 노래는 광산에서 공장에서 농장에서 노동자들 사이에 널리 불렸고 그에 대한 반응은 극단적으로 갈렸다. 노동자들에겐 친구 같은 존재였지만 공장주나 광산주에겐 지긋지긋한 '기생충' 같은 존재였다.

조 힐이 유타주에 머물던 1914년 1월 10일 어느 식료품 가게에서 총격 사건이 일어난다. 어느 괴한이 '이제야 잡았다!'를 외치며 식료품집 부자에게 총을 쐈다. 범인은 아들이 쓰러지면서 응사한 총에 부상당한 채 도망쳤다.

그런데 공교롭게도 같은 날 조 힐이 한 여자를 두고 싸움을 벌이다가 총에 맞았다. 조 힐을 치료한 의사가 경찰에 신고했고 조 힐은 식료품집 총격 사건의 유력한 용의자로 체포당한다.

증거는 없었다. "동기도 없었고 살인 무기도 없었다. 그리고 목격자가 말할 수 있는 최상의 조건은 조 힐이 범인의 체격 또는 일반적 외모에서 살인자와 닮았다는 것"[43]뿐이었다.

변호사들이 그의 무죄를 증명하려 애썼지만 조 힐은 결정적 알리바이를 대지 않았다. 자신이 총에 맞는 상황에 이르게 한 여자의 명예를 지켜주기 위해서였다. 알리바이를 대면 그 여자의 신분이 노출될 수 있었다.

유타주 정부와 기업주들에겐 손 대지 않고 코 풀며 눈엣가시를 뺄 기회가 온 셈이었다. 조 힐에겐 사형이 선고되었다. 저 유명한 헬렌 켈러와 미국 주재 스웨덴 대사, 심지어 미국 대통령 윌슨도 유타 주지사에게 조 힐의 사면을 탄원했으나 유타 주지사는 완고했다. 조 힐은 총살대 위에서 짧은 생을 마감했다. 그의 유언은 다음과 같다.

> *"(전략) 내가 선택할 수 있다면 나는 내 몸을 재로 만들 것이다. 그리고 상쾌한 산들바람이 내 먼지를 꽃이 자라는 곳으로 날려 보낼 것이다. 아마도 어떤 시든 꽃이 살게 되고 다시 꽃이 필 것이다."*

카네기의 철강과 록펠러의 석유 그리고 모건의 금융자본 번영 위에서 미국이라는 초강대국이 형성되었음을 떠올리며, 이건희 회장이 오늘날 한국의 위상에 기여한 바를 인정해야 한다고 생각한다. 적어도 그는 호의호식과 무위도식을 오가는 무능한 귀공자와는 거리가 멀었고, 대한민국 자본주의 장정에 한 획을 그은 인물이라고 여기며 그의 업적을 인정하는 바다.

하지만 카네기를 냉정하게 바라보듯 이건희 회장의 시커먼 그림자 또한 짚어야 할 것이다. 모든 걸 다 제쳐 두고 삼성이 고수해 온 '무노조(無勞組) 정책' 하나만 해도, 이건희 회장은 19세기 미국의 자본가들보다 더한 퇴행을 펼쳤다고 해도 과언이 아닌고로.

　노동자 전태일이 '근로기준법을 준수하라. 내 죽음을 헛되이 하지 말라.'고 피를 토하면서 분신한 지도 반세기가 흘렀다. 오늘날 전 세계 노동자들이 누리고 있는 권리는 전태일이나 조 힐 같은 이들이 범죄의 낙인을 무릅쓰고(전태일 역시 경찰의 협박을 받았다) 노동자들에게 힘을 불어넣고 함께하자며 손을 내밀고 그들의 주먹을 굳게 할 노래를 만들고 그들의 단결을 위해 목숨까지도 바쳤던 희생 위에서 뿌리 내리고 그 줄기가 굵어 맺혀진 열매들이다. 그리고 그들의 외침은 아직까지도 권리를 누리지 못하고 있는 이들에게 빛나는 희망이자 발판이자 방패가 되기도 한다.

　오늘의 합법(合法)은 누군가의 목숨을 건 불법(不法)으로 이뤄진 것이고 내일의 상식은 오늘 누군가의 "이의(異意) 있습니다."라는 외침에서 출발한다. 그렇게 시든 꽃은 살아나고 없던 꽃이 피어난다. 우리가 역사에 무심할 수 있으나 무관할 순 없는 이유다.

삶이 그대를 속일지라도
결투에 나서지 말라

결투는 범죄다, 랑주뱅과 푸슈킨

한때 할리우드 영화에서 '서부극'은 엄청난 인기를 빨아들이던 아이템이었다. 소련 공산당 서기장 흐루시쇼프의 회고에 따르면, 악명 높은 독재자 스탈린도 서부극을 즐겼다고 하니 팬층의 저변(?)을 짐작할 수 있을 것이다. 이 서부극의 클라이맥스로 빠질 수 없는 게 '결투'였다.

비단 미국의 서부뿐 아니라 서양 역사에서 어떤 명분이나 목표를 두고 둘이 '정정당당한' 결투를 벌여 승자가 권리를 획득하는 방식은 장구한 역사를 지니고 있다. 중세 유럽의 귀족과 기사들은 자신의 명예나 그를 핑계 삼은 치정 싸움이나 채무 분쟁을 해결하기 위해 1대 1로 맞서 칼을 휘둘렀고, 근대 이후 20세기 초반까지도 결투의 습속은 끈질기게 남아 있었다.

하지만 결투는 미욱하고 철없는 사람들만의 전유물이 아니었다. 1804년 미국 부통령 에런 버는 국무장관 알렉산더 해밀턴을 결투 끝에 죽여버리는 대참사를 일으켰고, 링컨 대통령도 젊은 시절 결투를 신청받고 결투장에 나선 적이 있다. 1864년 독일의 유명한 사회주의자 페르디난트 라살은 약혼자가 있는 여자와 사랑에 빠져 그녀의 약혼자에게 결투를 신청했다가 되레 총에 맞아 죽었다.

퀴리 부인은 남편이 죽은 뒤 남편의 성실한 제자이자 천재 과학자였던 '폴 랑주뱅'과 사랑하는 사이가 되었다. 랑주뱅은 부인과 사이가 매우 나쁜 유부남이었다. 프랑스의 어느 황색 신문은 폴란드 여자 마리 퀴리가 프랑스의 천재 과학자 랑주뱅의 가정을 파괴한다는 식의 스캔들 기사를 실었고, 랑주뱅은 격분해 신문 편집자에게 결투를 신청한다. 결투 장소에서 신문 편집자가 "프랑스 최고의 두뇌에게 총을 쏠 수 없다."라며 결투를 포기했기에 망정이지 자칫하면 '프랑스 최고의 두뇌'에도 덧없는 총탄이 박힐 뻔했다.

이렇듯 공공연히 행해졌고 증거가 부족하거나 중재(仲裁)가 어려운 상황에서 결투로 판가름 내는 경우도 있었던 만큼 결투가 법적으로 허용되었다고 생각하기 쉽지만 꼭 그런 건 아니었다.

가톨릭 교회는 일찌감치 13세기 라테라노 종교회의에서 결투

천재 과학자 랑주뱅은 결투를 신청했다가 죽을 뻔했다
©위키피디아

를 범죄로 단정했고 금지령을 되풀이한다. 16세기 중엽 트리엔트 종교회의의 결의 내용을 들여다보자. "결투의 풍습은 악마의 선동에 의해 도입된 것으로서 기독교 세계에서 완전히 금지되어야 한다···. 결투 중에 사망하면 교회 묘지 사용이 영원히 금지될 것이다. 결투를 돕거나 결투하라고 꼬드긴 자들, 구경꾼들도 파문과 저주를 면치 못할 것이다."

러시아의 서구화를 추진한 계몽군주 표트르 대제는 서유럽보다 훨씬 살벌한 결투를 벌이는 러시아인들에게 경악해 결투 금지령을 내린다. "결투를 금지한다. 결투를 하는 자들은 교수형에 처한다."

트리엔트 종교회의나 표트르 대제의 금지령 이외에도 각국 정부와 군주들은 결투를 금지시키려고 애썼다. 쌍방의 합의에 의한 결투라지만 사람이 죽어 나가는 일이었고, 결투의 승리는 정의가 아니라 칼 솜씨와 사격 실력으로 좌우되었던 만큼 악용되기 십상이었기 때문이다.

그러나 결투는 끈질기게 생명력을 유지했다. 유발 하라리는 말한다. "개인적인 전쟁을 벌여 사람을 죽이는 일이 점점 힘들어지자, 귀족들은 최소한 서로를 죽일 수 있는 권리를 요구했다. 왕들이 가차 없이 압력을 가했는데도 그들은 근대가 시작되고 한참 세월이 흐를 때까지도 이 권리를 포기하지 않았다."[44]

결투에 대한 집착은 "왕의 권력에 맞서 귀족 계급 전체의 전통적인 지위와 명예 그리고 특히 폭력을 휘두를 권리를 단언하고 지키려는 노력"이었다는 것이다. 즉 왕의 법이나 근대 국가가 규정한 법적 테두리를 넘어 '결투할 수 있는 권리'를 요구하는 특권의식의 발호였다는 분석이다.

이 특권의식은 봉건 귀족뿐 아니라 새롭게 부상한 부르주아나 엘리트에게도 계승된다. 그들 역시 기꺼이 결투를 벌이면서 범죄자가 될 '권리'를 누리고자 했다.

의분을 앞세운 사적 행동은 안타까운 시대착오

결투가 불법이었던 러시아에서 "결투다!"를 부르짖은 이들은 수 없이 많았지만, 그 가운데 '알렉산드르 푸시킨'을 빼놓을 수 없다. "삶이 그대를 속일지라도 슬퍼하거나 노여워 말라."는 시구 하나만 으로도 불멸의 명성을 지녔고 러시아인들이 가장 사랑하는 시인 으로 이름 높은 그는 평생 스무 번 넘게 결투 신청을 주고받았던 결투 애호가이기도 했다.

그는 치열한 구애 끝에 황제 니콜라이 1세조차 연모했다는 미

대문호 푸시킨은 결투를 신청했다가 죽었다 ⓒ위키피디아

녀 나탈리아와 결혼해 아이 넷을 낳고 행복하게 사는 듯했나. 그런데 나탈리아는 사교계의 꽃으로서 염문이 끊이지 않았다.

그중 푸시킨의 신경을 곤두서게 한 이는 프랑스군 장교로 러시아에 망명해 있던 조르주 당테스였다. 그는 끈질기게 나탈리아에게 구애했는데 곧 러시아 사교계의 화젯거리가 되었다.

속을 끓이던 푸시킨은 참지 못하고 당테스에게 결투를 신청하지만, 당테스는 황망하게도 나탈리아의 언니이자 푸시킨의 처형 에카테리나에게 청혼하고 곧 결혼에 골인한다. 천하의 푸시킨도 이 순간의 황망함을 시로 표현하긴 어려웠을 것이다. 결투는 당연히 유야무야되었다.

하지만 나탈리아를 둘러싼 소문은 끊이지 않았고 급기야 푸시킨은 "아내에게 배반당한 걸 축하하오." 류의 악의적인 익명 편지를 받고 분노에 치를 떤다. 푸시킨은 이 편지를 보낸 게 당테스와 그 양부(養父)인 러시아 귀족이라고 여겨 비난을 퍼부었고, 마침내 결투가 벌어지고 말았다.

결투 경험이 있다곤 하지만 주변의 중재로 제지된 적이 많았던 시인 푸시킨이 군대에서 산전수전 다 겪은 군 장교와 싸워 이길 가능성은 없었다. 그러나 푸시킨은 결투에 나선다. "귀족이자 가장으로서 명예와 아이들에게 물려줄 이름을 지키기 위해" 말이다. 결투의 규정에 따라 당테스가 먼저 총을 쐈고 러시아의 대문호 푸시킨은 치명상을 입고 쓰러지고 말았다.

러시아 사람들 사이에서 이 결투가 진취적인 사상을 지니고 러시아의 전제 정치를 비판하던 푸시킨을 제거하려는 음모였다는 소문이 돌았다. 당시 나이 스물세 살의 시인 레르몬토프는 「시인의 죽음」이라는 시를 통해 푸시킨 죽음의 배후에 대한 분노를 터뜨렸다.

> 시인의 마음은 하잘것없는 치욕조차 용인할 수 없었나니
> 그는 홀로 세상의 입방아에 맞서 일어서고 죽음을 당했도다

하지만 얄궂게도 레르몬토프 역시 후일 러시아군 장교와 여자 문제로 다툰 끝에 결투를 벌이다가 총에 맞고 죽고 만다.

이렇듯 결투는 수많은 사람으로 하여금 여러 이유로 사적인 복수와 응징에 나서게 했고 그에 따라 수많은 범죄자 그리고 피해자를 양산한 오래된 '야만'이었다.

근대 법체계가 세워진 국가는 어떤 명분으로든 자력구제(自力救濟)나 사적(私的) 복수를 허용하지 않는다. 피해자의 가해자에 대한 직접 복수도 허용되지 않으며, 가해자에 대한 응징 등 정의 구현 역시 법에 의거해서만 가능하도록 한 게 근대법의 원칙 중 하나다. 결투가 행해지던 시대처럼 법 자체가 무력화되고 강자의 횡포와 약자의 희생 감수가 정당화되는 상황을 피하기 위해서다.

'정의'를 위해 범죄자를 직접 응징하겠다는 생각 역시 '명예'를

위해 사람을 죽일 수 있었던 '불법' 결투자들의 시대에 부합될 뿐 결코 오늘에 이어받을 게 못 된다.

　어떤 흉악한 범죄자라고 해도 법 외의 수단으로 그를 처벌하는 건 또 다른 죄를 짓는 것이고, 아무리 불의한 일을 보더라도 의분(義憤)을 앞세워 사적 행동에 나서는 건 안타까운 시대착오로 남을 뿐이다. 개인의 명예를 지키고자 목숨 걸고 상대방의 생명을 노리는 '야만'은 푸시킨의 시대로 충분했다. 지금은 21세기다.

'군복의 권위'를 존중한
독일인의 의표를 찌르다

프로이센의 사기꾼, 빌헬름 포크트

가끔 TV에 등장하는 북한의 열병식을 지켜볼 때 가장 먼저 눈에 띄는 건 행진 중의 걸음걸이다. 다리를 곧게 펴 거의 허벅지 높이까지 들어 올렸다가 내리면서 기계처럼 보조 맞춰 걷는 모습을 보면 탄성이 절로 터져 나온다.

하지만 "와 멋있다." 하는 감탄 뒤엔 얼마나 고생을 했으며 무릎 관절이 고장 난 사람들도 많겠구나 싶은 한숨이 더 크다. 무슨 말인지 모르겠다면 '정보(正步)걸음'을 5분만 흉내내보길 바란다. 허리부터 무릎과 발목, 뱃속에서까지 나는 곡소리를 들을 수 있을 것이다.

보기엔 그럴싸하지만 무척 힘든 걸음걸이, 나치 독일군과 구소련군, 중국군 등 세계 여러 나라 군대가 사용했고 사용하고 있는 보법(步法), '거위걸음'(goose step)이라고 불리는 이 걸음걸이의 원조는 어디일까? 답은 '프로이센'이다.

프로이센 왕국은 18세기 이후 군사 강국으로 북부 유럽의 판도를 뒤흔들었고, 나아가 통일 독일 제국을 이룸으로써 오늘날 독일연방공화국의 모태가 된 나라다. 프로이센 왕국의 두 번째 왕 프리드리히 빌헬름 1세의 별명은 '군인왕'(Soldatenkönig)이었다. 그는 인구 250만 명도 안 되는 나라에서 8만 명이 넘는 상비군을 조직했고 탈주자가 끊이지 않을 만큼 혹독한 훈련을 강요했다.

프리드리히 빌헬름 1세 시절 프로이센군에 도입된 것 중 하나가 바로 거위걸음이다. "프로이센을 가리켜 병영국가, 독일 사람을 가리켜 독일병정이라고 하는 다소 경멸적인 수식어가 생긴 건 대부분 프리드리히 빌헬름 1세의 치하에서 이뤄진 일"[45]이었다.

프로이센 왕국의 주도로 통일된 독일 제국 창건을 선언(1871)한 뒤에도 군국주의 국가의 전통은 강력하게 유지되었다. 학생들은 엄격한 규율 속에서 자랐고 프로이센 귀족 출신들이 주축을 이룬 장교들은 선망의 대상이었으며 프로이센 군대는 외국의 경계와 부러움을 동시에 샀다.

프로이센군의 군복은 전통적으로 검은색이었는데 일본이 이를 모방해 교복을 만들었고 한국 학생들도 1970년대까지 시커먼 교복을 입었다는 점을 떠올려보면, 프로이센군의 위세를 짐작할 수 있을 것이다.

통일 독일 제국이 세계 최강 영국과 비견될 정도의 강대국으로 성장해가던 1906년 10월 16일 독일의 수도 베를린, 경비 교대를 마치고 돌아오는 독일군 10여 명 앞에 한 대위가 나타났다. "병사제군! 나를 따르라."

병사들은 어미 닭을 쫓는 병아리들처럼 대위의 뒤를 따랐다. 낡은 장교복을 차려입은 대위는 힘찬 구령을 붙이며 군인들을 이끌었다. 장교는 길을 가던 버스를 잡아탄 후 호기롭게 외쳤다. "쾨페니크 시청으로 간다!" 쾨페니크는 베를린 외곽의 소도시였다. 병사들은 엄숙하게 시청으로 행진해 들어갔다.

시청이었으니 당연히 경비원도 있었을 것이고 직원도 적지 않았으리라. 하지만 "뭡니까? 당신들 소속이 어디요?"라고 두 팔 벌려 막는 이는 하나도 없었다. 군인이 무슨 용무일까 가슴 졸이며 궁금해할 따름이었다.

엉거주춤 집무실에서 나와 군인들을 맞는 시장에게 늙수그레한 대위는 벼락같이 호통쳤다. "시장! 당신을 체포하겠소!" 내가 무슨 죄를 지었던가 분주히 기억을 짜내던 시장이 가까스로 물었다. "체포 영장은 있습니까?" 그러자 대위는 또 한 번 호랑이 같이 포효했다. "영장? 이 병사들이 보이지 않나? 이 병사들이 영장이다!" 시장 역시 예비역 장교였지만 현역 장교의 불호령 앞에선 고양이 앞의 쥐가 되어버렸다.

대위는 회계 담당자에게 명령한다. "시 금고에 있는 모든 현금을 가지고 오라!" 회계 담당자가 부랴부랴 명령에 따라 돈을 가지고 오자 장교가 거만하게 물었다. "모두 얼마인가?" "4천 마르크 정도입니다." 그는 멋들어진 필체로 영수증을 써주곤 다시 군인들에게 명령을 내린다. "부대 차렷. 시장과 그 부인, 부시장과 회계 담당자를 시청 밖으로 이송하고 철저히 감시하라." 엄숙한 표정의 독일 병정들은 시장 일행을 밖으로 내몰아 그들을 둘러싸고서 철통같이 감시했다. 장교는 명령이 충실히 이행되는 걸 보고는 표표히 병사들 곁을 떠났다.

그 사람이 뭘 두려워하는지 알면 게임 끝이다

그 후 몇 시간, 대위는 다시 나타나지 않았다. 아무리 융통성 없는 독일 병정들이었지만 고개를 갸웃거리기 시작했다. "아까 그 대위님 이름 아는 사람?" 아무도 손을 들지 않았다. "그 대위 본 적 있는 사람?" 역시 아무도 없었다.

이쯤 되면 시장 일행도 군인들에게 따져 물었을 것이다. "당신들 누군지도 모르면서 그 사람 명령에 따른 거야?" 사실은 곧 드러났다. 상급 부대는 그런 명령을 내린 적도 없었고 늙은 대위와 엇비슷한 사람도 없었다. 글자 그대로 수십 명이 사기를 당하고 시장은 눈 뜨고 시청 금고를 탈취당한 것이었다.

대담한 범인은 곧 잡혔다. '빌헬름 포크트'라는 50대 중반의 구두 수선공이었다. 그의 이력을 요약하면 이렇다. "절도와 문서 위조로 어린 시절 네 번이나 투옥되었다. 41세가 되던 해에 한 지방 법원의 금고를 털다 잡혀 15년 형을 살고 1906년 출옥했다. 그에게 일자리를 주는 고용주는 없었고 다른 지역이나 외국으로 나가려고 해도 전과자라는 이유로 여권 발급도 거부당했다."[46]

포크트는 이런 절망적인 상황에서 군복과 권위를 존중하던 독일 사람들의 의표를 찌르는 기상천외한 사기 수법을 개발했던 것이다. 그는 시청에서 돈을 턴 뒤 여권을 발급받아 해외로 튈 생각

구두 수선공이자 전과 4범이었던 빌헬름 포크트(왼쪽)는 군복의 권위를 이용해 기상천외한 사기를 쳤다 ©위키미디어

이었는데, 쾨페니크 시청에선 여권이 발급되지 못했기에 돈만 들고 사라졌다가 아깝게(?) 체포되고 말았다.

독일 사람들은 어이가 없었다. 하지만 자기도 속을 수 있었겠다는 생각에 이르니 화가 났다. 포크트가 괘씸하다기보다 이런 범죄를 가능케 했던 나라와 사회에 분통이 터졌다고 할까. 오히려 사회의 치부를 통쾌하게 드러낸 포크트에 대한 동정론이 쏟아졌다. "오죽하면 그랬겠어. 전과자도 먹고살게는 해줘야 할 거 아니야."

포크트는 금고 4년을 선고받지만 20개월가량 옥살이를 한 후 황제의 특사로 석방된다. 그런데 이 사건 최대의 코미디는 황제의 '특사 이유'일지도 모르겠다. "군의 권위의 견고함을 보여줬다." 황제의 유머였을까 아니면 완고함이었을까.

이후 포크트는 일약 스타덤에 올랐다. 범행 당시의 군복을 입고 사진 찍은 엽서를 팔고 자서전을 써서 꽤 짭짤한 수입을 올렸고 그를 좋게 본 귀부인의 후원으로 호의호식하다가 생을 마쳤다.

독일인들은 포크트의 행각에서 자신들을 옥죄는 군국주의 사회가 얼마나 어처구니없는가를 깨달았고 복종을 강요하는 권위가 헝겊 막대보다 못할 수 있음에 고소해했다. 독일인들이 군국주의 전통을 완전히 버리는 데는 수십 년이 더 소요되었지만 말이다.

영화 〈범죄의 재구성〉에 나온 명대사 "그 사람이 뭘 원하는지, 그 사람이 뭘 두려워하는지 알면 게임 끝이다."라는 말은 동서고금에 걸친 진리다. 포크트는 군복을 두려워했고 권위에 거역하기 싫어했던 독일인들의 허를 제대로 찔렀다.

우리나라의 사기꾼들은 '청와대'(이제 청와대도 대통령 관저에서 벗어났으니 청와대 사칭 역시 과거 속으로 사라지겠지만)나 '최고위층'을 즐겨 사용한다. 배울 만큼 배우고 가질 만큼 가진 사람들이 '최고위층' '청와대' 등의 사탕발림에 허무하게 속아 넘어가는 걸 보면 기가 막힐 정도다. 독일의 군대와 관료주의가 강력했듯 우리나라의 상식과 체계 역시 '최고위층'의 개입에 쉽사리 무너져 왔다는 뜻이기도 할 것이다.

쾨페니크는 독일에만 있지 않고 빌헬름 포크트는 우리 앞에도 수시로 나타나고 있다. 더 악랄하고 더 탐욕스럽게.

아들 잃은 귀부인에게
아들 행세한 사기꾼

로저 티치본 행세한, 아서 오턴

대항해 시대 개막 이후 수많은 배가 대양으로 나아갔다. 저마다의 꿈과 인생을 싣고 또는 탐욕과 죄악을 가득 담아 바다를 갈랐던 배들은 멀리 떨어져 있던 대륙과 대륙을 이었고 새로운 역사의 파발이 되었다.

하지만 바다는 여전히 험악한 곳이었다. 배들은 수시로 난파했고 해적들은 '캐리비안해' 외에도 곳곳에서 수백 년 동안 판을 쳤으며 느닷없이 빙산이나 암초와 만나기도 했고 포경선들은 고래에게 박살 나기도 했다. 즉 바다에서 사람이나 배가 증발하는 일은 그리 귀한 일이 아니었다.

19세기 중반 영국의 유서 깊은 가문 출신의 '로저 티치본'도 비슷한 경우였다. 1854년 4월, 장교로 군 생활을 하던 그는 네 살 아래의 사촌 여동생을 사랑하게 되지만 가족의 반대로 뜻을 이루지 못한다.

　　이후 그는 실연의 괴로움을 잊기 위한 장거리 여행을 떠난다. 행선지는 중남미였다. 페루에서 칠레 등 남미 내륙을 두루 돌아다닌 그는 리우데자네이루항에서 리버풀 선적의 벨라호에 올라탄다. 행선지는 중앙아메리카의 자메이카였다.

　　그러나 벨라호는 그 뒤 세상에 나타나지 않았다. 벨라호의 잔해가 일부 발견된 것으로 미뤄 침몰로 여겨졌고 보험사도 벨라호의 침몰을 공식 인정하고 보험금도 지급했다.

　　이런 해난 사고는 당시 드문 일이 아니었지만 티치본의 어머니에게만큼은 절대로 받아들일 수 없는 '낭설'이었다. 그녀는 아들이 살아 있다고 믿었고 어떤 영매(靈媒)가 아들의 생존을 말한 후 그 믿음은 콘크리트처럼 굳어졌다.

　　벨라호가 난파한 후 어떤 배가 생존자를 구해 호주로 갔다는 희미한 소문이 있었는데, 티치본의 어머니는 진실로 철석같이 받아들였다. 애타는 어머니는 호주 신문에 광고를 내고 아들의 행방을 찾는다.

　　이 무렵 선원으로 일하다 배에서 탈주해 떠돌이로 살다가 호주까지 흘러들어온 '아서 오턴'이라는 사람이 있었다. 그는 파산에

실제로 실종된 로저 티치본 ©위키피디아

직면해 변호사를 만나고 있었는데 묘한 소리를 흘린다.

"영국에 가면 막대한 재산이 있는데 후우… 여기까지 난파되어 와서… 후우…." 즉 그는 광고에 실린 내용을 그럴싸하게 꾸며댔을 뿐 아니라 파이프 담배를 비롯한 소유물 곳곳에 로저 찰스 티치본 을 암시하는 이니셜 R.C.T까지 새기고 다니며 은근히 보여줬다. 변호사 입에서 "혹시 당신 로저 티치본 아니오?"라는 말이 나올 때 까지 말이다. 오턴의 대답은 물론 "Yes."였다.

"티치본 씨! 어머니가 당신을 얼마나 찾고 있는지 아시오? 어 서 영국에 소식을 전합시다." 오턴은 본격적으로 '영국의 갑부집 아들' 행세에 나섰고 어머니(?)에게 편지를 쓴다. 11년 만에 아들의 소식을 접한 어머니는 눈과 귀가 멀다시피 들떴다. 편지에서 어머니의 이름조차 틀리게 썼고 기억의 퍼즐이 어긋나는 대목도 한두 군데가 아니었지만, 자식을 되찾은 어머니에겐 아무런 문제가 되지 않았다.

1866년 아서 오턴, 아니 부활한(?) 로저 티치본은 영국으로 돌아왔다. 그는 고향 햄프셔에 가서 고향 사람들과 인사를 나누지만 사람들은 그저 황망해할 뿐이었다. 로저 티치본은 본래 57kg의 가냘픈 몸매였는데, 12년 만에 고향에 돌아온 그는 호주 시드니에서 부잣집 도련님 행세로 돈을 끌어들여 잘 먹고 잘 지낸 덕인지 무려 152kg의 거구였다. '국민약골'이 '천하장사'가 된 격이랄까.

마을 사람 하나는 이렇게 내뱉는다. "나으리가 로저 티치본 경이라구요? 나 원. 그렇다면 경주마가 짐 끄는 말이 된 셈이로군요." 로저 티치본의 왼팔에 있었던 문신도 온데간데없었다.

상식적인 사람이라면 누구나 12년 만에 나타난 로저 티치본이 가짜라는 걸 알 수 있었다. 티치본의 가족들도 거의 모두 티치본을 터무니없는 가짜라고 무시했다. 하지만 돌아온 로저 티치본에겐 누구보다 강력한 지원군이 있었다.

다름 아닌 로저 티치본의 어머니 티치본 부인이었다. 프랑스 출신이었던 어머니는 파리에서 살아 돌아온(?) 아들을 만난다. 나름대로 정보 수집을 하고 어머니를 만난 듯했지만 가짜 로저 티치본은 실수를 연발했다.

"할아버지 생각이 나네요, 참 자애로우셨는데." "너는 할아버지를 뵌 적이 없을 텐데?" "제가 졸병으로 고생할 때 말이에요." "너는 장교였잖니." "윈체스터를 졸업했을 때 기억나세요?" "너는 스토니허스트를 졸업했는데."

이쯤 되면 자리를 박차고 일어나 사기꾼의 멱살을 쥐어야 할 테지만, 어머니는 되레 아들을 끌어안고 흐느꼈다. "내 아들아, 얼마나 고생이 많았니. 모든 걸 꿈을 꾸듯 혼동하고 있구나."

그녀는 환골탈태해 나타난 이 뚱보가 자신의 아들임을 인정하고 1년에 1천 파운드의 용돈을 선사한다. 하지만 이 정도에 만족할 '돌아온' 로저 티치본이 아니었다. 그는 티치본 가문의 상속자가 될 어린 조카 알프레드 티치본을 상대로 소송을 건다. "가문의 상속자는 바로 나 로저 티치본이다!"

티치본 부인이 법정에서 증언이라도 한다면 티치본 가문의 모든 재산이 넘어갈 수도 있는 상황이었지만, 불행 중 다행이랄지 티치본 부인은 소송 직전 사망하고 만다. 돌아온 로저 티치본으로선 가장 큰 버팀목을 잃은 셈이었지만 소송을 강행한다.

귀향 후 그는 적잖은 지지자를 확보하고 있었다. 한때 티치본가의 하인이었던 이들로부터 상세한 정보를 습득했고 무려 100명 이상의 증인(?)들을 내세운다. "이 사람은 로저 찰스 티치본이 맞습니다." 하지만 일을 그르친 건 결국 돌아온 티치본 자신이었다.

난파와 구사일생의 트라우마로 기억이 혼미해졌다곤 하지만, 모국어 같이 쓰던 프랑스어를 하나도 못하는 건 그렇다고 치고 철저하게 귀족으로 자라났다는 이로선 상상할 수 없는 상스러운 말을 해버린 것이다. "사촌 동생을 유혹했고 내가 떠날 때 그녀는 내 애를 배고 있었다우." 티치본 가문 전체가 발칵 뒤집어졌을 뿐만 아니라 은근히 그를 지지하던 많은 사람으로 하여금 학을 떼게 만든 악수(惡手)였다. 결국 돌아온 로저 티치본, 아니 아서 오턴은 위증죄로 감옥에서 10년을 보내게 된다.

'사실' 없는 '진실'은 없다

객관적으로 보건대 아서 오턴이 로저 티치본이었을 가능성은 1%도 되지 않는다고 본다. 그런데 오턴의 범죄를 돌아보면서 사람들의 '믿음'에 대해 다시 생각해보게 된다. 사람은 보고 싶은 걸 보고 믿고 싶은 걸 믿는 존재다.

아들이 살아 있을 거라는 강력한 확신에서 벗어나지 못했던 티치본의 어머니는 눈만 크게 뜨면 볼 수 있었던 아서 오턴의 허점들을 보지 못했다. 아니 눈을 감아버렸다. "고생을 해서 아들의 기억에 혼돈이 왔다."라고 지레 믿어버린 것이다. 그 믿음은 그녀의 진실을 구성했고 침몰하지 않는 진실로 그녀의 말년을 지배했다.

또 자신들과 무척 닮은 이 고상하지 못한 '귀족'과 동질감을 느긴 대중은 아서 오턴을 귀족 집안싸움의 희생양으로 바라봤다. 그들은 아서 오턴이 진짜 로저 티치본이라고 믿고 응원하며 심지어 소송비까지 지원하고 아서 오턴이 죽은 뒤엔 묘비에 '로저 티치본의 묘'라고 새기기까지 했다.

이쯤 되면 아서 오턴 역시 자신이 진짜 로저 티치본이라고 자기최면을 건 채로 죽었을지도 모를 일이라는 생각이 든다.

요즘 우리 사회에도 규명해야 할 '진실'을 말하는 이들이 많다. 독재의 서슬과 야만의 공포 속에 암장(暗葬)되고 언제든 백일하에 드러나야 할 진실들은 당연히 존재한다.

그런데 '사실', 즉 합리적 근거로 구성된 토대가 없는 '진실'이란 있을 수 없고, 사실 관계를 도외시한 진실이란 자신만의 영역에 갇히거나 '희망의 나라'로 빠져든다는 걸 기억해야 할 것이다.

티치본 부인이나 티치본을 지지했던 사람들처럼 원하는 진실만을 진실이라고 믿게 되고 그에 반하는 이들을 진실을 왜곡하는 이들로 몰아세우며 스스로 고립되고 완강해진다는 뜻이다. '로저 티치본 귀향 사건'은 그 과정을 아주 잘 설명해주고 있다.

"미래의 죄도 면죄받을 수 있다"는
면죄부의 정체

종교사기꾼, 요한 테첼

주변 사람들이 들으면 대단히 놀라거나 고개를 갸웃거리는 경우가 많다만 나는 기독교인이다. "믿습니다!"를 부르짖으면 천국에 간다고 믿진 않으나 '그 뜻이 하늘에서 이뤄지듯 땅에서도 이뤄지이다.'라는 주기도문 속에 담긴 신과 인간의 의지를 믿는다.

하지만 기독교 나아가 종교 자체에 대해 던지는 독설 앞에서 고개를 끄덕일 때도 잦다. "종교라는 문제에 관한 한 사람들은 온갖 거짓말과 지적인 범죄를 저지른 죄인이다."라는 지그문트 프로이트의 일갈이나 "종교는 인간의 어리석음을 추켜세우고 인간이 지식을 쌓는 걸 가로막는다."라는 크리스토퍼 히친스의 비아냥에도 그리 반감이 들지 않는다.

"나는 예수는 존경하지만 기독교인은 싫어한다."라는 마하트마 간디의 뾰족한 말에 이르면 '아멘!'을 외치며 화답하고 싶을 지경에 이른다.

역사 속에서 종교인과 기독교인들이 저질러온 죄악이 아라랏산(노아의 홍수 때 유일하게 잠기지 않은 봉우리)보다 높게 쌓여 있기 때문일 것이다.

"교황은 태양이요 황제는 달이로다."라는 얘기를 들었을 만큼 최강의 권력을 휘두른 교황 이노켄티우스 3세는 그가 혐오하는 '이단'을 토벌할 십자군을 조직했다.

어느 날 이단 혐의를 받던 프랑스의 도시 베지에를 함락시킨 십자군은 베지에 시민 모두를 학살하라는 명령을 받는다. 이런 일에 익숙한 군대조차 머뭇거렸지만 군대를 이끌던 수도원장 아르날두스 아말리키는 호령했다. "모두 죽여라. 하느님은 그 백성을 알아보신다." 그리고 2만 명이 죽었다. 종교의 이름으로 저질러진 흔해 빠진 범죄 중의 하나.

종교가 저지른 죄는 매우 폭넓고 다양하다. 그중 신의 징벌과 진노를 빌미로 사람들을 위협해 배를 불리거나 신이 기뻐하신다는 달콤한 속삭임으로 남의 등골을 빼먹는 '종교사기꾼'들의 행태 또한 유구하고 면면하다.

예수가 언젠가 재림할 거라는 성경 말씀 때문에 생겨난 '말세

론' 사기꾼들은 2천 년 전에도 있었고 지금도 많다. "너희를 위해 재산을 땅에 쌓아 두지 말라. 오직 너희를 위해 보물을 하늘에 쌓아 두라."고 한 말을 가지고 "너희 재산을 다 교회에 바쳐라."라고 꼬드긴 시커먼 악당의 속 역시 동서와 고금의 구분이 없다.

교황 레오 10세는 매우 바빴다. 교황이면서 메디치 가문의 수장으로서 세속적 이익도 고수해야 했던 그는, 프랑스 등과 여러 번의 전쟁을 치렀고 오스만 투르크에 대항한 때늦은 십자군 조직을 시도하기도 했다.

한편 예술의 후원자로 이름 높은 메디치 가문 출신답게 그에겐 1천 년의 역사 동안 퇴락해버린 성 베드로 대성당을 아름답고 웅장하게 재건하고자 하는 꿈이 있었다. 교황 대관식을 성 베드로 대성당 건설 부지 인근에 마련된 천막에서 거행했을 정도다.

하지만 돈 들어갈 구멍이 한둘이 아니었기에 성 베드로 대성당 건설은 난항에 부딪쳤다. 레오 10세는 이를 해결하고자 "회개와 고백, 기도의 장려는 물론 성 베드로 대성당의 건축비로 응분의 헌금을 하는 사람에겐 그의 징벌을 면해주는 은전을 허락"[47]한다.

여기까진 큰 문제가 없었다. 헌금을 못 해도 회개, 고백 등을 하면 죄를 씻을 수 있고 거금을 헌납해도 회개 등 조건을 이행하지 못하면 죄를 면할 수 없다고 못 박고 있었으니 '본분'은 붙들고 있었던 셈이다.

"돌아가신 부모 죄도 면죄된다"

하지만 마인츠 대주교였던 알브레흐트는 보다 많은 면죄부 판매를 원했고 실행에 옮길 사람을 찾았다. 그 적임자로 도미니크회 수도사 '요한 테첼'이 물망에 오른다. 성 베드로 대성당 건설에 대한 불타는 의욕 때문인지 알브레흐트 대주교에게 충성하기 위해서인지는 알 수 없으나, 테첼은 면죄부의 전제와 내용을 자기 입맛에 맞게 비틀어 설파한다.

수도사 요한 테첼은 "미래의 죄까지 면죄받을 수 있다"라며 면죄부를 팔았다 ©위키백과

그 대표적인 선동은 이것이었다. "면죄부를 사는 사람 모두가 자신들이 저지른 죄는 물론 미래의 죄까지 면죄받을 수 있을 뿐만 아니라 돌아가신 부모와 친인척까지의 죄도 면죄받는다."[48]

영화 〈루터〉에선 능수능란한 선동가 요한 테첼을 이렇게 묘사한다. 테첼은 손바닥에 불을 지지는 퍼포먼스를 펼쳐 사람들을 놀라게 한 후 부르짖는다. "당신들을 낳아준 부모와 그리운 친척들을 돈 몇 푼이면 연옥에서 구해낼 수 있는데, 이 뜨거운 불꽃의 고통에서 건져낼 수 있는데, 어찌 돈을 아낀단 말인가."

작센 지역을 다스리는 '현명공(賢明公)' 프리드리히는 영지의 부(富)를 교황이 빨아들이는 걸 원치 않았기에 테첼의 작센 지역 내 면죄부 판매를 허용하지 않았다. 하지만 테첼은 교묘하게 접경 지역을 다니며 경계를 넘어오는 작센 사람들에게 면죄부를 팔아치웠다.

"금고에 돈이 짤랑 떨어지면 연옥에서 영혼이 날아오른다."라는 유명한 말이 테첼의 입에서 나왔다는 증거는 없으나, 그를 비롯한 면죄부 영업사원들은 그런 말을 너끈히 하며 사람들을 홀릴 만큼 유능(?)했다. "성모 마리아를 범해도 면죄부를 사면 용서받을 수 있다."라는 극언까지 서슴지 않았다고 하니 못할 말이 무엇이었을까.

교황청의 전횡과 면죄부 영업사원들의 준동에 분개한 마르틴 루터가 이를 정면으로 공격하는 '95개조 반박문'을 내걸면서 종교개혁의 깃발이 유럽 역사 한복판에 휘날리기 시작했다. 면죄부 판매에 대한 비난이 끓어오르면서 테첼은 교황청과 고용주로부터 버림받는 신세가 된다. "교황청에선 가톨릭 교리를 왜곡했다는 이유로 그를 태형에 처했고, 대주교조차 그를 보호하지 않았다. 민중의 폭력마저 두려워진 그는 수도원에서 생을 마쳤다."[49]

그러나 면죄부의 책임을 그의 '오버'에 돌리는 건 어불성설일 것이다. 애초에 그를 기용한 마인츠 대주교 알브레흐트는 독일의 대부호였던 푸거 가문에서 거액을 대출받아 마인츠 대주교직을 샀고, 교황 레오 10세는 그에게 면죄부 판매권을 주는 '거래'의 당사자였으니까.

이런 '세속적인' 관계의 필요성에 의해 고용된 영업사원의 임무가 어찌 성스러울 수 있으며 영업사원의 '일탈'을 어찌 그들의 탓으로만 돌릴 수 있단 말인가.

"군주, 제후 등은 25라인 굴덴, 백작 등 귀족은 10라인 굴덴, 도시민들에겐 3라인 굴덴, 수공업자들에겐 1라인 굴덴 등 가격을 임의로 책정해 테첼에게 준" 건 알브레흐트였고, "많이 팔아 빚 잘 갚으시오."라고 토닥인 건 교황 레오 10세였으며, 테첼은 그저 교황 레오 10세와 대주교 알브레흐트라는 쌍두도마뱀의 불쌍한 꼬리였을 뿐이었는데 말이다.

이렇게 부패하고 뻔뻔했던 교회에 맞서 종교개혁의 기치가 들어 올려진 건 당연한 일이 아니었을까. 레오 10세 이하 고위 성

직자들의 '본의'가 어디에 있었든, 테첼 같은 이들이 범죄에 가까운 선동으로 사람들의 주머니를 털 수 있었던 사실 자체로 그들의 '본의'는 퇴색할 수밖에 없었다. 또 '일부의 일탈'이 아닌 '전체의 본질'로 확대될 수밖에 없었다.

종교개혁이 일어난 수백 년 뒤 종교개혁의 후예라는 한국의 '개신교'에선 어떤 일이 벌어지고 있을까. '예수천국 불신지옥'을 호언하며 헌금 잘하면 하느님을 기쁘게 하고 영혼은 물론 물질적으로도 축복받으리라고 장담하는 모습, '주일성수'보다 '주일헌금'에 눈이 어두워 팬데믹 시대에 '대면예배'를 강행했던 풍경.

달갑지 않은 '부활'의 기적을 목도한다. 레오 10세와 알브레흐트 그리고 여러 명의 '테첼'의 귀환이 도둑처럼 우리 곁으로 돌아오고 있는 것이다.

나라가 망하는 데
한 사람이면 충분하지

절대 권력자의 내시, 위충현

대한민국 역사상 대통령 1인에게 최강의 권력이 부여되었던 유신 정권 시대, 대통령 경호실장이 뜻밖의 세도를 부린 적이 있다. 경호실장이 권력자로 향하는 문고리를 틀어쥐고 있었기 때문이다.

"각하의 심기(心氣)까지도 경호해야 한다."라고 했으니 대통령의 심기를 어지럽히는 이들을 차단할 수도 있었고 '각하의 안전'을 위해선 못할 일이 없었다.

대통령에게 담뱃불을 붙여주던 도지사의 라이터불이 확 피어올라 대통령을 놀래키자 경호실장이 도지사를 불러내 두들겨 팼다는[50] 일화가 있고 보면, 더 구태여 보탤 말이 무엇일까.

이렇듯 절대 권력자가 있으면 반드시 절대 권력자를 둘러싸고 호가호위(狐假虎威)하는 이들이 생기고 그들로 인한 범죄가 독버섯처럼 피어난다.

절대적 권력을 지닌 황제가 존재했던 중국에선 더욱 그랬다. 그 가운데 환관(宦官)의 발호는 여러 왕조를 무너뜨린 주요 화근 중의 하나였다.

이른바 중화의 원류라고 할 만한 한(漢)왕조도, 저 강성했던 당나라 그리고 명나라도 환관의 '권력형 비리'에 시달렸다. 명나라 시대 '위충현'의 이야기를 돌아볼까 한다.

위충현은 원래 장가들어 자식까지 뒀는데 도박판에서 가산을 탕진한 뒤 살 길이 막막해지자 스스로 생식기를 제거하고 환관이 된 케이스다.

그가 환관이 될 무렵 명나라는 막장으로 치닫고 있었다. 당시 황제 '신종 만력제'는 '조선 황제'라고 불렸다. 임진왜란 때 조선을 도왔기 때문이지만, 황제로서 한 일이 그게 다였기 때문이었다.

48년의 재위 기간, 초반 10여 년을 제외하면 만력제는 '만력태정'(萬曆怠政)이라고 해서 아예 정치에서 손을 떼는 전무후무한 '황제 파업'(?)을 벌였다. 그런 황제가 희한하게도 조선을 돕는 일엔 적극적으로 나섰으니 중국인들이 '조선 황제' 또는 '고려 천자'라고 불렀을 밖에.

후계자를 세우는 과정에서도 만력제는 한심했다. 장남이 천한

궁녀의 소생이라며 태자 책봉을 차일피일 미루더니 다른 아들을 세우려다가 신하들의 반대에 부딪쳐 결국 장남을 태자로 삼았지만, 그는 제대로 된 황제 수업을 받지 못했고 그나마 제위에 오른 지 얼마 되지 않아 죽어버렸다.

그 뒤를 이은 이가 만력제의 손자 '희종 천계제'였다. 열여섯의 어린 황제도 정치에 관심이 없었다. 외려 그는 목공(木工)의 천재였다고 한다. 정교한 미니어처로 궁궐을 재현하는 실력파 목공이었지만 망치와 톱으로 나라를 다스릴 순 없었다.

정치의 지읒자도 모르는 절대 권력자. 그 틈을 비집고 들어간

게 위충현이었다. 위충현이 서류를 들고 들어갈 때마다 천계제는 외쳤다. "알아서 하라, 믿겠다." 위충현은 그저 황은이 망극할 뿐이었고 '알아서' 나라를 좀먹어 간다.

그는 환관 중 수장이라고 할 '병필태감'(秉筆太監), 즉 황제의 비답에 낙점을 찍는 자리에 올랐고 신하들을 감시하는 정보기관인 '동창'(東廠)의 우두머리까지 거머쥐었다. 요즘으로 따지면 대통령비서실장, 경호실장, 국정원장을 겸했다고나 할까.

1624년 6월, 위충현의 전횡을 보다 못한 좌부도어사 양련이 위충현의 스물네 가지 대죄를 적시하며 탄핵 상소를 올린다. 그러나 천계제는 상소를 뭉개버렸고 위충현은 잔인한 복수에 나선다. 양련과 그 당파인 동림당을 잡을 도구로 왕문언이라는 사람을 고른다. 그는 양련과도 가까웠으나 강직하다기보다 적당히 때묻은 인물이었으니 끌고 와서 겁을 좀 주면 양련에게 불리한 진술을 하리라 여겼던 것이다. 그러나 왕문언은 "양련이 돈 먹고 관직을 팔았다고 자백하라."는 겁박을 끝끝내 거부한다.

위충현 일파는 해결책을 찾아냈다. "자백하지 않으면 자백을 만들면 되지." 초주검이 된 왕문언을 앞에 두고 제멋대로의 '자백서'를 완성시킨다. 자신이 하지도 않은 자백을 엮는 위충현 무리 앞에서 왕문언은 귀신이 되어서라도 너희들을 볼 거라고 절규하지만 위충현 일당은 오불관언이었다. 자백(?)을 근거로 잡혀온 양련 역시 시신을 수습할 수 없을 만큼 참혹한 고문을 받고 죽는다.

위충현에겐 기이한 취미가 있었다. 자신이 죽인 사람들의 후골(喉骨), 즉 울대뼈를 모아 수집하는 기벽이었다. 그는 그 뼈들 앞에서 깔깔대며 말했다. "잘 지내시오? 또 상소를 올리시려오?"

'구천세' 소리까지 들었던 막강한 권력자

흔히 부르는 '만세'(萬歲)는 황제만 받던 축원이다. 조선의 왕은 '국왕 전하 천세'가 고작이었다. 하지만 위충현은 '구천세'(九千歲) 소리를 들었다.

이런 막강한 권력자 위충현에게 달라붙는 아부꾼들은 설탕에 달라붙는 개미들 같았다. "위충현을 위해 생사당(살아 있는 사람을 위한 사당)을 건립합시다."라는 어이없는 청이 받아들여지자 전국에 위충현 생사 건립 열풍이 불었다.

나이 일흔을 넘겨 위충현보다도 훨씬 연상이었던 예부상서 고병겸은 땅바닥을 핥으며 말했다. "어르신의 양아들이 되고 싶었으나, 어르신께서 허옇게 수염 난 아들을 싫어하실까 봐 제 아들을 손자로 삼으셨으면 합니다."[51]

그나마 말로 아부하는 건 그렇다고 치자. 병부상서 최정수는 위충현이 "글을 좀 아는 환관들이 있으면 좋겠는데."라고 하자 즉각 국자감으로 출동해 공부하고 있던 생원들을 잡아 거세해버렸다. "글 아는 환관 대령이옵니다."

'망탁조의'(莽卓操懿)라는 말이 있다. 권력을 틀어쥐고 황제를 겁박하며 제후들을 호령하는 가운데 차제에 자신과 자신의 후손이 나라를 차지하고자 시도했던 왕망, 동탁, 조조, 사마의 등을 일컫는 말이다. 이들은 역적 소리를 들을망정 새로운 왕조를 펼쳐 보겠다는 비전(사리사욕일망정)이라도 있었다.

하지만 위충현은 그 정도 레벨도 아니었다. 그는 황제가 없으면 힘을 쓰지 못하는 환관에 불과했다. 천계제가 세상을 뜨고 동생 '의종 숭정제'가 즉위한 뒤 위충현의 권력은 봄눈 녹듯 사라지고 시신이 수천 갈래로 찢기는 처참한 최후를 맞았으니까.

위충현을 위시해 나라를 망친 중국 역대 환관들을 보면 몇 가지 교훈을 얻을 수 있다. 권력형 비리란 대개 권력의 크기와 비례하고, 권력자가 무능할 때 치명적으로 발생하며, 그들이 바치는 권력자에 대한 충성은 결국 권력자와 나라를 망가뜨린다는 사실이다. 나아가 사냥개로서의 위치를 넘어 주인을 물어뜯는 오만한 개로 진화하기도 한다.

과거의 역사는 똑같은 연극으로 오늘날 재연되지 않기에 배역과 캐릭터는 달라질망정 우리 시대에도 위충현은 다양한 형태로 끊임없이 등장할 수 있다. 유신 시대의 경호실장 차지철이 그랬고, 가까이는 최순실도 있었다. 또 황제가 준 권력으로 권부(權府)를 쌓고 이익을 침범하는 모든 것에 이빨을 드러냈던 동창 같은 조직이 우리에게도 있을 수 있다.

위충현은 이렇게 말한 바 있다. "엄당(奄黨, 환관들의 당)이 한 사람을 대신으로 올리고 재목으로 만드는 데는 몇 년도 부족하다. 하지만 누군가를 파멸시키는 데는 하루면 충분하다."

제대로 된 나라를 만드는 데는 수십 년의 땀과 노력이 필요하지만, 권력을 쥐고 농단하는 이들이 나라를 망하게 하는 건 순식간이라는 뜻도 될 것이다.

황제가 국정에 무관심할 때 위충현 같은 이가 나타났듯 나라의 주권자인 국민이 정치를 외면할 때 어떤 괴물이 나타나 순식간에 우리 삶을 망치고 용감한 이들의 후골을 모아 "또 한 번 떠들어 보지?"라고 웃을지 모른다. "나는 정치에 관심이 없어."라고 '쿨하게' 말하는 사람들이 우아할지는 몰라도 결코 현명할 수 없는 이유다.

꿍 4장 꿍

범죄에 빠진 세계, 정의는 있는가

정의의 역사가 보낸,
피살 후 105년 만의 윙크

마피아에게 공포의 대상이었던 경찰, 조셉 페트로시노

지난 100년 동안 산더미처럼 쌓인 영화들 가운데 최고의 작품은 뭘까 하는 질문은 글자 그대로 우문(愚問)일 것이다. 사람마다 취향마다 답은 달라질 테니. 그런데 미국의 시사주간지 〈타임〉은 1999년 송년호에서 자신들의 답을 내놓았다. "20세기를 대표하는 단 한 편의 영화"로 영화 〈대부〉를 꼽은 것이다.[52]

'옛날 영화'라면 고개를 흔드는 젊은 세대가 많겠지만 〈대부〉는 꼭 그들과 함께 보고 싶은 영화 중 하나다. "영화는 지루한 부분이 커트된 인생"이라는 알프레드 히치콕 감독의 말을 좀 비틀어 말하면 "지리한 부분이 커트된 역사"라고나 할까.

오늘날 '마피아'라는 말은 마약부터 도박, 매춘까지 온갖 더러운 사업 속에서 이권을 챙기는 범죄 조직의 대명사가 되어 있지만 본래 시칠리아, 좀 넓게는 이탈리아계 범죄 조직을 일컫는 단어였다. 영화 〈대부〉의 모델이 된 이들이다.

그런데 미국의 갱단 역사를 들여다보면 이탈리아계는 후발(?) 주자다. "미국 근대 조직범죄 역사를 보면 1세대는 아일랜드 갱, 2세대는 유대인 갱, 3세대는 이탈리아 갱, 4세대는 중국 갱이라고 할 수 있다."[53] 이 순서는 곧 이민의 순서였다.

어느 시대, 어느 사회나 범죄 조직은 가장 밑바닥을 형성한 사람들 사이에서 성장하게 마련이다. 먹고살 일이 막막하니 못할 일이 없게 되고, 제대로 된 법의 보호를 받지 못하니 비빌 언덕을 찾아야 했으며, 폭력과 범죄는 손쉽게 돈을 벌 수 있는 몇 안 되는 길이었으니까.

영국인들이 '피부만 하얀 흑인'이라고 멸시하는 가운데 무시무시한 대기근을 피해 미국으로 탈출했던 아일랜드인들이나 유럽에서 천대받았던 유대인들 중 일부가 범죄 조직을 꾸렸던 것처럼.

그런데 19세기 후반, 또 하나의 거대한 이민자 집단이 대서양을 건너온다. 그게 이탈리아계였다. 1870년 통일 이탈리아 왕국이 섰지만, 산업이 발전한 북부와 농업 위주 남부의 격차는 엄청나게 컸고 문화적 차이도 이만저만이 아니었다. 극심한 빈곤 속에서 조국에 대한 희망을 잃은 나폴리와 시칠리아 등 남부 이탈리아인은

'탈 이탈리아'에 나섰고 수백만 명의 이탈리아인이 고달픈 이민선에 올라 미국으로 향했다.

그중엔 이탈리아에서부터 악명 높은 범죄자도 끼어 있었다. 이 독버섯들은 가족끼리 친족끼리 뭉치는 문화가 강했고 단결력이 좋았던 이탈리아 이민 커뮤니티에 성공적으로 기생해 뻗어 나갔다. "기회의 땅 미국에서 예전엔 가난했던 많은 이탈리아인이 비교적 부유해졌고 그렇지 못한 사람들의 질투를 불러 일으켰다. 갈취는 부유한 자들로부터 돈을 받아낼 수 있는 쉬운 방법이었다."[54]

1903년 미국 뉴욕 브루클린의 어느 이탈리아계 건축 하청업자가 '검은 손'(mano nera)이라는 조직으로부터 협박을 받고 있다고 신고했다. 돈을 전해줬더니 더 큰 액수를 요구하는 악당들에게 질려버렸기 때문이다. 이 '검은 손'의 사업 방식은 미국 곳곳으로 퍼져 나가고 있었다.

비슷한 시기 뉴욕 맨해튼에선 목이 거의 잘려나간 이탈리아인 시체가 통 속에서 발견되었다. 신원이 밝혀지고 용의자가 체포되었는데, 위조 화폐 유통 과정에서 욕심을 부리다가 조직의 응징(?)을 참혹하게 받은 것이었다. 하지만 체포된 용의자는 처벌받지 않았다. "증인들이 갑자기 건망증에 걸렸고 죽은 사람의 부인과 아들마저 증언을 거부"했기 때문이다.

'검은 손'이 장난을 친 결과였다. 이 과정을 지켜보면서 입술을 깨문 또 하나의 이탈리아인이 있었다. 뉴욕 경찰 주세페 페트로시

이탈리아계 범죄자에게 공포의 대상이었던 이탈리아계
뉴욕 경찰 페트로시노(맨 왼쪽) ⓒ위키미디어

노, 영어식으로 하면 '조셉 페트로시노'였다.

페트로시노 역시 이탈리아 이민 1세였다. 보호자였던 할아버지가 전차 사고로 죽은 뒤 사촌과 함께 고아원으로 갈 뻔했는데, 판사의 호의로 이탈리아 친척들과 연락이 닿을 때까지 판사의 집에서 지낼 수 있었고 이후로도 여느 이탈리아 빈민과는 달리 교육받을 기회를 얻었다.

마침내 1883년 10월, 그는 이탈리아어 사용자로는 최초로 'NYPD', 즉 뉴욕 경찰의 일원이 되었고 선량한 동포들을 괴롭히는 이탈리아 범죄자들에게 공포의 대상으로 부상한다.

암흑이 커도 각자의 빛을 찾아야 한다

페트로시노는 이탈리아인으로 구성된 대원들을 이끌고 '검은 손'과 전쟁을 벌인다. 시각장애인이나 청소부 등으로 기상천외한 변장을 감행하며 검은 손 조직원들을 농락했고, 증인 보호 프로그램이나 위장 침투 등 후대에도 범죄 조직과 상대하는 데 유용한 방법들을 개발했다.

무엇보다 페트로시노는 이탈리아 갱들이 미처 경험하지 못한 '본때'를 보여준 사람이었다. 유명한 이탈리아 테너 엔리코 카루소에게 검은 손의 협박장이 날아들었을 때 돈을 주겠다고 검은 손 조직원을 유인한 후 두 팔을 부러뜨리고 그 자리에서 배에 태워 시칠리아로 돌려보낸 일화는 유명하다.

또 나폴리에서 일가족을 살해한 범인이 뉴욕에 들어왔다는 소식을 듣고 그의 거처를 습격, 일당을 침대 시트와 넥타이로 돌돌 말아 경찰서로 끌고 가는 쾌거를 보여주기도 했다.

동족의 피를 빨아먹는 이탈리아 범죄 조직을 소탕하는 이탈리아 출신의 경찰. 그의 인기는 하늘을 찔렀고 시사 만화의 주인공으로 등장할 정도였다. 하지만 페트로시노는 만족할 줄 몰랐다.

그는 미국 내 이탈리아계 범죄 조직과 이탈리아 본토 범죄 조직의 연계에 주목했고 이를 조사하기 위해 이탈리아 출장에 나선다. 이탈리아 마피아의 본고장을 뒤지며 수많은 정보를 캐냈지만,

페르토시노의 이름은 이탈리아 범죄자들 사이에서 '공공의 적'이 된 지 오래였다.

페트로시노는 정보원을 만나러 가는 길에 총알 세례를 받아 쓰러지고 말았다. 뉴욕 경찰 최초의 이탈리아인. 그 어떤 상납도 뇌물도 거부한 채 악당들과 싸웠고 죽기 2년 전, 나이 마흔일곱에야 결혼을 해서 겨우 생후 5개월 딸을 뒀던 이탈리아계 미국인은 옛 조국에서 목숨을 잃었다. 뉴욕에서 거행된 그의 장례식엔 20만여 명의 시민이 몰려들었다. 누구보다 슬퍼했던 건 그의 선량한 동포들이었을 것이다.

페트로시노 살인범이 누구인지는 밝혀지지 않았다. 그리고 이탈리아 마피아들은 페트로시노가 활약하던 시절보다 훨씬 더 성장해 미국의 암흑가를 지배했고, 다양한 국적의 범죄 조직들이 전 세계를 피로 물들이며 무고한 사람들의 피를 빨고 있다.

페트로시노는 과연 패배한 걸까? 그렇지 않다고 생각한다. 뻔한 말일 수 있으나 역사는 결과가 아니라 과정이기 때문이다. 오늘 우리의 현실이 비참할 순 있겠으나 계속해서 비극에 맞서 싸우는 이들이 나오는 한 내일은 달라질 수 있고 용감한 이들의 기억으로 이어지는 역사는 다른 미래를 창조할 발판이 되기 때문이다.

2014년 프란시스코 교황은 마피아의 본거지라고 할 만한 이탈리아 남부 칼리브리아에서 "마피아들에 대한 파문"을 선고했고 이탈리아 경찰은 대대적인 마피아 소탕전을 벌였다.

악명 높은 조직 '코사 노스트라'의 시칠리아섬 본거지도 경찰의 급습을 받았는데 이 과정에서 뜻밖의 사실이 드러났다. '한 마피아 조직원이 동료에게 친척인 파올로 팔라조토가 1909년 미국 경찰관 조 페트로시노의 살인범이었다고 말한 내용을 도청으로 확보'[55]한 것이다. 페트로시노가 쓰러진 지 105년 뒤 전개된 마피아와의 전쟁 과정에서 밝혀진 진실의 조각.

대개 심술궂고 더 자주 무정하기까지 한 역사는 가끔 우리에게 감회 섞인 윙크를 보내며 영화 감독 스탠리 큐브릭의 경구를 들려준다. "세상의 암흑이 얼마나 클지라도 우리는 우리 각자의 빛을 찾아야만 한다."

전쟁 자체가 범죄인데
항명을 왜 따지나

미라이 학살의 한가운데, 윌리엄 캘리 중위

객쩍긴 하지만 언젠가 만났던 역술인 얘기로 시작해보고자 한다. 만남 도중 그분이 그때껏 분석(?)했던 여러 사람의 사주가 화제에 올랐다. 시쳇말로 대박 나는 사주도 있었고 같이 껴안고 울고 싶을 만큼 갑갑한 사주도 있었지만, 몇 번을 봐도 섬뜩한 사주와 마주친 경험도 있다고 했다. 한 젊은이의 사주가 '사람을 수십 명 죽일' 운으로 풀이되더라는 것이다.

언뜻 떠오르는 게 유영철 같은 연쇄살인범이었는데 역술가는 꼭 그런 것만은 아니라며 이런 말을 했다. "같은 운도 상황에 따라 달라집니다. 전쟁터에라도 나가면 영웅이 되는 사주일 수도 있지요." 전쟁에서라면야 사람을 많이 죽인 사람이 훈장도 타고 영웅도 될 수 있으니 말이다.

단, 사람을 죽이는 일이 합법이요 전공이 될 수 있는 전쟁에서도 지켜야 할 규칙이 있다. 포로를 학대하거나 죽이는 일, 전투원이 아닌 비무장 민간인을 살해하는 건 중대한 범죄다.

하지만 네가 아니면 내가 죽어야 하는 전쟁터에서 전쟁 범죄는 드물지 않게 발생한다. 아무리 온순한 사람이라도 곁에 있던 친구가 총에 맞고 죽어간다면 상대에 대한 적개심을 불태우게 마련이니까. 또 전쟁은 인간의 속 깊숙이 그을음처럼 붙어 있는 광기를 긁어 올려 평소의 상식으론 상상하기조차 어려웠던 악마성을 적나라하게 토해내는 장이 되니까.

북베트남군이 미국 함정을 공격한(또는 그렇다고 주장되는) '통킹만 사건'(1964) 이후 본격적으로 베트남전쟁에 뛰어든 미국은 막대한 인력과 화력을 퍼부어 승기를 잡아가고 있다고 주장했다. 그런데 1968년 1월 베트콩의 구정 대공세 때 미국 대사관이 습격당하는 모습이 만천하에 공개되면서 체면을 구기고 말았다.

1968년 봄, 신경이 곤두선 미군은 치열한 전투를 치르며 베트콩들을 섬멸했지만 희생자도 많이 냈다. 남베트남 꽝응하이주 일대에서 작전 중이었던 미군 제23사단 11여단 20연대 1대대 C중대 역시 베트콩의 공격으로 적잖은 동료를 잃었고 복수심에 불타고 있었다.

베트콩 준동 마을로 꼽힌 성미 마을을 두고 연대장은 쓸어버리라는 명령을 내렸고 대대장은 가옥을 불사르고 우물을 폐쇄하고 가축을 죽이라는, 즉 게릴라 근거지로서의 기능을 박멸시키는 작전을 명령한다. 이후 중대장은 "베트콩으로 의심되는 모든 민간저항군"을 다 쓸어버리라고 지시했다. 입대한 지 넉 달밖에 안 되었고 그나마 장교 자질이 부족하다는 평을 들었던 '윌리엄 캘리' 소위는 이를 "민간인을 포함해 다 쓸어버리는" 것으로 받아들였다.

캘리 소위 이하 소대원들은 '미라이 마을'(실제는 성미 마을인데 미군 지도엔 미라이 마을이라고 되어 있었다)로 투입되었다. 미군은 미라이 마을 사람들을 마을 중앙으로 모이게 했다. 미라이 마을 사람들은 긴장했지만 그렇게 공포에 질리진 않았다. 그들은 남베트남 공화국 시민이었고 우리로 치면 주민등록증을 가진 엄연한 양민들이었기 때문이다.

미군들이 거칠게 마을 가운데로 몰아갈 때도 그들은 연신 주민등록증을 내밀며 자신들이 무고한 베트남 시민임을 표하려 했다. 그러나 이미 살인 허가를 취득한 군인들에게 그건 밑씻개로도 못쓸 종잇조각일 뿐이었다.

넷플릭스 오리지널 시리즈 〈스위트 홈〉에서 산전수전 다 겪은 할아버지(김갑수 분)의 말은 베트남 성미 마을에서도 적용된다. "난리통에 군인들 믿는 거 아니야."

살기를 발동시킨 군인들에게 양민이냐 아니냐는 문제가 되지 않았다. 그들이 순박해 보일수록 그리고 미소를 떠올수록 '내 동료를 죽인' 가증스러운 적에 대한 증오는 더욱 커졌으니까.

학살은 시작되었다. 찰리 소대에 이어 투입된 다른 대대원까지 합세해 그들은 온 마을 사람을 몰살시켰다. 남녀를 가리지 않았고 노소의 차별도 없었다. 학살 직전 공포로 울부짖는 마을 사람들을 찍은 사진엔 할머니와 물정 모르는 너덧 살 아이들까지 담겨 있다.

마을 사람들은 피를 토하며 쓰러져 갔다. 어떤 이는 사지가 토막 나기도 했고 젊은 여자의 경우 성폭행을 거친 뒤에 죽었다. 이런 식으로 500명이 훨씬 넘는 사람들이 죽어갔다. 자유의 십자군을 자처하던 미군들이 글자 그대로 인간성을 잃은 좀비가 되어 베트남 사람들을 물어뜯었던 것이다.

좀비들 사이에서 터져 나왔던 인간다운 저항

눈앞에서 벌어지는 대학살을 막아설 순 없었지만 세상에 폭로할 거라고 다짐한 사람들이 있었다. 종군기자 로버트 해벌은 미라이 학살을 담은 필름을 미군 당국에 제출했지만 개인 카메라에도 그 끔찍한 기록을 낱낱이 담아 빼돌렸고, C중대원은 아니었지만 동료의 증언으로 사실을 파악한 미군 병사 론 라이덴아워는 닉슨 대통령부터 언론에 이르기까지 수십 군데에 미군 부대원들이 저지른 죄악상을 고발하는 편지를 보냈다.

미라이 학살 당시 10여 명의 민간인을 구한 톰슨 준위는 이후
증인으로 나섰다가 핍박을 받았다 ©위키피디아

이를 발판으로 1969년 '미라이 학살'에 대한 심층 보도가 나오
며 미라이 학살은 세상에 알려진다. "정부에 속고 사는 미국인들을
위해 타락한 미국의 인간성과 도덕을 살리기 위해 뭔가 해야 한
다."라는 게 미라이 학살을 세상에 알린 허쉬 기자의 코멘트.

'좀비들'이 M16을 휘두르던 미라이에서 '인간'은 몇 명 더 있
었다. 그중의 하나는 작전을 지원 나온 헬기 조종사 '휴 톰슨' 준
위. 그는 헬기를 조종하다가 좀비들의 광란을 목격하고 헬기를 착
륙시켜 캘리 소위에게 달려간다.

캘리 소위에게 학살을 중단하라고 요구했지만 받아들여지지
않는다. 현장을 주시하며 비행하던 중 가까스로 살아남은 베트남
양민들마저 사살될 위기에 처한 걸 본 톰슨은 기관총 사수들에게
절규했다.

"착륙한다. 내 명령에 불복하는 놈들은 *쏴버려.* 반복한다. 불복하면 *쏴버려.*"

기관총 사수들이 좀비들을 겨누는 가운데 톰슨은 민간인 10여 명을 구할 수 있었다. 그러나 좀비들의 사회에서 인간은 왕따였다. 미라이 학살 사건이 알려지고 캘리를 비롯한 혐의자들이 법정에 섰을 때 증인으로 나선 톰슨은 엄청난 핍박을 감수해야 했다.

그가 장교 클럽에 들어서면 장교들은 눈짓을 하며 썰물처럼 빠져나갔고 마피아 영화에서나 보듯 그의 집 현관에 동물의 사체가 던져지기도 했다니, 더 말할 게 무엇이겠는가.

이 가공할 전쟁 범죄자로 기소된 캘리 중위(로 제대)는 종신형을 선고받았지만 가택연금으로 바뀌었고 그나마 3년 뒤 닉슨 대통령의 특사로 풀려났다. 그 외 처벌받은 사람은 아무도 없었다. 수백 명의 양민이 벼락처럼 들이닥친 좀비들에게 생목숨을 빼앗겼건만, 멀쩡한 군인들을 좀비로 만들었던 사람들의 책임은 종적이 묘연해져버렸다.

수십 년 뒤 미국 정부는 미라이 마을의 생존자들을 구한 휴 톰슨에게 훈장을 수여하며 "미라이는 미군 역사상 최대의 치욕"이라고 표현했으되 그 치욕을 감당한 이들은 아무도 없었다. "전쟁은 부도덕함보다 더 나쁘고 잘못된 것이다."라고 말한 전 미국 국무장관 딘 애치슨의 통찰이 뼈저리게 공감 가는 대목이다.

2009년 8월 19일 윌리엄 캘리는 자신의 행동에 대해 공개적으로 사과의 뜻을 밝혔다. "미라이에서 벌어졌던 일에 대해 양심의 가책을 느끼지 않은 날은 단 하루도 없다. 학살된 베트남인들과 유가족들 그리고 학살에 관여한 미군 병사들과 가족들에 대해 죄책감을 느낀다."라고 말이다.

하지만 그 사과에도 꼬리표가 달렸다. "나는 명령을 받는 소위였고 그래서 바보 같이 그들의 명령에 따랐다." 이 말을 들으면서 나는 '전쟁 범죄'를 따지는 게 무슨 의미가 있을까 잠시 망연했다. 전쟁 자체가 범죄일 텐데 전쟁 범죄의 유무를 가리는 게 무슨 의미가 있을까 해서였다.

더구나 국토 전역에서 수백 개의 미라이가 펼쳐졌던 한국전쟁의 역사 속에서 그를 '치욕'이라고 여기는 반성도, '미안하다'는 사과도 귀하디 귀한 이 나라에서라면 더욱 그렇지 않겠는가.

범죄를 막아서는 건
용기와 배려라는 사실

'방관자 효과'를 탄생시킨, 제노비스 신드롬

1964년 3월 13일 새벽, 미국 뉴욕주 퀸스에서 스물여덟 살의 여성 '키티 제노비스'가 잔혹하게 살해당했다. 퇴근하는 키티를 따라 잡은 범인이 갑자기 칼을 휘둘렀고 근처 아파트 거주자가 "그녀한테 손대지 마!" 하고 고함을 지르자 잠시 자리를 벗어났다가 다시 범행 현장으로 돌아와 피해자를 죽여버렸다.

범죄가 일상적으로 벌어지는 뉴욕의 밤거리에서 키티의 죽음은 큰 뉴스거리가 되지 못했다. 〈뉴욕타임스〉에서도 네 문단짜리 기사로 처리할 정도였다. 범인도 곧 체포되었다. 그런데 〈뉴욕타임스〉 대도시 담당 편집자 A. M. 로젠탈은 마이클 머피 경찰국장과의 점심 식사 자리에서 귀가 번쩍 뜨이는 제안을 받는다.

"모슬리(범인) 말이 그녀에게 손대지 말라고 소리 질렀던 아파트 사는 남자는 창문을 닫고 다시 자러 갈 거라고 생각했다는군. 그 말고도 현장 주변 사람들이 많은데 이 얘기를 책으로 써보면 어때?" 로젠탈은 특종감이란 직감으로 마틴 갱스버그 기자에게 취재를 지시했고 며칠 뒤 〈뉴욕타임스〉 1면에 이 사건이 등장한다.

> *"준법 정신이 투철한 훌륭한 퀸스 시민 38명은 살인자가 큐가든스에서 한 여자를 뒤쫓으면서 흉기로 세 차례 공격하는 모습을 30분 이상 지켜봤다."*[56]

이 기사는 대단한 파장을 불러일으켰다. 사람들은 이 '무심한 악당들이 사는 동네'에 분노했고 언론들은 〈뉴욕타임스〉 기사를 받아 더 자극적인 기사를 써댔다. "목격자들은 대부분 심야 쇼 프로그램을 보는 사람들처럼 어두운 창문에 쭈그리고 앉아 상황이 끝날 때까지 지켜보고 있었다."

키티 제노비스 사건은 미국 사회는 물론 전 세계적인 화제가 되었다. 긴급 신고 전화번호가 우리에게도 익숙한 '911'로 통일된 것도 이 사건 뒤였고 시민 의식, 용기, 비겁 등 수많은 키워드가 미국을 비롯한 지구촌 사람들의 인구에 회자되었다.

심지어 뉴욕의 지구 반대편에 살았던 나도 어렸을 때 어른들로부터 이 사건을 들었다. 제노비스의 이름까진 들먹여지지 않았지만, 미국에서 수십 명의 사람이 지켜보는 가운데 사람이 살해당했는데 아무도 신고하거나 밖으로 나오지 않았다면서 교훈(?)을 전달해줬던 것이다. "집에 도둑이 들면 '도둑이야!' 하면 안 돼. 아무도 안 나와. 자기도 다칠 수 있으니까. 그땐 '불이야!' 하는 거야. 자기도 피해 보니까 달려 나오게 되거든."

이 사건은 심리학 연구 소재가 되었고 '방관자 효과'라는 심리학 용어를 탄생시켰다. 주위에 사람들이 많을수록, 즉 공공연한 시선이 존재한다고 믿을수록 어려움에 처한 사람을 돕지 않게 되는 현상이다. '제노비스 신드롬'(Genobese Syndrome)이라고 불릴 만큼 제노비스 사건의 지대한 영향 하에 이론으로 정립되었다.

그리고 세계 곳곳에서 비슷한 사건들이 있었다. 사고가 나 죽어가는 사람 앞에서 무관심한 사람들도 있었고, 눈앞에서 벌어지는 범죄를 보면서도 내 일이 아니라며 외면한 비극도 있었다.

이 사건을 돌아보며 언젠가 만났던 한 가정폭력 피해 아주머니의 기억을 떠올렸다. 그녀는 가정폭력이 심한 남편과 이혼 도장을 찍으려고 법원 앞에서 만나기로 했는데 법원 앞 대로에서 심한 폭행을 당했다. 험상궂게 생긴 남편이 "바람 나서 자식 등록금을 남자에 갖다바친 X"라고 거짓말로 소리 지르니 사람들도 혀를 차며 피했다고 한다.

엄연히 폭력 범죄였지만 '맞을 만한 짓을 한 여자'라는 합리화

1964년 3월 13일 미국 뉴욕에서 살해당한 키티 제노비스 ⓒ위키백과

속에, 또 덩치 큰 남편의 주먹 앞에 다들 고개를 돌려버린 것이다. 아주머니는 꼼짝없이 길바닥에서 밟히는 지경에 이르렀는데 갑자기 반전이 일어났다. 한 젊은 여성이 핸드폰을 들고 끼어들었던 것이다. 남자 여럿 찜쩌먹을 위풍당당 여장부가 떠오르겠지만 그녀는 여장부(?) 스타일은 아니었다.

"아가씨 말리는 내내 파들파들 떨고 있었어요. 내 보기에도 나만큼 겁먹었던 것 같아. 그런데도 계속 뒤따라 오는 거예요. 이빨 딱딱 부딪치면서 아저씨 때리지 마세요, 신고할 거예요 하면서. 그 아가씨가 내 목숨을 구해준 거예요. 나 그날 (맞아 죽는 게 아니라) 자살했을지도 몰라요. 길거리에서 그 꼴 보이고 살아갈 기력 없었을 것 같아."

그 후 아주머니는 버스를 타거나 길을 가면서 그때 그 여성과 체격과 인상이 비슷한 이들을 보면 절대로 그냥 지나치지 않고 두 번 세 번 확인하는 버릇이 생겼다고 한다.

언젠가는 그녀를 만나 고맙다는 인사를 전하지 않으면 안 될 것 같아서였다. 그리고 본인도 누가 맞는 걸 보면 그날의 '겁쟁이 아가씨'를 생각해서라도 몸이 먼저 나서고 말이 빨라졌다고 토로했다.

경찰과 감옥을 넘어서는 용기와 배려

다시 뉴욕으로 돌아가 보자. 과연 키티 제노비스 사건 때 현장 주변 사람들은 그렇게 역사에 남을 만큼 비겁했을까? 키티에겐 빌 제노비스라는 남동생이 있었다. 누나의 죽음으로 큰 충격을 받은 그는 2년 뒤 해병대에 입대한다. 누나를 그토록 참혹하게 죽게 내버려둔 대중의 무관심이 몸서리치게 싫었던 게 군대를 택한 이유이기도 했다.

> "사람들의 목숨을 구해야 한다는 강박이 생겼다. 사람의 목숨을 구하는 게 내가 할 일이라고 생각했다. 누나의 사건이 나를 그렇게 만들었다."

베트남전쟁에서 생환한 빌은 누나의 죽음을 둘러싼 의문을 품었다. 2004년 이후 빌은 누나의 죽음에 대한 진실을 파헤치기 시작한다. 서른여덟 명이나 되는 사람들이 현장을 TV 중계하듯 지켜보는 게 과연 가능한가. 정말 아무도 신고하지 않았을까. 조사 결과는 180도까진 몰라도 170도는 족히 되는 반전이었다.

"범인이 처음 키티를 흉기로 공격하는 걸 본 주민은 극소수에 불과했다. 피해자의 비명 소리를 들은 몇몇 주민은 가정폭력이라고 생각했을 뿐이었다. 최소 두 명의 이웃은 경찰에 신고 전화를 했다. 특히, 소피아 파라르라는 여성은 키티를 도우러 뛰어 내려왔고 키티가 숨질 때 그녀를 안고 있었다."[57]

키티 제노비스는 사람들이 깊은 잠에 빠져 있었을 새벽 3시 30분에 변을 당했고 살해 장소가 사람들의 시선이 집중될 만한 곳도 아니었다. 사건 담당 검사의 말도 그랬다. "우리가 진술을 인용할 수 있는 목격자는 대여섯 명에 불과했다."

그중 두 명이 신고했고 소피아는 범인이 언제 다시 들이닥칠지 모르는 상황에서 달려 내려와 피해자를 보호했는데 〈뉴욕타임스〉는 그 상황을 몽땅 빼먹고 자극적인 '양념'만 가득한 기사를 썼던 것이다. 당시 뉴욕에도 피해자를 위해 위험을 감수했던 용감한 사람이 분명히 있었음에도 불구하고 말이다.

제노비스 사건의 진실은 그렇게 새삼 다른 형상으로 빛을 봤다. 이렇게 두고 보면 제노비스 사건에서 〈뉴욕타임스〉가 저지른 가장 큰 허물 중의 하나는, 위험을 무릅쓰고 피해자에게 달려와 마지막을 지켰던 소피아를 사건에서 소거시켰다는 점이 아닐까.

〈뉴욕타임스〉는 기사를 통해 여러 색깔의 공포를 창조했고 공포는 태평양 너머 나에게도 전달되었다. 하지만 앞서 가정폭력 피해자 아주머니 사례에서 보듯 용기도 전염될 수 있다. 하지만 〈뉴욕타임스〉는 기사의 흥미를 위해 용기의 전염원(?)을 차단했다.

제노비스를 무참하게 살해한 범인은 몇 년 전 감옥에서 죽었고, 사실 왜곡 기사를 수용한 편집자 로젠탈도 유명을 달리했다. 사람들의 일상은 그렇게 역사가 되어 가고, 사람들은 역사로부터 저마다의 일상을 밝힐 빛을 배우게 되는 것이다.

성인군자들만 모아 놓은 사회에서도 범죄는 발생한다. 부족하고 흠 많은 존재가 인간이니까. 하지만 범죄를 막아서는 건 경찰과 감옥을 넘어서는 사람의 용기와 타인에 대한 배려라는 걸 기억하자. 사람 사는 사회에서 범죄를 근절하는 건 불가능하다. 그러나 그 '어쩔 수 없음'에 굴복해 눈앞에서 펼쳐지는 범죄에 무관심하거나 개입을 포기한다면 그것이야말로 자신을 포함한 우리 사회를 범죄 앞에 무방비로 노출시키는 일이 되지 않을까.

'장티푸스 메리'는
정말 유죄일까?

장티푸스 무증상 보균자, 메리 맬런

현대 사회학의 실질적 창시자라고 할 만한 프랑스의 사회학자 에밀 뒤르켐은 이렇게 얘기했다. "성자들로만 구성된 완전한 사회에서도 범죄는 발생한다. 모든 사회 구성원은 물질 환경, 세습 요인 그리고 사회적 영향력에서 다른 상황에 처해 있기 때문에 규칙들에 완벽하게 순응하는 건 불가능하다."

인류가 사회를 이룬 이래 악의를 지니고 한 행동이든 어쩔 수 없이 규범을 위반한 것이든, 범죄는 항상 있어 왔고 있을 수밖에 없었다는 뜻이리라.

"〈BBC〉방송은 2015년 5월 28일 스페인 북부 산악지대에서 발견된 43만 년 전 유골의 주인이 폭행을 당해 희생된 것으로 보인다고 보도했다."[58]

땅덩이의 모양조차 지금과 많이 달랐던 아득한 옛날, 돌을 깨서 만든 도구를 들고 가냘프게 생존하던 인류의 조상들도 범죄를 자행했다. 동시에 범죄를 방지해 집단의 안정과 안전을 지키려는 몸부림 또한 함께 있었을 것이다.

그것이 법과 규범이리라. 고대 바빌로니아엔 함무라비 법전이 있었고 유대인들에겐 십계명이 주어졌으며 우리에겐 고조선 시대 팔조법금(八條法禁)이 존재했듯 말이다.

그런데 세월의 흐름에 따라 법이 수호하는 정의의 내용과 방식 또한 변하게 마련이고 옛날엔 명징한 범죄였던 게 어느새 자연스러운 일상이 되는 경우도 흔하다.

"이에는 이 눈에는 눈"을 규정한 함무라비 법전이 요즘 사람들의 눈으로 보기엔 야만적이지만 당시로선 "누가 네 이를 부러뜨렸으면 상대의 이만 부러뜨려야지 그 이상은 안 돼!"라며 사람들의 손을 붙드는 합리적인(?) 법률이었음을 상기해보자.

그래서 범죄자들과 범죄를 응징하는 법과 질서는 그 시대와 사회의 속살을 적나라하게 들여다보는 거울이 되는 것이다.

코로나19가 여전히 맹위를 떨치고 있지만 코로나19 유행 첫해

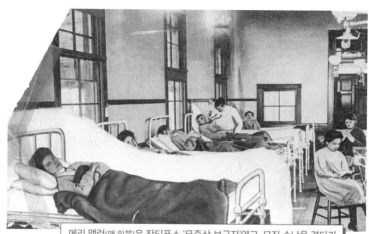
메리 맬런(맨 왼쪽)은 장티푸스 '무증상 보균자'였고, 모진 수난을 겪다가 1938년에 삶을 마감했다 ⓒ위키백과

는 더욱 혼란스러웠다. 코로나19에 맞서 싸우는 의료진이 있는 반면, 방역 규범을 어기고 병을 키우고 퍼뜨리고 병을 숨기고 검사를 거부하는 이들도 있었다. 보건소 직원에게 침을 뱉으며 난동을 부린 개신교 광신도는 그 딱한 예가 되겠다.

그들이 엄중히 처벌되어야 한다고 생각한다. 반면 한편으론 질병에 대한 공포 때문에 병에 걸리거나 보균자들을 적대시하고 병에 걸린 '책임'을 묻는 것 또한 지양해야 한다고 생각한다.

장티푸스는 고대 그리스의 양웅(兩雄) 스파르타와 아테네가 맞붙은 펠레폰네소스 전쟁 중에 아테네를 엄습해 아테네 시민들의 태반을 쓰러뜨리고 패망으로 몰아넣었다고 추정되는 병이다. 이후에도 동서양을 막론하고 수시로 유행해 사람들을 쓰러뜨렸다.

20세기 초 장티푸스의 대유행이 미국을 휩쓸었다. 1906년 여름, 뉴욕의 은행가 찰스 워런 가족은 해외여행을 떠난 친구의 별장을 빌려 여름 휴가를 보낸다.

그런데 찰스 워런의 딸이 고열, 설사, 발진 등 장티푸스 증상을 보였고 동일한 증상의 환자가 연거푸 발생했다. 면밀한 역학 조사가 진행되었지만 장티푸스 감염 경로는 오리무중이었다. 별장 어디에서도 음식 재료에서도 장티푸스균은 발견되지 않았다.

장티푸스 감염 경로를 추적하던 전문가 조지 소퍼 박사는 별장에서 일하다가 해고되었던 아일랜드 출신의 여성 '메리 맬런'을 주목한다.

소퍼 박사는 메리 맬런의 이력을 추적하던 중 놀라운 사실과 마주한다. 메리가 거쳐간 대부분의 집에서 장티푸스가 발생했던 것이다. "이 사람이 수상하다!" 그런데 정작 그녀는 장티푸스를 앓은 적이 없었다.

마침내 메리 맬런을 찾아낸 소퍼 박사가 그녀에게 검사를 제안했지만 당연히 그녀는 병에 걸린 적이 없다며 거부했다. 소퍼 박사는 당국의 개입을 요청했고 공권력이 출동해 메리를 체포, 병원에 강제 입원시키고 각종 샘플을 강제로 채취한다. 필요한 조처라고 주장할 수도 있겠지만 이후 메리에게 일어난 일은 지나칠 만큼 가혹했다.

"1907년 한 해만 전국에서 장티푸스로 2만 8,971명이 사망해 '국가 위기'라는 말이 나올 징도의 상황이있다. 사람들의 이성은 작동하지 않았다. 황색 저널리즘으로 유명한 윌리엄 랜돌프 허스트가 운영하는 신문사 〈뉴욕 아메리칸〉은 이 사건을 처음 보도하며 '인간 장티푸스균'이란 선정적인 제목을 썼다. 몇 달 후엔 맬런을 마녀처럼 묘사한 삽화와 함께 실명을 공개한 큼지막한 기사를 내보내 80만 부를 팔아치웠다. 학회에선 어떤 의사가 '장티푸스 메리'라고 부른 별명이 널리 쓰이기 시작했고, 이 별명은 '타락한 여성'들을 뜻하는 말로까지 쓰인다."[59]

그녀는 '무증상 보균자'였다. 소퍼 박사는 장티푸스의 온상으로 추정되는 메리의 담낭(膽囊)을 제거하자고 했으나 메리는 거부한다. 그녀의 반항은 넉넉히 이해가 갔다. 장티푸스 보균자 가운데 강제 입원으로 격리된 건 '장티푸스 메리'가 유일했기 때문이다.

아일랜드 이민자에 가난한 독신 여성

다른 남자 보균자들, 귀부인 보균자들은 강제 격리의 대상이 되지 않았고 '감호' 처분에 그쳤다. 아일랜드계 하류층 여성이라는 이중의 핸디캡이 메리를 "미국에서 가장 위험한 여자"의 혐의로 옭아매게 만든 것이다.

메리도 만만치 않았다. 불법 체포와 수감에 항의해 재판을 걸었다. 법정은 '공동체의 권익을 위한 공권력 집행은 정당하다.'라는 판결을 내렸지만 "왜 그녀만?"이라는 질문엔 답이 없었다.

1910년, 당국은 조리 업무를 맡지 않고 정기적으로 동정 보고를 하는 조건으로 메리의 격리를 해제한다. 하지만 가족도 없고 기술도 없는 아일랜드계 40대 중반 여성에게 요리를 제외한 일자리란 머리로 물구나무를 서는 것과 진배없는 고역이었고, 얼마간 의무를 이행하던 메리는 이내 자취를 감춰버렸다.

그런데 5년 뒤 뉴욕의 한 병원에서 장티푸스 환자가 발생했는데 여기서 또 '장티푸스 메리'가 드러난다. 음식 솜씨가 좋았던 메리는 먹고살고자 가명으로 요리사로 취직했고 결국 사람들을 장티푸스에 감염시키고 말았던 것이다.

그녀는 다시 체포되었고 종신 격리형을 선고받는다. '장티푸스 메리'는 격리된 병원에서 잡역부로 일하며 세균을 배양하는 임상 실험에 참가하기도 하면서 기나긴 세월을 보내다가 1938년에야 애달픈 삶을 마감했다. 평생 모은 5천 달러를 기부하고 떠났다.

그녀는 수십 명을 감염시키고 몇 명을 사망에 이르게 한 장티푸스 보균자임은 확실했지만 악의적인 범죄를 저지른 적은 없었고 먹고살기 위해 법을 어겨야 했다.

질병에 대한 공포는 한없이 뜨거웠지만 그녀에 대한 배려는 차갑기 그지없었고 가난한 독신 여성, 아일랜드 이민자에 '병균 덩어리'라는 혐오는 그녀의 일생을 짓밟았으며 범죄자로 종신 격리를 강요당했다. 남자 보균자들에겐 전혀 적용되지 않았던 혐의였다.

다른 건강 보균자들은 자유롭게 돌아다니게 하면서 왜 메리는 허용하지 않았을까? 메리의 호소는 그래서 가슴 아프다.

> *"세상 모든 바닷물로 제 몸을 씻어낸들, 보건국 사람들의 눈에 비친 제 혐의가 벗겨질까요. 그들은 저를 생색내기용으로 삼으려 합니다. 부자들을 보호해주고 그 공로를 인정받으려는 겁니다. 저는 희생물입니다."*[60]

돌이켜 생각할 때 유죄를 받아야 할 이는 누구일까. 메리 맬런일까, 그녀를 마녀로 몰아붙인 미국 남자들일까.

스파이였다고 해도
죽어서는 안 되었다

'국민정서법'의 희생자, 로젠버그 부부

상식에 해당하는 일, 누구나 당연히 알고 있을 일이라는 뜻의 관용어구가 있다. "그거 모르면 간첩이지." 나이 든 이들만 쓰는 표현인 줄 알았더니 딸아이 또래 청년들도 부지불식간에 이 말을 쓰는 걸 들었다. 그런데 '간첩'이라는 말에 밴 싸늘함을 그들이 얼마나 느끼고 있는지는 모르겠다.

　나이 쉰 이상 세대는 '간첩'이라는 단어에 본능적 공포감을 지니고 있다. "의심 나면 다시 보고 수상하면 신고"의 대상이었고 "간첩은 표시 없다 3천만이 살피자"라는 구호를 외쳤으며 "이웃집 오신 손님 간첩인가 다시 보자"라고 했던 시대를 살았으니까.

비단 우리나라뿐 아니라 동서고금의 모든 나라는 간첩을 두려워했고 적발된 간첩과 협조자에게 무거운 형벌을 내려 본보기로 삼았다. 하지만 또 한편으로 모든 나라는 '간첩'을 운용하면서 자국에게 유익한 정보를 수집하는 데 여념이 없었다.

미국과 소련이라는 양대 초강대국이 서로의 블록을 형성하고 첨예하게 맞섰던 냉전 시대는 첩보전의 극한을 경험한 시대라고 해도 무방하다.

원자폭탄 실험이 성공리에 끝난 직후 열린 포츠담 회담에서 미국 대통령 트루먼은 스탈린에게 심드렁하게 "특별한 파괴력을 지닌 신무기'를 개발했소."라고 말을 던진다. 그 분위기는 미뤄 짐작이 간다. '특별한 무기를 만들었는데 이거 참말로 설명할 수가 없네.' 하며 어깨에 힘주는 상황.

그런데 "대체 뭡니까?"라고 애가 달아야 했던 스탈린은 예상 외로 덤덤했다. 그는 소련의 첩보망을 통해 원자폭탄 개발 과정을 속속들이 알고 있었기 때문이다. 스탈린은 콧수염을 씰룩거리며 웃음을 참고 있었는지도 모른다. '하이고, 트루먼 씨. 난 다 알고 있다고.'

원자폭탄 개발 계획은 '맨해튼 프로젝트'라고 해서 극비 중의 극비로, 루즈벨트 대통령이 심장마비로 서거한 뒤 대통령직을 승계한 부통령 트루먼조차 까맣게 모르고 있었다.

그런데 스탈린은 모스크바의 책상에 앉아 미국의 특급 비밀을 낱낱이 들여다보고 있었던 것이다. 원자폭탄 설계도를 소련에 넘긴 과학자 푹스가 체포되고 전말이 밝혀졌을 때 미국 사람들의 '충격과 분노'의 강도와 크기를 상상해볼 수 있으리라.

미국인들의 신경이 칼날같이 곤두서고 매카시즘 같은 '공산주의자 사냥' 폭풍이 휘몰아치고 있었던 1950년 5월, 소련의 거물급 스파이 해리 골드가 체포되었다. 소련 스파이망 일망타진을 원한 FBI는 그에게 접촉한 사람을 다 불라고 압박했다.

그 결과 또 한 명의 이름이 나온다. 데이비드 그린그래스. 원자폭탄을 개발했던 로스 앨러모스 연구소에서 일한 기술자였다. FBI는 그린그래스의 집을 덮쳤지만 별다른 증거를 찾지 못했다. "다른 간첩을 불면 당신의 죄가 가벼워진다."라는 회유를 받은 그린그래스는 누나와 매형인 '줄리어스와 에셀 로젠버그 부부'가 간첩이라고 증언했다.

증언 내용도 명확했다. "1945년 그들의 집에 갔을 때 식탁에 원자폭탄 설계도가 놓여 있었습니다. 저는 원자폭탄의 기능을 설명하는 자료를 썼고 누나 에셀이 타이핑했습니다."[61] 먼저 줄리어스 로젠버그가 체포되었고 에셀도 잡혀 들어갔다.

로젠버그 부부로선 체포 타이밍도 극히 좋지 않았던 게, 줄리어스가 체포되기 3주일 전 한국에서 전쟁이 터졌고 미국은 참전을 선언했다.

미국이 원자폭탄을 독점하고 있었다면 소련과 공산권이 감히

도발을 감행하지 못했을 거라고 여긴 미국의 여론은 극도로 악화되었다. 원자폭탄 비밀을 넘긴 간첩이라면 100번 죽어도 마땅한 죄인일 수밖에 없었다. 마침내 유명한 로젠버그 재판이 시작된다. 그런데 FBI와 검찰은 그린그래스의 증언 외엔 딱히 유력한 증인이나 증거를 제시하지 못했다.

당장 모든 비밀을 털어놓은 대가로 사형을 면하고 감옥살이를 하던 소련의 거물 스파이 해리 골드가 로젠버그 부부가 간첩임을 부인했다. "나는 그들을 본 적도 없고 이름조차 알지 못하오."

그린그래스의 증언도 모순투성이었다. 1945년 원자폭탄 설계도가 깔린 식탁에서 식사를 할 때 누나 에셀이 그의 자료를 타이핑했다고 하는데, 그린그래스는 원자폭탄은커녕 수학 공식조차 잘 알지 못하는 임시 고용원이었다.

하지만 어빙 카우프만 판사는 엉성한 증거와 비교할 수 없을 만큼 단호하고 냉혹했다. 판결은 둘 다 사형.

"피고인들의 범죄는 살인 이상으로 나쁜 범죄다. 최고의 과학적 업적이었던 핵무기 자료를 유출함으로써, 공산주의자들이 한국을 침공, 무고한 사람들을 죽게 만들었다. 피고인들의 반역이 미국에 역사적 불이익을 가져온 사실을 의심할 여지가 없다."

1951년 재판을 앞두고 이송 중인 로젠버그 부부 ⓒAP Photo

로젠버그 부부는 끝까지 무죄를 주장했고 죽음 앞에서 의연했다. "당신이 곁에 있었다는 것만으로도 내 인생은 보람찬 것이었소."라고 쓴 남편과 "우리의 사랑은 감옥의 벽돌과 시멘트와 강철에 의해 단단해지고 뿌리를 내려 꽃 피울 거예요."라고 하던 아내는 하필이면 그들의 열네 번째 결혼기념일에 전기의자에서 짧은 생을 마친다.

증거재판주의는 인류의 절대적 가치 중 하나

오래도록 그들은 무고하게 희생된 냉전의 희생자라고 알려져 왔다. 하지만 후대의 연구와 공개된 비밀문서와 자료에 따르면 최소한 줄리어스 로젠버그는 소련의 스파이였다는 게 사실에 가까워진 것 같다.

일찌감치 소련 통치자 후르시초프는 회고록에서 스탈린이 로젠버그 부부의 공로(?)를 찬양하는 걸 들었다고 밝힌 바 있고, 로젠버그 부부의 공범으로 18년 가까운 옥살이를 했던 모턴 소벨이 2008년 줄리어스 로젠버그가 자신과 함께 스파이 활동을 했음을 인정하기도 했다. 부인 에셀은 몰라도 남편 줄리어스는 끝내 비밀을 간직한 채 죽었다는 것이다.

심지어 미국 정부는 아내 에셀을 먼저 처형했는데, 아내의 죽음 직전 줄리어스의 자백을 유도하려 했다는 주장도 나온다. 하지만 줄리어스는 사랑하는 아내의 죽음조차 감수할 만큼 '지독한 빨갱이'였다는 것이다.

그런데 줄리어스가 아내의 무고한 죽음조차 감수하는 공산주의자였다 하더라도, 아니 심지어 아내 에셀조차 간첩이었다고 하더라도 그들의 사형이 정당화되는 건 아니다. 아무리 최악의 범죄를 저질렀다고 여겨지는 사람이라도 증거 없이 처벌되지 않는다는 증거재판주의는 인류가 지난하고 기나긴 역사 속에서 성취한 절대적 가치 중 하나이기 때문이다.

국가에 대한 위협이든 수십 명을 죽인 연쇄살인범이든 "사실의 인정은 증거에 의해야 한다."라는 형사소송법 제307조 1항을 벗어나서 처벌할 순 없다. 이 원칙을 깰 때 '미뤄 짐작'해 '저놈을 매우 처서' 자백을 받아내거나 '증거 따위 필요 없는 대역죄인'의 목을 매달던 야만으로 복귀할 것이기 때문이다.

하나 더, 로젠버그가 스파이였더라도 원자폭탄의 비밀을 넘겼다는 확증은 없다. "KGB 담당관이었던 페크리소프는 '줄리어스가 전자공학에 관한 최고 기밀을 제공하거나 산업 스파이 네트워크 구축을 돕긴 했으나 원자폭탄에 대한 기밀은 없었다.'라고 밝혀 논란을 원점으로 돌렸기"[62] 때문이다. 즉 로젠버그 부부의 사형은 지은 죄만큼의 처벌을 할 뿐 과잉 처벌을 규제하는 '비례의 원칙'에도 어긋나는 일이었다.

로젠버그 부부는 원자폭탄의 비밀이 소련에 흘러갔다는 분노에다가 유대인(로젠버그는 유대인이었다)들에 대한 미국 사회의 편견이 더해진 미국판 '국민정서법'의 희생자였다. 줄리어스 로젠버그가 스파이가 맞다고 해도 그에 대한 사형이 부당한 이유다.

아울러 로젠버그 부부의 죽음과 거의 같은 시기에 지구 반대편 한국에서 무참하게 죽어갔던 수많은 '빨갱이'의 죽음이 우리 역사의 야만으로 기록되고 기억되어야 할 이유이기도 하다. 그 모두는 그렇게 죽어서는 안 되는 사람들이었다.

아내 살해 누명 쓰고
12년간 옥살이를 한 의사

'카니발 분위기'의 희생자, 샘 셰퍼드

요즘은 '미드', 즉 미국 드라마가 지상파 방송 편성표에 거의 등장하지 않지만 내가 어렸을 땐 엄청나게 많은 미드가 저마다의 매력을 발산하며 한국 사람들의 시선을 브라운관 앞으로 끌어들였다.

당시의 미드들 가운데 〈두 얼굴의 사나이〉를 빼놓을 순 없다. 이 드라마엔 젊은 세대에게도 익숙한 캐릭터가 등장한다. 바로 녹색 괴물 헐크.

〈두 얼굴의 사나이〉의 주인공은 빈약한 체구의 의사 데이빗이었다. 그는 연구 도중 감마선에 잘못 노출되어 돌연변이를 일으켰고, 그 결과 분노를 터뜨리면 자기도 모르게 눈이 돌아가고 온몸이

근육질로 팽창한 녹색 괴물로 변신한다.

당시 보디빌더로 유명했던 루 페리노가 '결코 찢어지지 않는 쫄쫄이 바지'를 입고 괴물 역으로 열연한 게 '헐크'의 오리지널이다. 이 드라마에서 주인공 데이빗은 살인 누명을 쓰고(변신 괴물이 사람을 죽였다는 오해를 받았기 때문에) 떠돌이 생활을 한다.

이렇듯 살인 누명을 쓴 의사 캐릭터는 1970년대 미국 드라마에서 꽤 익숙한 클리셰였다. 아내 살해범 누명을 벗기 위해 발버둥치는 의사를 주인공으로 한 드라마 〈도망자〉는 미국에서도 대히트를 쳤거니와 한국에서도 흑백 TV 시대에 두 번 재탕되었고 컬러 TV 시대 개막 후엔 "〈도망자〉, 이제 컬러로 보시라!"라는 카피를 날리며 삼탕까지 감행할 정도로 인기를 끌었다. 1993년엔 명배우 해리슨 포드 주연의 영화 〈도망자〉로 총결산(?)되기도 했다.

그런데 이 〈도망자〉 이야기는 실제 모델이 있는 것으로도 유명하다. 현실 속에서 아내를 죽였다는 혐의로 체포되었지만 끝까지 무죄를 주장했던 기구한 사내가 실제로 존재했으니까. 그의 이름은 '샘 셰퍼드'.

1954년 7월 4일 일요일 밤, 미국 오하이오주에 살던 의사 샘 셰퍼드는 이웃들과 함께 저녁을 거나하게 즐겼고 이웃들이 돌아가기도 전 소파에 쓰러져 곯아떨어졌다. 부인 마릴린은 이웃 부부를 돌려보낸 뒤 2층 침실로 올라갔고 일곱 살 아들도 침대에서 곤히 잠들었다.

소파에서 잠든 샘이 눈을 뜬 건 2층에서 아내가 다급하게 내지르는 비명 때문이었다. 떨쳐 일어나 2층으로 올라간 샘은 아내가 있는 방에 누군가가 있는 걸 발견하지만 이내 둔기에 머리를 맞고 쓰러진다.

잠시 후 정신을 차린 그는 참혹하게 피살당한 아내를 발견한다. 셰퍼드는 아들에게로 달려갔지만 불행 중 다행히 아들은 세상모르고 잠들어 있었다.

아들 방에서 나오던 셰퍼드의 눈에 후다닥 도망치는 누군가가 포착되었다. "거기 서!" 셰퍼드는 필사적으로 뒤쫓았고 뒷덜미를 잡아채긴 했지만, 머리가 덥수룩한 백인 남자라는 사실만 알아챘을 뿐 되레 그에게 두들겨 맞고 다시 의식을 잃는다.

그리고 아침이 왔다. 끔찍한 현장에 경찰들이 들이닥쳤고 수사가 시작되었다. 아내를 살해한 둔기는 현장에 남아 있지 않았고 집 안의 금품은 적잖이 없어진 상태였다. 흔용 발생하는 강도 살인으로 보였지만 경찰과 언론의 의심의 눈초리는 샘 셰퍼드로 향한다.

"아내는 얼굴이 다 부서질 만큼 잔인한 공격을 받고 죽었는데 정작 남편은 범인과 두 차례 마주쳐 격투를 벌이고도 살아남았다? 말도 안 된다! 범인은 남편이야!" 특히 언론은 별 증거도 없이 샘 셰퍼드를 범인으로 예단해버렸다.

후일 연방법원 판사 한 명은 이렇게 얘기하며 혀를 내둘렀다. "언론 재판이라는 게 존재한다면, 이 사건이야말로 완벽한 사례가

아내 살인 누명으로 복역하다 12년 만에 증거불충분으로 풀려난
샘 셰퍼드 그리고 아내 마릴린과 아들

될 것이다. 언론이 검사, 판사, 배심원 노릇을 다 했다.”

　그중 지역 언론 〈클리블랜드 프레스〉는 술 취한 채 칼춤을 추
는 망나니 같았다. ‘왜 아직 셰퍼드가 투옥되지 않았는가?’라는 제
목의 기사를 대놓고 전면에 실었고 “시간 끌지 말고 그를 처넣어
라.”라는 선동을 서슴지 않았다. 셰퍼드는 정황상 명확한 아내 살
인범으로 체포되고 말았다.

　이후에도 흥분한 언론은 수백 건의 기사를 생산하며 셰퍼드를
살인자로 몰아갔다. 지역 라디오 방송에 ‘셰퍼드의 정부(情婦)이며
그와의 사이에 아이를 두고 있다.’라는 정체불명의 여성이 출연할
지경이었으니 그야말로 언론이 북 치고 장구 치고 태평소 불며 추

임새까지 넣은 셈이었다.

이런 분위기에서 여론은 펄펄 끓어올라 경찰을 압박하고 증거를 들여다봐야 할 배심원들을 겁먹게 했으며 판사조차 포로로 만들었다. 샘 셰퍼드에게 유리한 증언과 증거는 고스란히 배격되는 가운데 일사천리로 유죄가 떨어진다. 2급 살인죄에 종신형.

하지만 셰퍼드는 끝까지 자신이 아내를 죽이지 않았다고 주장하며 여러 번의 재심을 신청한 끝에 1966년, 12년의 옥살이 뒤 증거 불충분을 이유로 석방된다.

여기엔 저명한 법의학자 폴 커크의 공이 컸다. 사건 직후 출동한 경찰은 셰퍼드가 물에 젖은 면바지를 입고 있었다고 보고한 바, 마릴린의 얼굴을 40회 이상 둔기로 공격한 범인이라면 면바지와 가죽 벨트에 혈흔이 튀었어야 하나 그렇지 않았다는 점, 벽에 튄 혈흔을 볼 때 범인은 왼손잡이 반면 셰퍼드는 오른손잡이라는 점, 현장에 떨어진 상당량의 혈흔이 셰퍼드의 아내의 것이 아닌 것으로 보이지만 셰퍼드는 멀쩡하다는 등의 이유를 들어 그의 무죄를 주장했던 것이다.

이에 대응해 셰퍼드의 유죄를 입증할 유력한 증거는 거의 없었다. 미국 대법원이 셰퍼드 재판이 '카니발 분위기'에서 이뤄졌다고 비판한 게 넉넉히 이해가 가지 않는가?

증거와 진실을 뒤덮는 흙더미

출감 후에도 살인 혐의로부터 완전히 자유롭지 못했던 셰퍼드는 의사 생활을 이어가지 못했다. 그가 택한 직업 가운데 하나는 매우 의외다. '더 킬러'라는 닉네임의 프로레슬러로 데뷔한 것이다.

로프에 몸을 던지고 상대방의 목을 조르고 메다꽂으면서 그는 무슨 생각을 했을까. 사건 그날 격투를 벌였다던 상대를 상상하며 헤드록을 걸진 않았을까. 하지만 매일같이 들이켰다는 엄청난 양의 위스키는 그의 몸을 갉아먹었고 옥에서 나온 지 단 4년 만에 간 질환으로 세상을 떴다.

1993년 영화 〈도망자〉로 사건이 다시 세인의 관심 대상에 오른 걸 계기로 샘 셰퍼드의 아들은 재수사를 요구했다. 그 결과 참혹한 살해 현장에서 셰퍼드도 셰퍼드의 아내의 것도 아닌 제3자의 혈흔이 발견되었다. 그 피는 다른 범죄로 감옥에 갇혀 있던 리처드 에벌링이라는 사람의 것이었다.

그는 셰퍼드의 집에서 유리창 청소 일을 하면서 손을 베었을 때 떨어진 피일 뿐이라며 범행을 부인했다. 이후 자신이 마릴린을 죽이긴 했으나 셰퍼드의 청부에 의한 것이었다고 폭로(?)했다가 또다시 증언을 뒤집는 등 오락가락하다가 진실의 일단을 품은 채 세상을 떴다.

2000년 샘 셰퍼드의 아들이 오하이오주 법원에 아버지의 무죄를 두고 재심을 신청했으나 법원은 셰퍼드가 결백하다는 확증 또한 없다며 기각 판결을 내렸으니, 샘 셰퍼드 사건의 진실은 역사 속으로 암장(暗葬)되었다고 할 수 있겠다.

셰퍼드의 아내를 잔인하게 죽인 게 누구였는지는 확인할 수 없게 되었지만, 이 끔찍한 범죄로부터 얻어야 할 교훈은 많다.

범죄를 규명하는 데 가장 필요한 건 분노도 정의감도 사명감도 아니며 그저 증거일 뿐이라는 평범한 명제. 그리고 언론에 의해 왜곡된 여론은 때로 심각한 폭력으로 작용해 증거와 사실을 뒤덮는 흙더미가 될 수 있으며, 부지불식간 범인에 대한 응징을 부르짖는 정의감이 우리를 또 하나의 인격 살인 동조자 내지 공범으로 전락시킬 수 있다는 사실을 재삼재사 되뇔 필요가 있을 것이다.

당장 우리에게도 경기도 화성 연쇄살인 사건의 범인으로 몰려 20여 년간 옥살이를 하고 32년 만에 무죄를 선고받은 윤성여 씨 같은 생생한 본보기가 엄존하고 있지 않은가.

한국사를 뒤흔든 범죄의 재구성

나쁜 놈들의 크리미널 모먼트

'미스 미 이프 유 캔',
놓칠 수 있다면 놓쳐봐

인간의 경계를 넘진 않은 범죄자, 매석환

스티븐 스필버그 감독의 영화 〈캐치 미 이프 유 캔〉, 기발하기까지 한 사기 행각과 대담한 수표 위조로 FBI를 비롯한 미국 수사기관 의 '공공의 적'이 되었고 끝내 체포되었지만 재능을 살려 위조 수 표 적발 시스템을 개발해 인생 역전을 이룬 범죄자 프랭크 에버그 네일 주니어를 주인공으로 했다.

프랭크 에버그네일은 미국의 주 변호사 시험을 단 2주 공부하 고 붙어버릴 정도로 머리도 좋고 "저 능력으로 다른 걸 했으면…" 싶은 소리가 절로 나오는 범죄자였다.

반면 지금 소개할 한국의 범죄자는 프랭크 에버그네일에 비하면 80% 정도 모자란, 오랫동안 범죄에 물들어 지냈지만 또 그렇게 이를 갈며 미워하긴 어려운, 기이한 사람이다.

이 사람의 일대기를 영화로 찍으면 이런 제목이 될지도 모르겠다. 'Miss me if you can', 즉 '놓칠 수 있으면 놓쳐 봐.' 그의 이름은 '매석환'.

1939년생으로 추정되는 그는 될성부른 나무는 떡잎부터 알아본다고 일찌감치 모범 생활 사나이와는 거리가 멀었다. 공교롭게도 그의 매형이 순경이었는데 매형이 본 처남 평(評)은 이랬다.

"저놈이 자라면 큰 사람이 되든지 아니면 빈 깡통이 될 거라고 말해 왔다."[63]

이 미래의 큰 사람 또는 빈 깡통은 10대 나이에 벌써 신문지상을 장식했다. 1955년 "시내 각 극장의 입장권을 위조 암매한 범인 매석환 검거"[64] 소식이 보도되었으니까 말이다.

인기 있는 영화의 경우 400환을 호가하던 즈음에 매석환은 50환이나 100환에 신나게 팔아치웠다고 한다. 그가 위조한 영화표는 1천여 장. 그의 나이 열여섯.

어린 나이에 전과자가 된 매석환도 대학생이 되고 싶었던 모양이다. 하지만 영화표나 위조하던 인생이 공부는 했을 리 없고, 그가 살았던 방식 그대로 대학교에 부정 입학을 시도하다가 돈만 날렸다. 자그마치 40~50만 환을 날렸다니 적잖은 타격이었을 터.

날아간 돈 생각에 끙끙 앓던 이 엉성한 위조범은 크게 한탕을 기획한다. 자유당 정권 당시 나는 새도 떨어뜨린다는 세도를 자랑했던 청와대 경무관 곽영주, 4.19 혁명 이후 감옥에 들어가 있던 그의 아들 곽승근을 유괴한 것이다. 아이를 꼬드긴 거짓말은 꽤 그럴 듯했다.

> "오늘 네 아버지가 감옥에서 나오셔. 그래서 성난 데모대가 너희
> 집을 둘러싸고 있어! 데모대에 잡힐 수 있으니 어서 아버지 만
> 나러 구치소 앞으로 가자."

4.19 혁명을 경험했던 곽영주의 아들이 속아 넘어가기에 딱 좋은 거짓말이었다. 그는 곽승근을 집으로 끌고 가 직접 판 땅굴에 가둔 후 줄기차게 협박한다.

나름 치밀한 계획을 세워 길 가는 소녀에게 돈을 주고 메신저로 활용하기도 하고 지게꾼을 피해자 가족에 접근시키기는 등 꽤 지능적으로 굴었다.

하지만 수고도 헛되이 범행 9일 만에 체포되고 만다. 경찰에서 범행 동기를 물었을 때 이 유괴범은 엉뚱한 이유를 댄다. "돈도 돈이지만 원한도 있단 말입니다." 경찰의 귀가 번쩍했으리라. "원한이라니 그게 뭐냐?" 매석환 왈, "4.19 때 바리케이드 앞에서 오줌

정효주 양을 유괴한 매석환 검거 당시 기사(<동아일보>, 1978년 10월 19일)

을 누다가 곽영주한테 걸려 경찰봉으로 열나게 맞았단 말입니다. 내 그래서 저 사람 괴롭혀 주리라 마음을 먹었었다고요."

그런데 재밌는 건 유괴당했던 소년 곽승근이었다. 그는 유괴 후 지옥에서 살아 돌아온 사람 대하듯 하는 어른들 앞에서 유달리 태연했고 현장 검증을 지켜보면서는 싱글싱글 웃기까지 했다. "때리지도 않고 울리지도 않고 동생같이 잘 대해줬는데요. 오히려 정들었어요."[65]

식사도 매일 중국집에서 시켜줬다고 했다. 유괴 자체가 용서 못할 범죄임은 분명한데 뭔가 묘했다. 법원도 기가 막혀 그런지 상당히 가벼운 1년 징역으로 곽승근 유괴 사건은 마무리된다.

아이들의 마음을 얻은 유괴범

하지만 매석환은 제 버릇을 개 주지 못했다. 징역을 산 뒤 군에 입대했는데 넉 달도 안 되어 탈영하고 숨어 지내는 신세로 전락한다. 그런데 세 들어 살던 집 주인 딸과 연애를 시작하면서 또 어두운 그림자가 스멀거리며 돋아난다.

그림에 비상한 재주가 있던 영화표 위조범이자 얼치기 유괴범은 대담하게도 위조 화폐를 만들기로 결심한다. 그 집안 식구들에게 "공부하겠다."라고 선언하곤 방문을 걸어잠근 뒤 물감과 고무도장, 동판 등 위조지폐 제작에 필요한 물건들을 들여놓고 쑹덩쑹덩 위폐를 만들기 시작했다. 목표는 1964년 도쿄 올림픽 구경 가기.

그렇게 근 1년 동안 방안에서 위조지폐를 만든 그는 100원짜리 지폐 82만 7,700원(2,500달러 상당)의 돈뭉치를 들고 달러상을 찾는다.[66]

그런데 그의 위폐는 너무도 엉성했다. 달러상은 단번에 눈치채곤 가정부를 시켜 경찰에 신고했고, 매석환은 경찰이 들이닥칠 때까지도 달러상이 속아 넘어갔다고 철석같이 믿고 얘기를 나누고 있다가 쇠고랑을 찬다.

탈영병 신분이기에 매석환은 헌병대로 넘어갔는데 경비 헌병이 조는 틈을 타 탈출하는 비범함을 보인다. 현상금 2만 원이 내걸렸고 수천 명의 병력이 서울 바닥을 헤맸다. 매석환은 연기처럼 사라진 듯했다. 그런데 또 어이없이 체포된다.

발동기 기술자이기도 했던 그는 서울 상도동 어느 공장 앞에서 발동기 소리를 듣고 공장을 기웃거렸다. 그 모습을 도둑으로 오인한 공장장에게 붙들리고 말았다. 소란에 뛰쳐나온 공장장의 동생 육군 중령이 다짜고짜 주먹을 휘둘렀는데 분을 못 이긴 열혈 청년이 "왜 군인이 민간인을 쳐? 경찰서로 가자!"라고 외친다.

그런데 이 청년, 많이 수상했다. 군인 내복을 입고 있고 머리도 짧았다. 어랍쇼? 더럭 의심이 난 파출소장이 찬찬히 뜯어보니 현상금이 붙은 매석환과 닮았다. 소장이 그냥 스트레이트로 물었다. "너 매석환이지?" "예, 제가 매석환이에요."

그의 이름을 전국적으로 드날린 건 1978년 부산에서 일어난 '정효주 양 유괴 사건'이다. 당시 그의 형은 간암 투병 중이었고 치료비를 마련하고자 한 게 범행 이유였다.

협박은 협박대로 했지만 그는 효주에게 옷도 사주고 불고기도 먹이며 "네 아버지가 부도 나서 빚쟁이들로부터 널 보호해야 한다."라는 거짓말로 철석같이 자신을 믿게 만들었다. 경찰에 체포된 뒤 효주가 "우리 아저씨가 무슨 죄를 지었다고 잡아가느냐."라며 거세게 항의할 만큼.

유괴범 치고 가벼운 징역 10년을 선고받은 매석환은 체포된 뒤 유괴범이 나올 때마다 감옥 안에서 그들에게 편지를 쓰고 자수를 호소하는 역할로 신문지상에 등장했다. 그는 출소 후 장기를 살려 카메라 수리점을 차리는 게 소원이라고 했다.

살아 있다면 80대 중반으로 치닫는 나이다. 용서가 어려운 범죄를 여러 번 저지른 건 맞지만(유괴는 극악한 범죄이니까) 또 아슬아슬하게 '인간'의 경계를 넘어서진 않았던 범죄자 매석환은 매우 독특하지만 낯설지 않은 캐릭터다.

4.19 혁명 때 경찰 바리케이드 앞에서 오줌을 누며 객기를 부리다가 열나게 얻어터진 청년, 대학에 가고 싶어 부정 입학을 시도하다가 오히려 사기당하는 엉성한 영화표 위조범, 달러상을 속일 수 있다고 믿은 얼치기 위폐범, 아이를 두 번씩이나 유괴했지만 그들을 '보호'한다는 생각을 철석같이 하게 만들었던 '착한 형'과 '착한 아저씨'. "이런 나쁜 놈!" 일갈해버리기엔 뭔가 가슴속에서 아련하게 측은지심이 돋지 않는가 말이다.

꽤 비상한 범죄자 같으면서도 "놓칠 수 있으면 나 한 번 놓쳐봐요." 하면서 증거 다 흘리고 다닌 이 정겨운(?) 범죄자를 이렇게 표현해보고 싶기도 하다. "뭐 이런 희한한 사람이 있나 싶긴 한데 어디서 많이 봤다." 1989년 출소 후 역사와 일상의 인파 속으로 사라진 매석환의 삶이 범죄로부터 자유로웠길 바란다.

한국 복싱계 침체를 불러온
가짜 복서 사건

IBF 타이틀전 합동 범죄

한국 프로복싱의 전성기는 1970년대 중반에서 1980년대까지라고 할 수 있다. 그 시절 활약한 홍수환, 유제두, 염동균, 박찬희, 김성준, 김태식, 장정구, 유명우 등등의 이름을 지금도 줄줄 외는 걸 보면 나도 열렬한 권투팬이었다 싶다.

1980년대 초반 새로운 세계 복싱기구가 끼어들었다. IBF, '국제복싱연맹'이었다. 당시 프로복싱의 양대 산맥 WBA와 WBC에 IBF가 더해진 것이다. 같은 체급에 세 명의 '세계 챔피언'이 존재하게 된 셈이다.

세계 챔피언에 목말라 있던 한국 복싱계는 초창기 IBF에 열정

석으로 참여했다. 그렇게도 험난했던 챔피언 고지에 태극기가 뻔질나게 꽂히기 시작했다.

심지어 한국 선수들끼리 세계 타이틀전을 벌이는 진귀한 풍경도 여러 번 펼쳐졌으며 챔피언 벨트의 값어치는 상대적으로 평가 절하되어 갔다.

잠깐 여담을 덧대면, 담뱃불을 붙이기 위해선 으레 성냥을 사용했고 은빛으로 빛나는 미제 라이터를 뇌물성 선물로도 향용 이용되던 시절, 혜성과 같이 나타난 일회용 라이터가 있었다. '불티나'라는 상표였다.

IMF 외환위기를 전후해 중국산 싸구려의 인해전술에 침몰하고 말았던 불티나의 로고는 한 권투 선수의 트렁크에 쓰인 반짝이 글씨로 내 기억의 박물관 한편에 큼직하게 걸려 있다. 그 트렁크를 입었던 이는 IBF 플라이급 챔피언 '권순천'이다.

IBF 플라이급 챔피언이 되어 기세 좋게 3차 방어전에 성공한 그는 머나먼 나라 콜롬비아에서 온 상대와 4차 방어전을 치른다. 도전자의 이름은 '알베르토 카스트로'. 한 번도 진 적이 없는 데다 KO율도 70%를 넘는 하드 펀처라고 했다.

하지만 막상 경기는 지루했다. 남미 특유의 끈끈함은 있었지만 커리어다운 파괴력은 오간 데 없이 링 사이드를 빙글빙글 돌기만 하는 카스트로를 권순천이 헉헉대며 따라붙어 주먹을 날리는 분위기로 흘렀다. 그러다가 경기 종반 권순천이 날린 회심의 레프트가 카스트로의 턱에 꽂혔고 그는 맥없이 무릎을 꿇어버렸다.

경기가 끝난 뒤 인터뷰에서 권순천이 카스트로를 두고 까다로운 선수였노라고 평한 건 그렇다 치는데, 프로모터 전호연 씨가 극구 카스트로를 칭찬하는 건 귀에 거슬렸다.

그래도 패배한 상대를 칭찬하는 승자의 미덕을 과시하는 것이려니 했는데, 문제는 엉뚱한 곳에서 불거져 네이팜탄처럼 터지기 시작했다.

경기 며칠 뒤 중남미 현지에서 외신이 날아들었다. "한국에서 타이틀전을 치렀다는 IBF 세계 랭커 알베르토 카스트로는 한국에 간 적이 없다." 아니 그럼, 한국에 와서 시합도 하고 훌륭한 복서라는 칭찬도 받은 알베르토 카스트로는 어디 사는 누구란 말이냐. 외신이 연이어 날아왔다. "한국에서 시합한 선수는 '카라발로 플로레스'고 진짜 카스트로는 황당해하고 있다."

즉 가짜 도전자를 상대로 세계 타이틀 매치가 벌어져 KBS가 중계하고 수천 명이 표를 사 수백만 명이 경기를 지켜보며 열광했던 것이다.

이 경기의 프로모터였던 극동프로모션 대표 전호연 씨나 가짜 혐의를 받은 선수와 그 매니저 등등은 입을 모아 권순천의 상대가 '진짜' 알베르토 카스트로라고 우겼지만 소용 없었다. 진짜 알베르토 카스트로 측이 WBA 등 국제기구에 정식 항의를 제기한 마당에 더 이상 버틸 수도 없었다.

한국권투위원회가 전호연 프로모터를 복싱계에서 추방한다는 내용의 기사
<경향신문>, 1984년 9월 13일

결국 한국에 온 '가짜' 알베르토 카스트로가 입을 열었다. "저는 카라발로 플로레스입니다." 전호연 측은 자신이 콜롬비아 측에 속았다고 주장했는데 상당 부분 사실로 밝혀졌다.

다른 선수와의 시합 때문에 한국에 왔던 페루인 매니저 토레스는 권순천과 카스트로의 대전 계약을 맺고 돌아갔는데, 알베르토 카스트로 측은 권순천의 대결에서 승산도 없고 대전료가 싸다는 이유로 대전을 거부했다.

그러자 토레스는 가짜 도전자를 내세우기로 한다. "진짜 카스트로의 사촌형인 아만시오 카스트로를 끌어들여 선수 경력증을 가짜로 만들고 알베르토 카스트로의 선수 자격증에 카라발로 플로레스의 사진을 바꿔 붙여 진짜 카스트로인 것처럼 한국권투위원회에 제출"[67]한 것이다.

불운이라기보다 탐욕의 결과가 아닐까

한국 프로복싱의 대부라고까지 불리던 전호연은 남미에서 온 복싱 사기단(?)과 더불어 구속된다. 플로레스와 매니저 등은 곧 풀려나 추방되는 것으로 마무리되었지만 전호연은 근 1년 동안 옥살이를 경험해야 했다.

출감 후 그는 플로레스가 가짜 도전자임을 까맣게 몰랐고 "가짜 복서 사건으로 매스컴 등 전국이 시끄러우니까 청와대에서 빨리 문제를 해결하라고 지시했는데, 그 과정에서 나를 희생양으로 삼았다."라고 주장했다.

억울한 면도 없지 않았겠지만 그에게도 분명한 책임이 있었다고 본다. 경기가 열리기 전 이 엽기적인 사기극을 중단시킬 기회가 충분히 있었기 때문이다.

카스트로, 아니 플로레스가 가지고 온 여권엔 알베르토 카스트로가 아닌 다른 이름이 버젓이 찍혀 있었다. 이 사실은 중계 주관 방송사인 KBS도 감지했고 프로모터 전호연도 알고 있었으며 경기를 감독하고 주최하는 한국권투위원회도 파악하고 있었다.

그러나 카스트로의 프로모터는 '진짜' 카스트로라고 바득바득 우겼고 한국권투위원회와 전호연은 그 주장의 진실성을 캐기보다 당장 다가온 시합과 이미 팔려나간 입장권과 유사시 발생할 손익계산서에 더 신경을 썼다.

KBS와 한국권투위원회가 "우리는 안 하려고 했는데 방송 중계 때문에 어쩔 수 없이 했다."와 "우리는 안 하려고 했는데 한국권투위원회가 보증한다고 했다."의 구차한 공방전을 벌였고, 전호연 프로모터는 "인생은 노력으로만 되는 게 아니다. 운이 따라야 한다."[68]라는 한탄 속에 감옥으로 갔다.

그런데 그가 정말 운만 나빴는지는 의심의 여지가 많다. 그는 1976년 9월 11일 동양 라이트급 타이틀 매치를 개최하면서 가짜 필리핀 도전자를 내세웠다가 진짜의 얼굴을 알고 있던 관중이 고발해 경찰 수사를 받은 일이 있고, 가짜 도전자 사태가 불거진 뒤엔 국내로 불러들인 선수들의 대전료를 가로채 사기 혐의로 기소 중지 상태에 있었음이 밝혀졌으니까 말이다. 가짜 도전자 사태는 불운이라기보다 탐욕과 관성의 결과였을 가능성이 크지 않을까.

피해는 엉뚱한 쪽으로 흘렀다. 한때 IBF에 열렬히 올인하며 대량 생산된 챔피언들의 시합 방송 중계료를 알뜰히 챙기던 한국권투위원회가 180도 태도를 바꿔 IBF 왕따 작전에 나선 것이다.

그 방법은 실로 졸렬했다. 국내에서 IBF 시합을 금지해버린 것이다.[69] 정부의 외화 절감 요구에 부응한다는 명분이었지만 WBC와 WBA의 챔피언 벨트를 두르고 있던 장정구와 유명우에겐 적용되지 않는 IBF 표적 조처였다.

그 후 오랫동안 IBF 타이틀전이라면 도전도 방어전도 국내에서 치를 수가 없었다. 피땀 흘려 샌드백만 두들긴 공으로 조금 볼 품은 없더라도 한국권투위원회가 인증한 세계 기구의 챔피언 벨트를 두르고 있던 선수들은 창졸간에 국내에서 타이틀전을 할 자격이 없는 수준 떨어지는 얼치기로 전락했다. 그들이 IBF를 만든 것도 아니었고 IBF를 지지한 것도 아니었건만 한동안 국내에서 시합을 할 수 없었다.

사기는 왕서방이 치고 열심히 재주 넘은 곰들이 매를 맞게 된 상황이었다고나 할까. 범죄를 공모했거나 놀아난 전문가, 확인해야 할 일을 하지 않은 감독기관과 언론사, 뭔가 잘못된 걸 알면서도 눈앞의 손해를 감당하지 못한 사람들의 '합동 범죄'는 한국 현대사에서 지천으로 많았지만 '가짜 세계 타이틀 매치'는 그중에서도 높다란 검은 별로 남아 있다.

그는 어떻게 대한민국 최고의
땅 부자가 되었을까?

대한민국 역사상 최악의 세무 관료, 이석호

세기의 천재 알버트 아인슈타인은 소득세를 두고 이런 말을 남긴 적이 있다. "이건 수학자에게도 너무 어려운 문제라서 철학자가 있어야겠다. 소득세야말로 세상에서 가장 이해하기 어려운 것 중 하나다."

역사 시간에 옛날의 세금 제도, 조용조(租庸調)니 일조편법(一條鞭法)이니 전분6등법이니 연분9등법이니 하는 이름들을 외우느라 곤욕을 치른 분들이 많겠지만, 그 이름을 넘어 세세한 내용으로 들어갔다면 대부분 두 손 들고 공부를 포기하고 말았을 것이다.

권력을 쥔 사람들은 온갖 기기묘묘한 방법을 동원해 '효율적으로' 세금을 거뒀고 '납세의 의무'는 고인돌을 세우던 무렵부터 지금에 이르기까지 빠져나갈 수 없는 '백성된 도리'였다. 미국의 벤자민 프랭클린이 "이 세상에서 확실한 건 죽음과 세금뿐이다."라고 간파한 것처럼 말이다.

세금 거두는 걸 직업으로 하는 사람들, 이른바 세리(稅吏), 아전, 세무서원은 이 복잡하고도 피할 수 없는 세금 징수를 집행해야 했기에 어쩔 수 없는 악역을 담당해야 했다. 정직한 사람도 많았지만 세금을 빌미로 배를 채우거나 장난을 치던 나쁜 이들도 적지 않았기에 원성과 지탄의 대상이 되기 일쑤였다. '악역'(惡役)을 넘어 '악한'(惡漢)으로 둔갑한 사람도 많았다는 얘기다.

한창 전쟁의 포화가 작렬하고 있던 1952년 6월 2일자 〈경향신문〉에 따르면, 공무원 특별 비리수사반은 서울 중부세무서 과장과 직원 몇 명의 덜미를 잡았다. 그런데 이어지는 기사가 흥미롭다.

"수사반의 활동으로 세무 관리들이 위협을 느껴 세무행정상 적지 않은 지장이 생기게 되었다는 세무당국의 호소가 있어 비행세리(非行稅吏)에 관해서는 당국에서 자가숙청을 감행하면서 내부정리를 하겠다고 자원"했고 수사반이 수용해 '적극 지휘'했다는 내용이었다.

당국의 수사 때문에 "세무행정에 지장이 생기는" 일은 수십 년이 흘러도 거짓말처럼 재연되었다. "검찰이 세무공무원들의 부조리에 대해 수사를 벌이자 서울 강서, 동작, 영등포, 관악세무서를 비롯 수도권 지역 20여 개 세무서의 소득세과 소속 세무공무원 중 대부분이 잠적해버려 일선 세무 업무가 마비 상태에 빠졌다."[70]라는 것도 모자라 "해당 세무서장들이 검찰로 찾아와 세무공무원들이 검찰의 수사 확대를 겁내 잠적, 업무가 마비되고 있다며 수사 중지를 요청"한 상황까지 똑같았던 것이다.

아무리 그래도 나쁜 놈보다 착한 사람들이 많고 나쁜 놈들이 설레발을 쳐도 묵묵히 그들 몫까지 감당하는 이들이 있어 세상이 돌아가는 것이지만, 그래도 나쁜 놈들이 끼치는 해악은 많은 이를 고통스럽게 하고 또 동료들을 부끄럽게 만든다.

한국 세무서원들의 세계에서도 마찬가지다. 대한민국 역사상 최악의 세무 관료라고 할 만한 사람의 이야기를 해보고자 한다. 그 악명 높은 이름은 '이석호'.

그는 1985년까지 30년이 넘도록 목포, 무안, 해남 등에서 세무 관료로 일했다. 그런데 30년 경력의 퇴직 세무공무원이었던 그는 대한민국 최고의 땅 부자이기도 했다. 그가 재직했던 지역에선 "그 사람 땅을 밟지 않고는 어디에도 다닐 수 없다."라는 말이 통용될 정도였다. 대관절 그는 그 엄청난 땅을 어떻게 마련했을까.

"정부는 1960년대 이후 경제개발 5개년 계획과 경부고속도로 건설을 추진하면서 부족한 재원을 마련하고자 '국유지 일소 계획'을 세워 국유지 매각을 독려했다. 이석호 씨는 관재 담당관으로 국유지 매각 업무를 맡고 있었다. 이 씨는 '국유재산에 관한 사무에 종사하는 직원은 그 재산을 취득하지 못한다'(국유재산법 14조)는 조항을 피해 친인척 등 타인 명의로 국유지를 싼값에 매입하거나, 점유자들에게 점유 중인 국유지를 매수하라는 내용의 편지를 '광주지방국세청 징세 2계장'(이 씨 자신) 명의로 보내 국유지를 판 뒤 자기가 전매받는 형식으로 1만 200여 평을 '일소' 하는 실적을 올렸다."[71]

현직 공무원의 비호를 받다

무슨 말인가 하니, 국유지를 팔아 재원을 조달하겠다는 정부의 방침을 이용해 일가붙이에게 싸게 팔아치우거나 나라 땅을 점유한 이들에게 국유지를 헐값에 팔아치우곤 가로채거나 되파는 등 20세기의 봉이 김선달 노릇을 한 것이다. 세무서장 도장을 위조하거나 관할 관청조차 모르는 상태에서 친척에게 팔아치우는 대담함에 이르면 그저 할 말이 없을 뿐.

그가 팔아치운 토지 목록을 보면 입이 떡 벌어질 지경이다. 충무공 유적지(목포시 달동), 옥암동 공동묘지(목포시), 남해배수장 유수지(목포시), 정도리 구계등(완도 명승지 제3호), 윤선도 유적지(해남군), 상록수림(완도군 보길면 예송리, 천연기념물 40호), 남산공원(무안군).

숫제 문화재고 천연기념물이고 공원이고 가리는 게 없었고, 해

이석호가 팔아버린 토지 목록에 예송리 상록수림
(천연기념물 40호)도 있다

당 관청은 이석호가 국유지를 팔아치운 것도 모르고 그 땅에 들어와 있던 사람들에게 임차료를 받는 경우도 있었다. 그렇게 팔아치운 땅이 여의도의 30배쯤 되는 3,046만 평이었다.

말도 안 되는 일이었지만 그가 세무서원으로 사기를 쳐 국유지를 팔아먹은 지 십수 년이 지났으니 다시 찾거나 바로잡는 일도 난항이었다.

"목포 앞 고하도의 이순신 장군 전적지 등 유적지와 완도 정도리 해수욕장 등 관광지까지 이 씨에게 넘어가 있어 뒤늦게 이 사실은 안 주민들의 반발이 거센 데다 이 씨의 소유인 목포 시내 국도 1호선 일부를 확장, 포장했다가 오히려 이 씨로부터 고소까지 당할 처지에 놓였"[72]으니 한 지역, 나아가 국가 권력이 한 세무서 관료에게 농락당한 셈이다.

그런데 그에 대한 처벌은 놀라울 만큼 가벼웠다. 1994년 구속된 후 대법원까지 올라가 징역 7년을 선고받은 이석호는 형기도 채우지 않고 가석방되었다.

그러고도 버릇을 못 고친 그는 "2001년 4월부터 2004년 9월까지 이미 친인척 등의 명의로 몰래 취득해 놓은 국유지 605필지(214만여 m²)를 위조한 매도증서를 이용해 특례 매입하거나 환수보상금 등으로 191억 원을 챙긴 혐의"[73]로 또 구속되었다.

이 과정에서 그는 현직 공무원들의 비호를 받아가며 "'이 회장'으로 불리며, 사무실을 수시로 옮겨 다니는가 하면 7~8명의 직원을 고용해 조직적으로 공문서까지 위조"[74]했다니 온몸이 간으로 된 듯한, 실로 대담한 악당이었다고나 할까. 이번엔 징역 15년의 중형을 선고받지만 사건은 끝난 게 아니었다.

아버지의 범죄에 가담했던 이석호의 아들이 처남 명의를 차용해 국가로부터 28억 원 상당의 보상금을 받아 가로채는 등 여섯 명의 명의를 차용해 총 82억 원을 부당하게 챙긴 후 2006년 캐나다로 튀어버린 것이다.

캐나다에서 주유소를 운용하며 대저택에서 호화롭게 살던 그를 잡기 위해 검찰은 1만 6천여 페이지에 달하는 수사 자료를 영문으로 번역해 캐나다 법무부에 범죄인 인도를 청구했고, 그는 한국으로 송환되어 징역 8년(왜 이렇게 가벼운지!) 선고를 받는다.

그 부자가 해먹은 땅과 돈을 제대로 환수했는지 와중에 피해 본 사람들에게 보상은 되었는지 여부는 정확히 알 수 없지만, 지능적인 전직 세리 아버지와 전직 검찰 수사관 아들의 합작이 쌓아 올린 사기의 성벽은 높고도 튼튼하게만 보인다.

　　그들은 징역살이를 끝내고 '사회 지도층'으로 부를 과시하며 "없는 것들이 노력은 안 하고!" 하면서 세상을 굽어보다가 가지 않을까. 그 생각을 하면 평온한 일요일 아침에도 갈 데 없는 분통이 터진다.

"어찌 귀하신 몸께서
홀로 오셨나이까?"

이강석 행세를 하고 다닌, 강성병

보이스피싱이 기승을 부린 지는 오래되었다. 한국 사람치고 보이스피싱 시도를 당해 보지 않은 사람은 없을 정도로 보이스피싱은 공공연히 이뤄지고, 뻔한 거짓말에 감쪽같이 넘어가 낭패를 보는 사람도 적지 않다. 가진 것의 전부를 잃거나 피해액을 감당할 수 없었던 몇몇 사람이 스스로 목숨을 끊기도 했을 만큼 보이스피싱 범죄는 악질적이다.

그들이 흔히 쓰는 수법은 사람들의 약한 고리에 대한 공격이다. 일반 서민이 가장 무서워할 권력 기관, 즉 검찰청이나 경찰을 사칭한다거나 아이를 빌미로 한 거짓말을 한다거나 은행원으로 가장하기도 하면서 말이다.

나도 서울지방검찰청 검사(?)의 전화를 받은 바 있다. 다행히 초반에 눈치채서 빠르게 전화를 끊긴 했지만 "OO검찰청 OOO 검사실 수사관 OOO입니다. OO은행에 계좌가 있으시죠?" 하는 말을 들은 순간 얼음물을 끼얹은 듯 긴장했던 건 분명한 사실이다. 충격에서 빨리 벗어나지 못했으면 무슨 일을 당했을지 모른다.

보이스피싱 같은 건 내 일이 아니라고 장담하는 사람이 많지만, 결코 그렇지 않다. 2020년 한 해에만 피해액이 무려 6,700억 원에 달했다. 보이스피싱 범죄의 역대 피해자 가운데는 현직 지방법원장도 있었고 경찰도 있었다. 은성수 전 금융위원장도 발신자가 '은성수'로 찍히는 보이스피싱 전화가 왔더라는 황당한 경험을 토로한 바 있다.

사기를 당하는 사람들이 바보라서 당하는 게 아니다. 그만큼 사기꾼들이 사람들의 약한 고리를 건드리는 데 유능하고, 약한 고리가 사람을 바보로 만드는 것이다.

1999년 시사 고발 프로그램 조연출 시절 나는 보이스피싱의 원초적(?) 형태를 목격한 적이 있다. 경기도 양평의 노인들이 '며느리'라는 이로부터 "아범이 사고를 냈으니 급히 돈을 부쳐 달라."는 전화를 받고 급히 돈을 긁어모아 보낸 사건이 몇 차례나 발생했던 것이다.

당시만 해도 순박한 시골 노인들이나 속아 넘어가는 범죄인 줄 알았다. "아니, 며느리 목소리를 못 알아보셨어요?"라고 묻는 내게 노인들은 이렇게 얘기했다. "목소리가 이상하다 그랬더니 감기 들었다고 하더라고. 그런데 어떡해, 애가 감방에 간다는데."

범인 부부는 많이 어설펐고 곧 체포되었다. 유치장에서 그들을 만났을 때 남편이라는 작자가 이런 말을 했다. "저도 당할까 봐 겁나요. 너무 쉽거든. 얼굴도 안 보고 사기를 치니까 얼마나 쉬워."

딴에는 그렇다. 수화기 저편 정체 모를 사람의 황망한 거짓말을 얼굴 마주본 상황에서 늘어놓긴 어려울 테니까. 하지만 1957년 대구 경북 일대에서 발생한 '페이스피싱'(?) 사건을 보면 그렇다고 단언하기도 어렵다.

1957년 8월 말 태풍 아그네스가 영남 지역을 휩쓸고 지나갔다. 2년 후인 1959년 들이닥친 태풍 사라호의 악명이 워낙 높아 상대적으로 1957년 아그네스는 모르는 사람이 많지만, 아그네스는 한반도 남해안에 상륙(경상남도 사천시 부근)했을 때의 중심기압이 약 965hPa로 오늘날까지도 랭킹 10위 안에 드는 대형 태풍이었다.

태풍 피해를 수습하느라 군관민이 안간힘을 쓰던 8월 30일, 경주경찰서의 서장실로 한 통의 전화가 걸려온다. 수화기 건너편에서 들려오는 젊은 목소리의 한마디에 서장은 그만 혼이 빠지고 말았다. "아, 나 이강석인데…."

'이강석'이라면 이승만의 후계자로 승승장구하는 이기붕의 아

'가짜 이강석' 행세를 하던 강성병의 재판 모습

들이다. 이기붕은 아들 이강석을 자식 없는 이승만의 양자로 들였
다. 아버지는 대통령의 정치적 후계자이고 아들은 대통령의 호적
상 아들이니, 이승만이 거의 제왕으로 군림하던 시절에 이기붕·이
강석 부자의 권세가 어느 정도였을지는 가히 짐작이 갈 것이다.

경찰서장은 득달같이 지프를 대령해 젊은이가 잠시 휴식을 취
하고 있다는 다방으로 달려간다. 그곳엔 잔뜩 멋을 낸 청년 하나가
우아하게 앉아 있었다. 경찰서장 코는 즉시 땅에 닿았다. "하아, 어
찌 귀하신 몸께서 홀로 오셨나이까." 대답은 근엄했다. "하계 휴가
차 진해에 계시는 아버님의 밀명으로 풍수해 상황을 시찰하고 공
무원의 비리를 내사하러 왔소. 암행 시찰이니 누구에게도 알려선

안 되오. 아버님께서 누설자는 엄중히 다스린다고 말씀하셨소. 수 재민에게 나눠줄 쌀과 돈을 준비해야겠는데."

'귀하신 몸' 이강석은 '애국지사의 아들'이라고 해서 서울대학 교 법대에 입학 특례로 들어갔으나 그를 도저히 동기로 받아들일 수는 없다는 법대생들의 동맹휴학에 부딪쳐 좌절된 이후 육군사 관학교로 방향을 틀었다.

육사 16기로 입교는 했지만 관절염을 앓아 그만두고 속성 장 교 육성 코스였던 갑종 장교로 이르게 소위 계급장을 달았다. 그 뒤 동기들이 아직 육사 3학년일 때 육군본부로 와선 자그마치 육 사 12기들과 함께 소위 생활을 했던 파격의 주인공이었다.

땅에 닿았던 코를 겨우 거둬들인 경찰서장은 즉시 귀하신 몸을 경주 최고의 호텔로 모셨고, 다음 날 모든 일정을 작파하고 귀하신 몸의 경주 나들이에 동참한다.

경주에서 질탕하게 놀고 경찰서장과 기념사진까지 찍은 뒤 영 천으로 자리를 옮긴 이강석은 영천경찰서장의 영접을 받은 후 경 무과장이 지휘하는 경찰들의 호위를 받으며 안동으로 행차했다.

안동에는 이미 소식을 접한 지역 유지들이 운집해 있었다. 귀 하신 몸께서 친히 풍수해를 살피러 왔다는 말이 전해지자 46만 환 이라는 거액도 삽시간에 마련되었다. 길 가는 도중엔 인근 부대 36사단장이 맨발로 뛰어나왔다. "허허, 이강석 소위가 육사에 있 었을 때 내가 교장이었는데…, 그냥 가면 쓰나."

공석 중인 중앙 부처의 기관장 자리를 은근히 청탁하는 이도 있었고, "이번 민의원 선거에선 이 한 몸 초개와 같이 바쳐" 자유당 당선에 힘쓰겠다고 기염을 토하는 이도 있었다. 충성을 주체할 수 없어 이강석이 기거하는 방 앞에서 불침번을 서는 이도 있었다.

"내가 악질범이면 아첨한 군수는 간신도배"

그러나 귀하신 몸의 고귀함은 대구에 이르러 도지사 관저에 여장을 풀었을 때 이강석의 얼굴을 아는 데다 아들이 이강석의 동기동창이었던 경북도지사 이근식에 의해 산산조각 난다. "얘는 이강석이 아니야. 너 누구냐?"

귀하신 몸은 이강석은커녕 이름 하나 같지 않은 '강성병'이라는 청년이었다. 대학 입시에 떨어진 후 하는 일 없이 무위도식하던 그가 이강석 행세를 하고 다녔고 대여섯 고을의 경찰서장과 시장, 군수, 유지들이 죄다 속아 넘어간 것이다. 경찰은 당연히 이 사건을 덮으려 했지만 쟁쟁한 야당지였던 〈대구매일신문〉 기자가 들춰내 세상에 알려진다.

무려 1천 명의 방청객이 몰려든 가운데 판사의 전용문까지 인파가 들어차 입장하는 판사의 법복이 찢어지는 참사가 벌어진 공판에서 나이 스물둘의 청년 강성병은 울분에 찬 항변을 내지른다.

"이번 체험을 통해 권력의 힘이 위대한 걸 새삼 느끼게 되었습니다. 내가 시국적 악질범이면 내게 아첨한 서장, 군수 등은 시국적 간신도배입니다. 언젠가 서울에서 이강석이 헌병의 뺨을 치고 행패를 부리는 데도 아무 일도 없었던 걸 보고 한번 흉내내본 겁니다."

그의 행장은 다분히 1950년대적이다. 전주 이 씨 대통령은 사실상 자신을 왕이라고 여겼고, 군 위계질서 따윈 깡그리 없는 것으로 해서 육사 16기 장교인 양자를 12기 선배들 틈에 밀어 넣었다.

시대적 분위기에 더해 또 하나 강성병의 행각에서 주목해야 할 건 일종의 '벌거숭이 임금님' 같은 그릇된 믿음의 힘이다.

덜떨어진 경주경찰서장이 갑작스레 나타난 귀하신 몸에게 속아 넘어간 순간부터 그 믿음은 돌탑을 쌓기 시작했다. 경주경찰서장이 그렇게 했는데 영천경찰서장이 의심을 품을 수 없었고, 안동의 유지들은 귀하신 몸의 거마비를 마련하는 데 추호의 주저함도 없었다.

심지어 이강석이 육사에 다니던 시절 육사 교장이었다는 사단장도 믿음에 동참했다. 착한 사람 눈에만 보인다는 임금님의 옷처럼 그들 눈앞의 귀하신 몸은 이강석이었고 이강석이어야 했으며 이강석이 아닐 순 없었다. 그 믿음 위에서 상식적으로 도저히 납득할 수 없는 일들이 벌어진 것이다.

진짜 이강석은 4.19 혁명 이후 가족들을 죽이고 자살했는데 그로부터 3년 뒤 강성병도 자살로 생을 마감한다. 저승에서 만난 두 사람은 무슨 대화를 나눴을까. 형편이 무인지경이던 나라의 어처구니없는 꼬락서니의 정점에 섰던 두 젊은이는.

중동붐의 생이별 틈으로
파고든 독버섯

중동 특수가 탄생시킨 제비족

예전에 친지 집을 방문했을 때 엘리베이터 때문에 고개를 갸웃했던 기억이 난다. 엘리베이터가 층마다 서지 않고 격층으로 서서 원하는 층에 가려면 계단 하나를 오르내려야 했다.

1970년대 말 1980년대 초에 지어진 아파트들 가운데 이런 구조를 많이 볼 수 있는데, 에너지 절약을 위해 엘리베이터를 격층으로 설계했기 때문이다. 1979년 이란 혁명과 소련의 아프가니스탄 침공 등으로 불거진 제2차 오일 쇼크의 영향이었다.

그럼 제1차 오일 쇼크는 언제였을까? 계기는 1973년 10월 6일 발발한 제4차 중동전쟁이었다. 한창 전쟁 중이던 10월 17일

아랍석유수출국기구(OAPEC)가 석유 가격을 인상하고, 이스라엘이 점령 지역에서 철수할 때까지 매달 석유 생산을 5%씩 줄이겠노라 선언했다. 이른바 '석유의 무기화'였다. 기름값은 1973년 9월 말 배럴당 3.07달러에서 1974년 1월 말 11.65달러로 4개월간 무려 280% 상승해[75] 온 세계를 패닉 상태로 몰아넣었다.

그런데 흔히 "위기는 기회"라고 한다. 오일 쇼크는 쓰라린 고난을 가져다줬지만 '중동붐'이라는 거대한 돈벌이의 문이 열리는 계기이기도 했다. 엄청난 부를 축적한 중동 산유국들이 거대 건설 사업이나 수로(水路), 항만 공사 등 숙원 사업에 투입하게 되었으니까. 이른바 '중동 건설붐'이 시작된 것이다.

> "1975년 7억 5천만 달러에 불과하던 건설수주액이 1980년 82억 달러로 10배 이상 늘었다. 이 기간 한국 외화 수입액의 85.3%가 오일 달러였다. 근로자 수도 급증했다. 1975년 6천 명이던 것이 1978년 10만 명에 육박했고, 한때 20만 명에 달했다."[76]

"몇 년 고생하면 집 한 채 장만할 수 있다."는 거짓말 같은 현실 앞에 한국의 젊은 아버지, 남편들은 중동으로 달려갔다. 섭씨 50도의 고열이 내려쬐고 툭 하면 모래폭풍이 불어 젖히는 사막에 수십만 명의 한국인이 바글거렸다.

그런데 이 중동붐은 달갑지 않은 범죄와 범죄꾼들의 전성시대
(?)와도 맞물린다. 젊은 세대에겐 낯선 단어겠지만 '제비족'이라는
족속들에게도 중동 건설붐은 '대목'의 시기였던 것이다.

군 복무는 거의 100% 미혼 남성들의 몫이었으니 슬프고 아프
긴 해도 연애 상대가 '고무신을 바꿔 신는' 경우는 흔했고 사회적
으로 문제가 될 것도 없었다.

그런데 중동에 몰려간 사람들은 거의 가정이 있었고, 미래의
행복을 위해 길면 몇 년 동안 가족 간의 생이별을 감수해야 했던
이들이었다. 제비족들은 바로 이 생이별의 틈을 파고드는 독버섯
같은 존재였다.

즉 중동 간 남편으로부터 이전보다 넉넉한 수입을 얻은 주부들
을 '사업 대상'으로 삼아 유혹하고 돈을 우려내는 범죄가 폭발적으
로 증가한 것이다.

"중동특수 기간은 제비족이라는 신종 직업을 탄생시켜 해외 근
로가 가정을 멍들게 만든 시기이기도 하다. 제비족의 피해가 얼
마나 컸던지 내무부는 제비족 뿌리뽑기 단속을 대대적으로 벌
였으며 몇몇 시·도 당국들은 해외근로자 부인들을 대상으로 '정
신교육'에 나서기도 했다. 근로자들도 얼마나 속이 탔던지 '제비
족'으로부터 부인을 지켜 달라는 연판장을 신문사에 보내 오기
도 했다."[77]

정부는 제비족을 '사회악'으로 규정해 단속에 나섰고 건설사는 '가정 보호 전담 부서'를 설치해 노동자 부인들 관리(?)에 나섰다. "(남편의 의뢰를 받은) 본사 상담 직원은 (바람난) 부인을 만나 "사막에서 고생을 하는 남편을 두고 이럴 수 있느냐."면서 설득 작전을 폈다. 결국 부인이 잘못을 뉘우치고 다신 그러지 않겠다는 육성 녹음 테이프를 현지로 보냈고 남편은 귀국 계획을 취소하고 그대로 눌러앉아 지금 일하고 있다."[78]라는 기사에 이르면, 미담(?)이라고 불러야 할지 비극이라고 불러야 할지 헷갈리게 된다.

처연하게 '하숙생'을 부르던 노인의 얼굴

개인적 경험 하나를 풀까 한다. 1999년 무렵엔 술집에 기타 같은 게 있었고 누군가 반주를 하면 함께 노래하고 즐기는 문화가 어렴풋이 남아 있었다. 직장 동료랑 심야에 찾았던 종로의 어느 막걸리집에서도 그랬다. 환갑에서 고희 사이로 보이는 연배의 할저씨들과 어울려 노래하고 놀았는데, 그중 한 아저씨가 최희준의 〈하숙생〉을 멋들어지게 불렀다. 내 옆에 있던 아저씨가 "쟤 인생은 정말 드라마야 드라마" 하면서 그의 인생사를 들려줬다.

"저 녀석은 삼팔 따라지야. 이북에서 꽤 잘사는 집 아들이었는데 빨갱이들한테 다 빼앗기고 쫓겨 내려왔다가 전쟁에 나갔지. 아등바등 살다가 전쟁통에 혼자 된 처자하고 결혼을 했어. 그런데 70년대 중동붐 때 저 친구가 중동에 나갔거든. 그런데 이 여편네가 바람이 난 거야. 우리도 아는 동네 남자였지."

그가 제비족이라는 소문이 있었고 여자는 남자에게 성폭행을 당했다고 주장했다는데 하여간 사달이 났고 남편도 알게 되었다. 중동에서 돌아온 남자는 아내 그리고 아내와 바람이 났다는 남자를 칼로 찔렀다. 둘 다 중태에 빠졌지만 살아남았고 남자는 살인미수로 교도소에 갔다. 그런데 어이없게도 옥바라지를 한 게 부인이었다.

면회 가서 온갖 쌍욕을 듣고 울며불며 돌아오면서도 부인은 남편을 떠나지 않았다. 전쟁통에 혼자 되어서 친정도 없었으니 갈 데가 없었을지도 모르겠다.

감옥에서 나온 뒤 남편은 몇 번이나 부인을 집에서 내몰았지만 부인은 악착같이 집 대문에 머리를 들이밀었고 둘은 끝내 헤어지지 못했다.

나이 마흔 넘은 살인미수 전과자는 취직할 구멍이 없었고 살림은 거의 여자가 챙겼다. 그런데 그 풍파 많은 집에서도 잘 자라 근사한 신랑감 만나 결혼을 앞두고 있던 외동딸이 그만 범죄의 희생자가 되어 죽고 말았다. 그 후 부인은 정신줄을 놓았다고 한다.

평생을 죽어 살던 부인에게 딸은 정신적 기둥이자 서까래였던 것이다. 딸 때문에 악착같이 집에 남았고 남편의 주먹질을 받아냈으며 더러운 년이라는 욕설을 참아 넘겼던 부인은 딸의 부재를 견디지 못했다. 그리고 우리가 술자리에서 만나기 몇 달 전 부인은 죽었다.

"부인이 돌아가면서 그랬다네, 미안하다고. 자기는 딸 따라가겠다고. 그때 저 녀석이 술 취해서 막 그러더라고. 그냥 만나지 말걸 왜 만나서. 태어나지 말 걸 왜 태어나서. 그냥 그때 칼질할 때 죽어버리지 왜 살아서…."

이야기를 들으며 〈하숙생〉을 부른 노인의 얼굴에 오랫동안 눈길을 줬던 기억이 난다.

삶 자체가 지옥과 그리 멀지 않았던, 먹고살기 위해 무슨 일이든 해야 했던, 한국의 노동자로 살며 틈바구니에 끼어든 독버섯 같은 범죄의 쓴맛을 봐야 했던, 종국엔 살인미수 범죄자가 되어버린 한 남자. 그리고 한때의 실수든 범죄 피해를 당했든, 그렇게 쌓인 남편의 증오와 살의를 오롯이 받아내며 버텨내다가 딸의 죽음으로 무너지고 말았던 누군지 모를 한 여자.

범죄는 사회의 거울이라고 할 때 그 거울엔 차마 정면으로 들여다보지 못할 만큼 막막한 사연이 가득하다. 그날 〈하숙생〉을 처연하게 부르던 한때의 중동 건설 노동자와 아내 그리고 아내를 노린 제비족, 그들이 얽히고설켜 부른 끔찍한 사건과 이후의 지옥들만 해도 그렇지 않은가.

우리 역사 속엔 수백만 개의 지옥이 있었고 그만큼의 아픔이 있었다. 또 지옥과 아픔을 빚어낸 현실과 싸워야 했던 수백만 명 한 명 한 명의 사연들이 고통과 분노의 포도송이처럼 맺혀 있다.

우리가 역사 앞에 겸손해야 하는 이유다. '라떼는 말이야' 타령에 진저리를 내는 건 당연하지만 그들의 '라떼'를 통으로 무시하거나 잊어선 안 되는 이유이기도 하다.

할머니가 되어서도
손맛을 잊지 못했다

파렴치하고 염치없는 소매치기 풍속도

지그문트 프로이트에 따르면, 인간 행동의 동기는 세 가지로 정리 될 수 있다. 첫째가 '쾌락 원칙', 일을 하면서 즐거울 것. 둘째가 '현 실성 원칙', 미래를 위해 현재의 고통을 감수하는 것. 셋째가 '반복 강박', 별 이익을 얻지 못하더라도 과거의 경험을 반복하려는 맹목 적 충동. 이 세 가지 동기는 범죄에도 적용될 수 있을 것이다.

범죄에 성공했을 때의 짜릿한 기분, '한탕'을 위한 과정의 스릴 (?), 몇 번을 손 씻자고 결심하면서도 결국 다시 빠져들고 마는 불 가사의한 중독성까지. 범죄 가운데에서도 소매치기의 중독성은 악명이 드높다.

"경기 성남시 모란시장에서 활동하던 한 소매치기(90년대 후반 마지막으로 목격될 당시 78세)는 노환으로 손을 떨면서도 남의 주머니를 털었고, 손가락을 자른 전과자는 남은 손가락으로 범죄를 저질렀다."[79]

소매치기는 엄청난 훈련을 거쳐야(?) 가능한 범죄다. 그러자면 체계적(?)인 교육과 후진(?)들이 필요하다. "소매치기의 얼굴이 대개 시내 각 경찰서 형사들의 눈에 익었으므로 아무리 훌륭한 재주가 있다 해도 마음 놓고 할 수 없게 되자, 연조 깊은 소매치기의 선수들은 은퇴한 후 스스로 각기 두목이 되어 12~16세에 이르는 불량 소년을 모아 소매치기 수법을 교묘히 가르치는 중"[80]이라는 기사가 까마득한 일제 강점기부터 나오는 이유다.

이 불행한 역사는 남녀를 가리지 않았다. 2008년 수천 명의 소매치기를 잡아들인 베테랑 경찰관인 남대문경찰서 오연수 경위는 일본인 관광객의 가방을 열고 돈을 빼내다가 붙잡혀 온 조모 여인을 주목한다. 당시 나이 예순넷. 그런데 오 경위의 머릿속에 뭔가 이상한 느낌이 스치고 지나간다. "저 할머니 언젠가는 김 씨라고 한 것 같은데…." 조사 끝에 알아낸 내막은 황망했다. 그녀는 호적이 두 개였던 것이다.

그녀는 6.25 전쟁 때 부모와 헤어져 고아원에서 자랐다. 거기서 조 씨 성을 얻어 그렇게 불렸다. 고아원에서 나온 그녀는 열일곱 살 때 처음 소매치기를 배운 이래 수시로 감옥에 들락거리다가 결혼을 하고 아이도 낳았다.

그런데 1970년 헤어진 가족을 찾으면서 원래의 김 씨 성을 얻는다. 일일이 수기(手記)로 호적을 작성하던 시절 조 씨 호적을 버리기 위해선 행정 관서에 찾아가 말소 신청을 해야 했지만, 그렇게 하지 않았고 이후 소매치기 행각에서 조 씨와 김 씨 두 개의 신분이 유리한 도구로 활용되었다.

조 씨로 체포되어 집행유예를 받았는데 집행유예 기간 내 또 잡혔을 경우 날렵하게 김 씨 주민등록증을 내미는 식으로 중형을 피했던 것이다. 도합 전과 30범. 조 씨로 24범, 김 씨로 6범.

이 조 씨 겸 김 씨의 이름은 일본에도 널리 알려져 있었다. 앞서 언급한 1925년 〈조선일보〉 기사처럼 "형사들에게 얼굴이 알려졌기 때문에" 국내에서 활동이 어려워진 그녀는 일본 원정에 나섰던 것이다.

"2000년부터 7년 동안 일본 원정을 30여 차례 다니면서 조 씨 이름으로 일본 경찰에 체포되어 추방당하자, 김 씨 이름으로 여권을 만들어 다시 일본 원정 소매치기에 나섰다가 또 추방되기도 했다. 2007년 일본이 외국인 출입국자에게 지문을 찍도록 해 원정이 어려워지자, '소매치기 고향'이었던 남대문시장으로 복귀했다가 이번에 체포된 것이다."[81]

그렇게 체포되어 죄값을 치렀으면 인생을 대충 평온하게 마무리했을 걸, 반세기 경력의 소매치기는 끝내 제 버릇을 버리지 못한다. 2016년 3월, 남대문시장에서 또 남의 지갑에 손을 대다가 경찰에 꼬리를 밟힌다. 경찰은 그녀의 뒤를 쫓았지만 소재를 파악하기 어려웠다.

그런데 이 조 씨 겸 김 씨는 어이없이 체포되고 말았다. 수중에 돈이 떨어지자 생활수급자 신청을 한 게 화근이었다. 김 씨 이름으로 생활수급자 신청이 된 사실을 파악한 경찰은 구청 직원으로 위장해 그녀의 덜미를 잡았다.

"그는 항상 범행을 할 때 스카프를 매고 있었다. 스카프는 가방에 손을 넣고 지갑을 빼내는 장면을 가리는 범행 도구였다. 주위 사람들은 그를 스카프로 멋 내기 좋아하는 평범한 할머니로 기억했다. 그의 집에선 수십 개의 스카프가 나왔다."[82]

'그들의 인생에서 소매치기란 무엇인가'

조 씨 겸 김 씨와는 차원이 다른 여성 소매치기도 있었다. 1981년 1월 13일 경찰의 단속에 일망타진된 열 개 파 소매치기단 가운데 무려 여덟 개가 여성 소매치기단이었는데, 그중 4자매와 올케로 이뤄진 '5자매파'는 실로 대단한 활동상을 보인다.

소매치기 수법을 다룬 기사(<동아일보>, 1975년 6월 17일)

"둘째 임봉×이 20년 전 지금은 죽고 없는 돼지엄마(여자 소매치기의 시조)에게 기술을 익힌 후 잽싼 손 하나로 자식들을 공부시키고 남편을 출세시켰으며 호화 아파트에 가정부를 두고 자가용까지 굴리면서 떵떵거렸다…. 첫째 봉×의 경우 현재 남편의 대학 학비까지 대줬고 출세를 위해 극진히 뒷바라지까지 해 남편은 마도로스를 거쳐 해운 회사에서 이사로 일하고 있었다."[83]라고 하니 그 자체로 한 편의 영화가 되지 않을까. 이들을 모티브로 했다는 영화 <무방비 도시>보다 더 드라마틱하다.

사랑하는 연인의 학비를 대기 위해 시장통을 누비며 남들의 지갑을 노리는 봉자매의 장녀. 소매치기 원조에게 기술을 배워 온 가족을 끌어들인 봉자매의 둘째. "프로골퍼, 학원 이사장, 국제미술협회 이사 등 월 300만 원(요즘 시세로 하면 3천만 원은 넉넉하게 되지 싶다) 이상의 수입을 올리는 남편들"을 소매치기 한 돈으로 출세시킨

봉자매들.

그런데 이 가운데 둘째 임봉×의 이름이 21세기에도 등장한다. 70세 할머니 장모 씨와 67세 임모 할머니 외 몇 명이 작당해 만든 '봉×이파' 소매치기단이 2008년 경찰에 적발된 것이다. 동명이인일 수도 있겠지만 '40년 전부터' 소매치기 일을 해온 여자 소매치기 전문가 '임봉×'이 또 있을까 싶다.

그나마 앞서 김 씨 겸 조 씨 할머니는 생활수급자 신청을 할 처지였던 데 반해, 이 임모 할머니는 벤츠를 굴리고 분당에 집 몇 채를 가지고 있으며 고급 레스토랑까지 운영하던 부자였다.

체포될 때마다 일류 변호사를 고용해 '심신미약' 같은 핑계로 빠져나오기 일쑤였던 임모 할머니는 2013년 72세의 고령에도 소매치기 관련 기사에 오르내린 바 있다.[84] 이쯤 되면 철학적인(?) 질문이 나온다. 그들의 인생에서 소매치기란 과연 무엇이었을까.

고전적 의미의 소매치기는 사라져 가고 있다. 현금을 거의 사용하지 않는 사람들의 경제 습관, 더욱 촘촘해진 CCTV와 블랙박스 등의 감시망, 현실적으로 기술을 힘들여 배울 사람들이 사라진 상황에서 소매치기는 곧 범죄 박물관에서나 볼 수 있는 희귀한 전설로 남을 가능성이 크다.

하지만 백화점에서 아무렇지도 않게 지갑이 찢겨나가고, 버스 안에서 공금이 사라졌다며 회사원이 울부짖고, 자식 대학 등록금을 소매치기당한 아주머니가 스스로 목숨을 끊는 일이 벌어지던 시대의 풍속도. 여러 번 목격했던 그 처절한 풍경은 쉽게 잊히지 않을 것이다.

1960년대 한 소매치기는 경찰에 자수한 뒤 이런 고백을 했다. "사회인이 조금이라도 악을 보고 고발할 줄 알았더라면 소매치기는 벌써 없어졌을 것이다." 자기가 져야 할 책임을 사회에 돌리는 건 염치없다. 하지만 범죄의 원인과 배경에 둔감하고 범인만 탓하는 사회 역시 염치없긴 마찬가지다.

소매치기의 역사에서 우리가 기억해야 할 것, 되풀이하지 말아야 할 것, 배워야 할 것이 적지 않을 것 같다. 소매치기는 사라져도 또 다른 범죄가 우리 주머니를 노릴 테니까.

2장

시대가 낳은 범죄자의 재발견

일제 강점기에
남편 살해범이 많았던 이유

✦

남편 독살 사건, 김정필

요즘은 우리 바다에서 찾아보기 힘든 생선이 되었지만 한때 명태 (明太)는 동해 바다에서 많이 잡혔고 한국인들이 가장 즐기는 생선 이었다.

한국 사람들이 워낙 많이 먹다 보니 '명태'라는 한국 이름이 외 국에도 전해졌다. 러시아 사람들이 명태를 '민타이'라고 부르고 일 본인들이 명란젓을 '명태자'(明太子)로 일컫듯 말이다. 일설에 따르 면 명태는 함경도 '명천'에 사는 '태 씨' 어부가 처음 잡아서 그렇 게 이름이 붙었다고도 한다.

1924년 명태의 고장 함경북도 명천에서 식민지 조선을 떠들썩하게 한 사건이 벌어진다. '김정필' 여인의 남편 독살 사건. 사건의 내용을 당시 언론 보도를 통해 들어보자.

"김정필은 금년 4월 지명동에 사는 김호철에게 시집을 갔는데…. 항상 자기 남편 김호철이 얼굴이 곱지 못하고 무식하며 성질이 우둔한 걸 크게 비관해 일종의 번민을 느껴 오던 중, 남편을 없애고 다른 이상적 남편과 살아보려고 주야로 생각했다. 금년 5월 9일 우연히 동리 청년들의 이야기 중에 쥐 잡는 약 랏도링이 사람의 생명까지 빼앗는 독약이라는 말을 듣곤, 무서운 생각을 품고 이튿날 동리 사람을 시켜 그 약을 사뒀다. 23일 주먹밥과 엿에 랏도링을 섞어 놓고 남편을 정답게 불러 가지고 하는 말이 '그대가 항상 앓고 있는 위병과 임질을 고치려면 이 약을 먹으라. 이 약은 나의 오촌이 먹고 신기하게 나은 것이니 안심하고 먹어도 좋은 것이라.' 해서 주먹밥을 먹였는데, 그걸 먹은 남편이 구역질을 하며 토하자 다시 엿을 먹으라 해서 그 엿까지 먹여 금년 5월 30일에 사망케 했다."[85]

요약컨대 김정필이라는 여자가 시집온 지 한 달 만에 남편이 못생기고 무식하고 우둔한 것에 앙심을 품고 남편에게 쥐약을 먹여 독살했다는 것이다.

그런데 이 기사의 제목이 좀 야릇하다. '본부(本夫) 독살 미인

(美人), 사형 불복'. 남편 독살 혐의자나 독살 혐의 피고인이 아니라 '독살 미인'이다.

함경북도 청진법원에서 사형 선고를 받았는데 항소해 서울 경성법원에서 재판을 받게 된 김정필을 소개하면서 '독살 미인'이라는 제목을 붙이고 있으니, 당시 김정필 여인의 미모가 대단한 화제였음을 짐작할 수 있다.

경성복심법원에서 열린 재판 스케치 기사 제목은 한층 더 자극적이다. '법정에 입(立)한 절세미인'. 방청석은 개정하기 전부터 입추의 여지조차 없었다고 전한다. '절세미인 독살범'을 보겠다고 사람들이 새벽부터 몰려왔기 때문이다.

재판장은 범죄 사실을 물었지만 김정필은 "초췌한 얼굴과 똑똑한 말소리"로 범죄 사실을 부인했다. 재판장이 조서와 1심의 기록을 들어 범죄 사실을 자백한 것에 대해 캐묻자 "경찰서에서 순사가 때리면서 없는 일이라도 그렇게 말하라고 하길래 그리 말한 것"이라고 대답했을 뿐이었다.

기사는 이렇게 마무리된다. "일반 방청객은 통역관의 통역이 시원치 못한 것과 피고의 가정의 내용은 자세히 조사하지 않고 피고에게 불리한 피고의 시부모 측 인물만 증인일 뿐이라고 피고 김정필에게 동정하는 말이 매우 많았는데, 과연 천하에 용서하지 못할 죄인인지 어떠한지 매우 주목할 만한 사건이더라."

이 기사를 찬찬히 읽어 보면 기자는 다분히 김정필에게 동정적인 입장을 드러내고 있음을 대번에 알 수 있다. '초췌한 얼굴과 똑똑한 말소리' '시원치 못한 통역' '자세한 조사 없이 피고인에게 불리한 증인만 들이대는 일반 방청객'의 불만을 여과 없이 전달하고 있을 뿐더러 '천하에 용서하지 못할 죄인지 어떠한지' 주목해보자는 식으로 말하고 있잖은가.

1924년 10월 20일자 〈동아일보〉의 '여사형수와 방청자'라는 제목의 기사는 아예 이렇게 시작된다. "경성의 밤은 밝다. 그러나 저 여성(彼女)의 앞길은 캄캄하다. 희망의 빛이 이미 사라졌나, 아직 켜지질 아니했나? 눈물의 홍수는 흐르고 흘러 끝없는 바다로 들어가라 한다." 무슨 신파극 대본을 보는 느낌이 아닌가.

기사에 등장하는 사람들의 대화도 재밌다. "그 여자는 세상에 난 보람이 있네." "(세상에) 난 보람인지 죽는 보람일지 누가 알아." "명천 구석 조그만 촌 색시가 이렇게 장안을 뒤집어놓다시피 했으니 죽는 한이 있더라도 웬간하오." 여론은 그렇게 김정필에 동정적이었다.

위 〈동아일보〉 기자는 노골적으로 토로한다. "피고의 친척 비슷한 사람이라곤 한 사람도 보이지 아니한 일은 나로 하여금 극도의 불쾌를 느끼게 했다. 피고는 친부모에게마저 '빈척(擯斥)된'(내쳐진) 자였다. 어찌 저런 인생이 되었나 적잖은 동정이 생겼다."

김정필의 범행이 사실인가 아닌가보다 미모를 내세운 값싼 호기심이 앞섰다는 사실을 부인하기 어렵다. 하지만 김정필에 대한

남편을 살해한 김정필에 관한 기사가 사진과 함께 실렸다
(〈동아일보〉, 1925년 10월 23일)

동정론이 온전히 미모 때문이었다고 치부해버리기도 난감하다.

가난한 집에서 태어난 김정필은 팔려가다시피 시집을 갔고, 독살범으로 지목되었을 때 도와줄 가족 하나 없었던 불우한 사람이기도 했던 것이다.

억지 결혼 후 남편과의 불화 그리고 시댁과의 갈등을 겪는 여성들은 조선 방방곡곡에 셀 수도 없이 많았고, 피눈물을 삼키며 참는 경우가 대부분이었지만 불행한 폭발로 이어지는 경우도 드물지 않았다.

가정이라는 구금 생활을 반복하는 동안

일제 강점기의 일본인 의사 쿠도 다케키는 "타국에선 여성 살인범 비율이 남성에 비해 현저히 떨어지는 반면 조선에선 남자 100에 여자 88을 나타내 일본 여성의 아홉 배에 이르는데, 살해 대상이 바로 그녀들의 남편이었다."라는 점을 지적하고 있다.

쿠도가 조사한 바에 따르면 여자 살인범 106명 중 66명이 남편 살해범이었다.[86] 김정필만큼 주목을 받진 못했지만, 김정필과 비슷한 상황에서 칼을 휘두르거나 음식에 극약을 넣은 여성들은 상당히 많았던 것이다.

1933년 〈동아일보〉에 '본부(本夫)살해에 대한 사회적 고찰'이라는 제목으로 연재된 기획 기사에서 그 이유를 설명하고 있다.

"남존여비사상으로 인륜의 철칙을 삼다시피 한 유교 도덕에 지배되어 내려오기 무릇 몇천 년인가. 여성은 가정이라는 구금 생활을 반복하는 동안 활동할 힘을 잃고…. 해골 같은 존재가 되어 남성의 욕망에 제공된 일개의 장난감 같이 하늘이 부여한 여성의 능력을 발휘할 건 생각지도 못했습니다… 참으려야 참을 수 없는 최후의 발작이 자기 생명과 저울질해 판단될 때 나타나, 백 년을 해로할 남편이지만 살해하지 않을 수 없게 되었던 것입니다…. 그들이 이 무서운 범죄를 행하게 되었다는 데 대해 사회는

모름지기 생각하는 바가 있어야 할 것이고, 이런 죄악의 필연성
을 가지고 있는 데 책임을 져야 할 것입니다."

김정필은 끝내 무기징역을 선고받고 복역했으나 옥중에서도
끊임없는 관심의 대상이 되었다. '옥중화'(獄中花)니 '옥중미인'이니
하면서 그녀의 수형 생활까지 종종 보도되었다. 모범수로 연이은
감형을 받은 그녀는 1935년 가출옥해 고향으로 돌아갔다.

"형무소 안에서 화복(和服, 일본옷) 짓는 법을 배워 바느질 솜씨
로 1등을 먹었고 작업 상여금으로 269원을 받은"[87] 김정필의 이후
소식은 알려져 있지 않다.

유죄 판결을 받은 그녀가 진짜 살인을 저질렀는지 여부는 단
언하기 어렵다. 그녀의 범죄 사실을 엄정히 평가하기보다 '미모'에
쏠린 건 예나 지금이나 변함없는 '외모지상주의'의 발호인 것 같아
입맛도 쓰다.

새삼 기억해야 할 건 김정필의 미모가 아니라 김정필 같은 처
지의 사람이 김정필 이외에도 무수히 많았다는 사실이다. 또한 그
녀들이 저지른 범죄의 책임이 오롯이 그녀들에게만 돌아갈 순 없
다는 〈동아일보〉 김정실 기자의 당부도 간과할 수 없을 것이다.

조선인 대량살인범을 향한
일본의 온정과 광기 사이

민족차별의 모멸감에 정신줄을 놓다, 이판능

요즘 '만화 카페'도 그렇긴 하지만 내가 청소년과 대학 초년을 보낼 무렵, '만화방'은 시간 때우기에 최적의 그리고 가장 저렴한 공간이었다. 그런데 지금 생각하면 좀 이상한 대목이 있다. 당시 산더미처럼 쌓인 만화들 가운데 상당수가 '재일교포'가 주인공인 스토리였던 것이다.

일본인들 틈에서 '민족적 자긍심'(?)을 간직하고 살다가 특출난 능력(싸움 실력이든 천재적 경영이든)을 발휘해 일본인의 코를 납작하게 하는 천편일률. 해방 이후 30~40년이 지났음에도, 일본의 한국인 차별은 사람들의 분노 코드에 불을 당기고 시련을 극복한 영웅

서사의 뼈대로 삼기에 좋은 소재였기 때문이었을까.

광복 이후 수십 년이 흘러도 그랬는데 하물며 일제 강점기 당시에야 오죽했을까. 먹고살기 위해 신흥 자본주의 강국 일본에 밀려든 조선인들은 그야말로 극심한 차별과 홀대를 경험해야 했다. 일본 사회 밑바닥을 쓸고 다니며 생존을 위해 몸부림쳤다.

도쿄에서 전차 차장, 즉 운전수로 근무하던 '이판능'도 그중 하나였다. 1921년 6월 2일 그는 집에 있던 수건이 석 장 없어진 걸 발견했다. 요즘과 달리 당시는 수건이 무척 귀했고 집집마다 숫자를 세며 확인할 정도의 물건이었던 모양이다.

이판능은 무슨 이유에선지 일본인 하숙집 주인이 수건을 가져갔다고 생각했다. 그로선 의심을 둘 이유가 있었겠지만 하숙집 주인으로선 황당한 시비일 수도 있었다. 당연히 언쟁이 불붙었다.

그런데 '조센징'으로부터 수건 도둑 혐의를 받은 일본인 이웃이 도를 넘어선다. 부부가 합세해 이판능을 두들겨 패버린 것이다. 주먹을 휘두르며 그들의 입에선 별별 소리가 다 나왔을 테다. "조센징이 생사람 잡네." "조센징은 좀 맞아야 정신을 차려." 등등.

폭행 피해를 당한 이판능은 경찰서에 갔지만 일본 경찰이 '조센징' 편을 들 리는 만무했다. 오히려 그 정도만 맞은 게 다행이라고 조소했을 가능성이 크다. 이판능은 조센징이었으니까. "도둑놈은 사람을 치고, 경찰은 조센징이라고 도둑놈을 옹호하고!"

마침내 이판능의 분노는 비이성적으로 그리고 비인간적으로 폭발하고 만다. 식칼을 손에 쥔 그는 하숙집 주인집으로 들이닥쳐 칼을 휘둘렀다. 일본인 주인 부부와 아들 모두 이판능의 칼에 거꾸러지고 말았다.

이후 그는 칼을 든 채 거리로 뛰쳐나가선 지나가는 사람들에게 마구잡이로 칼을 휘둘렀다. 무려 열일곱 명의 무고한 사람이 이판능의 칼에 목숨을 잃었다. 조선인도 있었다.

이판능은 재판정에서 이렇게 말했다. "수건 세 개를 훔쳐 갔기에 도로 달라 했더니 되레 저를 구타하고 처까지 저를 때렸는데, 경찰서에 고소해봐야 저는 조선 사람인고로 돌아보지도 아니하고 쓸데없겠으니 드디어 죽일 마음을 냈습니다."[88] 그런데 기사 말미에 이런 글귀가 덧붙여져 있다. "감정이 치밀어 눈물을 흘리고 만장이 동정하는 속에서 진술을 마쳤다더라." 뭔가 온정적인 시선이 엿보인다.

이판능은 혹심한 차별을 경험하던 조선인들 사이에서 동정을 얻고 있었다. 살인을 옹호할 순 없지만 그가 정신줄을 놓게 만든 상황에 대해선 공감했다고나 할까. 1923년, 사건 2년 뒤에 열린 공판의 방청객은 조선 사람들뿐이었다고 한다.[89]

3.1 운동을 가까스로 수습했던 일제는 조선 사람들의 정서를 무시할 수 없었다. 또 이즈음은 '다이쇼(大正) 데모크라시'라고 일본에서 민주주의와 인권 신장의 기운이 만연한 시기이기도 했다.

"이성이 잠들면 괴물이 눈을 뜬다"

이런 여건 속에서 일본은 이판능 사건에 꽤 전향적인 태도를 취한
다. 변호인들은 이판능이 정신 착란 상태에서 범죄를 벌였기에 무
죄로 봐야 한다고 변론을 펼쳤고, 재판부는 도쿄제국대학교 의사
들에게 정신 감정을 의뢰한다.

의사들의 의견은 대체로 "지각이 완전히 없었던 건 아니나 범
행 당시 정신 착란 상태에 이르긴 했다."라는 쪽으로 모아졌고, 재
판부는 이를 수용해 징역 7년 6개월이라는 파격적인 에누리 판결
을 내렸다. 1심에서 무기징역이 선고되었던 것에 비하면 진실로
파격적이었다.

일제 식민 통치의 잔악함과는 별개로 이판능 사건을 대하는 당
시 일본인들의 태도는 놀라웠다. 열일곱 명의 인명을 묻지마 살해
한 사람에게 당시로선 최선의 정신 감정을 시키고 그 감정을 냉철
하게 받아들여 형을 선고했던 것이다.

또 다른 사연. 이판능에게 몰살당한 하숙집 주인 가족 장례식
후 장례식장에 모인 일본인들은 이렇게 결정한다. "유족을 위해 동
정금(부조금)을 모으는 동시에 이판능의 범죄 행위에 대해 고인을
찔러 죽인 건 정신에 이상이 생겨 그리한 것이오. 고의가 아닌즉,
이판능의 유족(가족)에 대해서도 그대로 있을 수 없다 해서 또한
돈을 거두기로 했고 기타 피해자에게도 성금을 분배한다."[90]

끔찍한 사건 이후에도 이판능이 분노로 정신줄을 놓을 뿐 고의가 아니었다고 생각하며 그 가족까지 챙기는 일본인들의 모습은 사뭇 감동적이다. 일본에 사는 조선인에게 차별과 경멸은 상수(常數)였고 많은 일본인이 인종주의적 편견을 드러내고 살았지만, 한편으로 일본은 법정이 보여준 냉철함과 범인의 가족까지 챙겼던 휴머니즘 또한 지니고 있음을 증명한 셈이니까.

하지만 감동하기엔 이르다. 조센징 이판능의 행각과 이름은 널리 알려졌고 '잔인한 조선인'의 이미지를 더해 갔다. 복수(複數)의 사람을 죽인 살인자가 나타나면 '제2의 이판능' '제3의 이판능'으로 불렸다.

친일파 민원식이 도쿄 한복판에서 조선인 유학생에 의해 처단되는 일이 벌어지고, 각종 시위에서 조선인들이 앞장서서 투쟁하며 '사회 혼란을 일으키는' 조선인들에 대한 공포와 혐오는 커져 갔다.

이판능은 무죄로 추정되며 정신상실자로 변호인이 극력 주장한다는 기사
(<동아일보>, 1923년 2월 22일)

1923년 9월 1일 관동대지진 이후 "조선인들이 반란을 일으킨다."라는 헛소문 속에서 일본인들은 이성을 상실하고 조선인들을 마구잡이로 학살하는 괴물로 현신하고 만다. 대관절 얼마인지도 모를 조선인들이 길바닥에서 또 집안에서 죽창에 찔리고 칼에 맞아 죽어갔다. 혐오로 미쳐버린 일본인들 손에 의해서 말이다.

이 지점에서 스페인의 화가 프란시스코 고야가 판화 작품 속에 남긴 메모를 떠올린다. "이성이 잠들면 괴물이 눈을 뜬다." 이판능은 평소 온순한 사람이었다고 전해진다. 하지만 민족차별의 모멸감에 정신을 놓아버렸다.

'다이쇼 데모크라시' 시대의 일본은 극악한 살인자의 인권을 챙기는 법정과 살인자의 가족들까지 신경 쓰는 선량한 여유를 미미하게나마 머금고 있었다. 하지만 불과 몇 달 뒤 글자 그대로 미쳐 날뛰는 광기에 휩싸이고 말았다.

이렇듯 인간은 하지 말아야 할 일의 선을 긋고 해야 할 일을 위해 떨쳐 나서는 이성을 지닌 존재이지만, 그 모든 걸 무위로 돌리는 광기로부터 결코 자유롭지 못하다.

일본인뿐이랴, 우리도 마찬가지다. 적어도 오늘날 한국의 위상은 재일교포 차별을 주제로 한 만화에 분노하던 내 청소년 시절보다 이판능을 비롯한 '외국인 노동자'들과 함께 살던 1920년대 일본에 가깝다고 할 수 있겠다.

만약 어느 무슬림이나 동남아 출신의 불법 체류 노동자가 한국인 사장의 학대에 분노한 나머지 사장 가족을 살해하고 그것도 모자라 길거리에 뛰쳐나와 오가는 한국인들을 무차별로 살해했다면 어떤 일이 벌어질까?

그때 우리는 이판능 사건 후 이판능의 가족까지 챙겨준 일본인들과 관동대지진 이후 죽창을 들고 조센징들 죽이라고 부르짖던 일본인들 중 어느 쪽에 더 가까워질까?

한 번 상상해보시길 바란다. 아울러 이판능 사건과 관동대지진 사이에서 우리가 재삼재사 다짐하고 경계하고 깨닫고 배워야 할 일이 무엇일지 역시 고민해보시길.

뼈아프고 통절한 식모의
눈물 어린 전성시대

◈

가해자 또는 피해자, 범죄의 제물이었던 식모

한국 영화의 위상을 드높인 〈기생충〉의 봉준호 감독은 〈기생충〉을 만들며 참고한 영화로 고(故) 김기영 감독의 〈하녀〉를 들었다.

　남동철 부산국제영화제 수석프로그래머는 "누구도 따라할 수 없는 개성의 영화이자 전 세계적으로도 유일무이한 영화"라고 극찬했고, 미국의 명감독 마틴 스콜세지는 〈하녀〉를 보고 감탄해 디지털 복원을 후원한 바 있다.

　2013년 한국영상자료원이 선정한 한국 영화 100선 공동 1위를 차지하기도 했으니, 이 영화가 어느 정도의 위상을 지니고 있는지 너끈히 셈해볼 수 있으리라.

〈하녀〉는 1950년대 한국의 한 중산층 가정에 하녀가 들어와 살다가 주인 남자와 불륜 관계를 맺고 이후 하녀의 집착과 분노 속에서 파괴되는 가정을 그린 스릴러 영화다.

개봉 후 60여 년이 지난 지금 봐도 영화적 긴장감이 떨어지지 않는 이 영화는 1960~1970년대 한국에 흔했던, 하지만 지금은 잊힌 사람들의 비극에 기반을 두고 있다.

바로 '식모'(食母)라고 불린 사람들이다. 요즘엔 '가사도우미'라는 직업이 있지만 식모와는 전혀 다른 개념이다. 식모란 1950년대 후반 이후 인구의 도시 집중이 이뤄져 주로 지방에서 도시로 올라와 남의 집에서 숙식하며 그 집의 가사노동을 도맡았던 젊은 여성을 의미한다.

내 이모가 오랫동안 살았던 오래된 아파트의 부엌 옆에는 창고라고 하기엔 뭐하고 방이라고 부르기엔 좁은 공간이 있었다. 그곳은 '식모방'으로 설계된 방이었다. 당시 그 정도 규모의 아파트면 식모를 들이는 게 상식이었고, 그 상식이 설계에 반영된 것이었다.

기실 부잣집이 아니더라도 웬만한 살림을 꾸려가는 가정에서 식모를 들이는 건 흔한 일이었다. 〈하녀〉에서 하녀의 유혹에 넘어가는 주인 역시 부자가 아니라 학교 음악 선생님이었던 것처럼 말이다.

심심산골에서 초등학교를 나온 선배 한 명이 술자리에서 이런 말을 한 적이 있다. "국민학교(초등학교의 옛말) 졸업할 때 남자애들은 대개 읍내 중학교 간다고 좋아했는데 여자애들은 전부 펑펑 울었어. 걔들은 중학교에 가지 못하고 죄다 식모로 나가게 되어 있었던 거야."

가난한 집에서 입 하나 덜자는 절박함과 "경제적으로 여유가 있는 가정은 물론 단칸 셋방살이, 판잣집 살림에서도 너도나도 식모를 뒀던" 도시 사람들의 수요가 맞아떨어져 헤아릴 수 없는 이들이 '식모'로 고달픈 타향살이를 해야 했다.

식모는 사회적으로 가장 취약한 계층에 속했고, 노동법 등과는 전혀 상관 없이 주인집의 '하녀'처럼 일해야 했다. 청록파 시인으로 유명한 박두진처럼 식모의 혼처를 구해주고 혼수를 장만해준 것도 모자라 결혼식장에서 친아버지처럼 신부의 손을 잡고 입장했던 따뜻한 사례도 있긴 하다.

하지만 주인집의 호통과 학대에 시달리며 모진 가사노동에 종사하는 이가 부지기수였다. 나아가 범죄의 희생양이 되는 경우가 훨씬 많았다.

"주인 아주머니의 물품을 훔쳤다고 사형해 죽인 일, 5~6년이나 열심히 일했건만 한 푼도 못 받고 집에서 내쫓기는 일이 비일비재하다."[91]

뼈아프고 통절한 '식모의 전성시대'

1965년 11월 17일자 〈경향신문〉에 '대학 나온 인텔리 주부'가 집에서 다이아몬드 반지가 없어졌다는 이유로 식모를 가둬 놓고 화젓가락으로 지지고 빗자루로 때린 끝에 사망에 이르게 한 사건이 등장한다. 죽은 식모의 나이는 불과 열다섯 살이었다.

같은 해 10월에도 충북 제천경찰서 간부 집의 열다섯 살 식모가 도둑 누명을 쓰고 곤봉으로 두들겨 맞아 중상을 입었다는 보도가 나왔으니, 언론에 등장하지 않은 피해 사례는 얼마나 많았을까 싶다.

'인텔리 주부'가 식모를 학대해 사망에 이르게 했다
(〈경향신문〉, 1965년 11월 17일)

반면 식모가 절도, 유괴 등의 범죄를 저지르는 경우도 있었다. 〈하녀〉에 식모가 저지른 살인 사건이 보도된 신문을 보며 얘기를 나누는 장면이 등장하는데, 김기영 감독은 경상북도에서 식모가 주인집 아이를 저수지에 빠뜨려 죽인 사건에서 아이디어를 얻었다고 했다.

이 실제 사건의 주인공은 과연 누구였을까. 정확하진 않지만 다음의 사건 속 주인공이 아닐까 싶다.

1956년 7월 19일 이순돌이라는 이름의 18세 여성이 자신이 식모로 있었던 대구사범고등학교 교사의 3남매를 저수지로 유인, 수영을 하자며 아이들을 물속으로 집어넣고 물 밖에서 돌을 던져 나오지 못하게 한 끝에 두 명을 익사시킨 사건이 벌어졌다.

수영을 할 줄 알았던 맏이는 잠수를 하며 버틴 끝에 살아 나와 경찰에 신고했고 이순돌은 바로 체포된다. 처음엔 범죄의 이유가 "나병 초기 증상인 '노목'이라는 게 온몸에 발병하자 부득불 해고시킨 데 원한을 품은 것 같다."[92]라고 알려졌다.

그러나 수사가 진행되면서 또 다른 사건의 이면이 드러났다. "4년 전부터 식모살이를 하고 있었던 이 양은 약 1년 전까지 여덟 번에 걸쳐 집주인에게 정조를 유린당했다고 하며, 이와 같은 기미를 눈치챈 집주인의 부인이 이 양을 해고시키기 위해 아무런 근거도 없이 이 양에게 절도 혐의를 뒤집어씌워 8개월 전에 해고시킨 데 원한을 품었다." 즉 살인 동기는 나병 초기 증상에 따른 해고와 전혀 무관한 성범죄 피해 때문이었다는 것이다.

이 사실은 짤막한 보도로 뒷받침되었다. "경북대학교 의대 부속병원의 감정서에 따르면 이순돌의 피부병은 나병이 아니며, 처녀성이 상실되어 있었기에 집주인의 꾀임에 의해 능욕당한 게 확실시되고 있고 살인 동기도 복수라는 게 수긍되고 있다."[93]

이 시기 식모는 모진 노동과 학대와 더불어 집주인 남자들의 성적 착취 대상으로 쉽사리 전락하기도 했다. 그 누구로부터도 제대로 된 관심과 보호를 받지 못했던 10대 소녀들은 더러운 욕망에 무방비로 노출되었다.

"취침 중에 몰래 침입해 욕정을 채우곤 그 후에도 범하려 하므로… 동민들이 분개해 경찰에 고발"[94]한 사건부터 "강도를 가장해 식모를 욕보인 뒤 나가선 복면을 벗고 강도야 부르짖었다가 들통난 집주인[95]"까지 세상에 알려진 일만 해도 헤아릴 수가 없는데, 얼마나 많은 비통한 사연이 우리 역사의 그늘에 암장되었는지 귀신도 모를 일이다.

산업화의 진행에 따라 여성 노동력이 산업 현장에 대거 유입되면서, 즉 식모를 대신할 일자리가 양산되면서 식모라는 직업은 우리 역사 속에서 점차 사라져 갔다.

하지만 그 시대를 다룬 영화나 문학 작품 곳곳에서 무시로 그녀들의 야위고 팍팍한 얼굴들, 가해자이든 피해자이든 범죄의 제물이 되었던 기구한 사람들과 마주한다. 〈하녀〉에서처럼 말이다.

영화 〈영자의 전성시대〉에서 주인공 영자의 첫 직업은 철공소 식모였고 철공소 사장 아들에게 성폭행을 당한다. 공지영의 소설 『봉순이 언니』에는 여러 이름의 식모들이 등장한다. 셋집 식모를 무시하던 주인집 식모 정자, 골초에 불량스러운 옆집 식모 미자, 값비싼 패물은 팽개쳐두고 옷가지만 챙겨 도망간 미경이 등.

그중에서도 최일남의 소설 「가을 나들이」의 한 대목은 우리 사회와 역사가 식모들의 어깨에 부려 놓았던 기막힌 모순의 무게를 짐작할 수 있게 해줄 것 같다.

"가능한 한 빨리 식모살이를 집어치워라. 그게 어디 인간으로서 할 짓이냐. 그건 그렇고 지금 내가 꼭 필요한 데가 있어서 그러니 돈 3천 원만 부쳐다오."

이제는 잊힌 그러나 잊을 수 없는, 뼈아프고 통절한 식모들의 전성시대가 있었다.

무엇이 그들을
악마로 만들었는가?

잊을 수 없는 이름, 지존파

영화 〈인질〉은 여러모로 색달랐다. 주연 황정민이 실제 자신의 본모습, 즉 영화배우 황정민으로 실명 등장하는 설정이었으니까. 이 영화의 각본과 연출을 맡은 필감성 감독은 실제 사건을 다룬 외국 다큐멘터리를 보고 영화를 구상했다고 한다. 2004년 중국 배우 우뤄푸(吳若甫) 납치 사건이었다. 이 사건은 유덕화 주연의 영화 〈세이빙 미스터 우〉로도 만들어진 바 있다.

〈인질〉을 보면서 또 다른 사건을 떠올렸다. 영화 속에 등장하는 악한들의 모습에서 1995년 한국을 뒤흔들었던 지존파 사건을 떠올린 것이다. 영화 속 악한들처럼 지존파 일당 여섯 명은 사람을 납치해 돈을 뜯어내고 죽여버리는 엄청난 범죄를 저질렀다.

〈인질〉에서처럼 지존파 일당은 다이너마이트나 사제총을 사용했고 시신 소각장까지 갖춘 살인 공장을 차려놓고 있었다. 이 엽기적인 살인범들의 손에 다섯 명이 목숨을 잃었다.

부자들을 증오한다던 그들의 희생양이 은행 직원과 가난한 약사, 어렵게 사업을 일구던 중소기업인 부부, 양심의 가책을 못 이겨 조직에서 이탈한 그들의 동료였던 건 실로 어이없는 일이었지만 말이다.

지존파를 체포하는 데 결정적 수훈을 세웠고 체포 후 그들을 지켜봤던 당시 서초경찰서 강력1반장 고병천의 증언을 매우 주의 깊게 되새길 필요가 있다고 생각한다. 사건 당시 고병천 반장은 지존파를 두고 확고한 어조로 토로하고 있다.

"그들은 사이코패스가 아니었어요. 우리 사회의 엄청난 상대적
빈곤이 괴물을 만든 겁니다."

지존파를 두고 우리 속 괴물 같은 사이코패스로 치부하기 쉽지만, 그들을 지켜본 입장에선 그렇지 않았으며 되레 우리 사회의 구조적 문제가 그들을 괴물로 만들었다고 말하고 있는 것이다.

죄를 미워하되 죄인은 미워하지 말라는 말은 고리타분한 도덕률만은 아니다. 죄인을 미워하기 시작하면 우리는 죄의 실체를 명

확히 보지 못하고 배경과 맥락을 생략하게 되기 때문이다. 누군가를 인간 이하의 범죄자로 낙인찍고 책임을 지우는 건 쉽지만, 범죄를 낳은 환경을 개선하고 재발을 방지해야 하는 노력은 그만큼 어렵다.

지존파가 등장하던 무렵의 한국 사회를 들여다보자. 극소수를 제외하면 골고루 가난했던 나라 한국은 급속도의 경제성장과 산업화를 거치며 이전까지 상상할 수 없던 빈부격차를 경험한다.

이전에는 언론이 앞장서서 '상류층의 사치 풍조'를 개탄하고 나라도 국민 간의 '위화감'(違和感, 조화가 되지 않는 어설픈 느낌)을 걱정했지만, 이제 '부자 몸조심'은 옛말이 되었고 자신의 부를 거리낌 없이 그리고 보란 듯이 향유하는 문화가 자리 잡았다.

압구정동 오렌지족으로 대변되는 상류층 젊은이들의 일탈은 그 한 단면이었고, 부(富)의 중요한 동력 중 하나는 부동산 열풍이었다.

1970년대 이후 한국 사회의 가장 뜨거운 화두였던 부동산은 1990년대 접어들면서 광풍이 되어 한국 사회를 휩쓸었다. 1991년 12월 27일자 〈한겨레〉의 '졸부의 전성시대'라는 기사엔 평범한 은행의 차장으로 근무하다가 땅을 사고파는 것만으로 순식간에 1억 원을 번 뒤 본격 투기꾼으로 전업한 이가 등장한다. "1억 원을 단번에 버니 200만 원 월급이 우스워졌다."

1991년 9월 서울대학교 경제연구소 심포지엄에선 1989년 기준 토지 매매를 통해 실현된 자본 이득이 국민총생산의 38%에 이르며 토지공사 추정으로 국민총생산의 77%인 85조 원에 달했다고 보고하고 있다. 이 열풍을 잘 타고 터무니없는 부를 거머쥔 사람들은 이전과 다른 자세로 사회를 깔보기 시작했고, 이들을 대하는 '땅의 사람들'의 허탈함은 커졌다.

더해 "초등학생 때 가난한 살림 때문에 준비물을 준비해 오지 못하자 발가벗겨진 채 복도로 쫓겨났던" 지존파 두목 김기환을 비롯한 '땅 밑의 사람들'은 "압구정동 야타족들을 내 손으로 죽이지 못한 게 한이다."(지존파 강동은)라는 증오로 이를 악물게 되었다.

지존파 사건은 급하게 내달리는 한국이라는 폭주기관차의 줄에 매인 채 살갗 찢어지며 끌려가던 이들이 보이지도 않는 1등칸 귀빈들을 향해 터뜨린 분노에 3등칸 손님들이 희생된 사건이었다고 표현할 수 있을 것이다.

지존파 일당이 체포되어 끌려가고 있다 ©시사인

지존파 사건 당시만 해도 지존파의 악행에 치를 떠는 한편 "상류층은 대중적 반감을 일으키거나 타인을 자극하는 지나친 소비 행위를 자제해야 한다."[96]라는 목소리가 높았지만, 이후로도 불평등은 심화되었고 가진 자들의 못가진 이들에 대한 배려는 희소해졌으며 부(富)에 대한 문제 제기 자체를 금기시하는 분위기가 자리 잡았다. 그 단초는 지존파 사건 때부터 있었다.

목표도 같고 박탈한 것도 같다

김종필 전 국무총리는 지존파 사건을 두고 "평준화라는 이름으로 기계적인 교육을 시켜 온 탓에 이상스러운 사상이 침투했다."[97]라고 말했다. 그에 따르면 지존파는 부자를 증오하고 가난한 자들의 불만을 정당화하는 사상(?)의 소산이었던 것이다.

그의 말은 이어진다. "사지가 멀쩡한 사람으로 건강하게 태어난 것, 기아와 내전에 허덕이는 아프리카에서 태어나지 않은 것, 한반도 중에서도 북한이 아닌 남한에 태어났다는 것, 이 세 가지에 고마워할 줄 알아야 건전한 사람이다. 사지가 멀쩡한 사람이 지존파를 사회의 잘못 때문이라고 말하는 건 어처구니없는 일이다."

'사지가 멀쩡한' 사람들의 삶이 왜 달라지는지, 왜 한쪽은 태어나면서부터 여유롭고 다른 편 사람들은 죽을 때까지 허덕여야 하는지, 지존파가 악마였다 쳐도 그 악은 어디에서 왔는지 등의 문제의식을 모조리 탈각시키는 말이었다.

그러나 지존파 출현 후 수십 년이 흐른 지금, 김종필의 말은 부인할 수 없는 대세의 상식이 되었다고 해야 할 것 같다. 그렇지 않고서야 부동산 회사에서 250만 원의 월급을 받고 6년간 근무한 국회의원의 아들이 50억 원의 퇴직금을 받고도 그걸 '정당하다'고 우기는 일이 어떻게 벌어지겠는가.

지존파 시절과는 비교할 수 없을 만큼 높아진 불평등의 벽을 좀 해소해보자고 하면 "사회주의 하자는 거냐?" 하는 힐난이 날아드는 나라를 어떻게 설명할 수 있겠는가.

최저 시급 알바에 목숨 걸어야 하는 청춘들 앞에서, 돈 1천억 원을 단번에 챙기는 눈치 빠른 능력자들 그리고 그들의 호위 무사 노릇으로 돈 받아 챙긴 전직 법관들이 어떻게 '불법은 없다'고 당당할 수 있겠는가.

지존파를 체포했던 고병천 반장은 다큐멘터리 〈논픽션 다이어리〉에서 말하고 있다.

"지존파는 각각 10억 원을 채우자는 목표로 사람을 죽였습니다. 그런데 삼풍백화점 회장도 돈 벌겠다고 백화점 운영하다가 미필적 고의로 사람을 죽였어요. 목표도 같고 박탈한 것도 같아요. 둘이 차이가 없어요."

지존파는 다섯 명을 죽였지만 삼풍백화점이 붕괴되며 500여 명이 죽었다. "돈 있는 놈들 죽여라."라는 발악도 무섭지만 "억울하면 돈 벌어라."라는 비아냥은 더 잔인했고 "돈 버는 게 장땡"이라는 구호는 지존파보다 수백 배의 사람들을 죽였다.

지존파는 교수대에서 이슬로 사라졌고 그들의 살인 아지트도 공원으로 바뀌었지만, 그들을 악마로 만든 세상의 독기는 결코 줄어들지도 잦아들지도 않고 있다. 지존파만큼이나 무서운 일이 아닐까.

50년 전 2인조 카빈 강도,
그들은 태양을 쐈다

가족 살해 후 스스로 목숨을 끊다, 이종대·문도석

〈별들의 고향〉〈바람 불어 좋은 날〉〈바보선언〉〈어둠의 자식들〉
등 문제작을 남긴 이장호 감독은 1980년대 초반 사정상 영화 두
편을 동시에 찍는 무리수를 둬야 했다.

고민 끝에 그는 '선택과 집중'을 한다. 영화 하나를 거의 버리다
시피 한 것이다. 흥행 결과는 정직하게 나왔다. 〈어둠의 자식들〉은
빅히트를 쳤지만 '감독이 버린' 〈그들은 태양을 쐈았다〉는 흥행에
서 참패했으니까.

〈그들은 태양을 쐈았다〉는 1970년대 중반 한국을 떠들썩하게
했던 2인조 총기 강도의 사연을 영화화한 작품이다. 이 두 강도의

이름은 '이종대'와 '문도석'.

먼저 이종대부터 살펴보자. 어릴 때 계모의 학대를 받았고 비뚤어져버린 그는 글자 그대로 전문범죄꾼으로 자랐다. 갖가지 죄목으로 전과를 쌓던 그는 강도죄로 10년 징역을 받고 복역하다가 작업 중 재소자 동료 두 명과 함께 교도관의 눈에 고춧가루를 뿌리고 탈출하는 일대 활극을 벌인다.

권총까지 탈취해 추격하는 경찰과 총격전을 벌였고 이종대를 비롯한 3인이 탈옥에 성공할 경우 100여 명의 재소자들이 무기고를 습격해 탈옥할 계획이 짜여 있었다고 하니[98] 한국 현대사에 보기 드문 '빌런'이었다 하겠다. 하지만 총알이 떨어지고 체포된 그는 탈옥죄로 3년을 더 썩고서야 감옥에서 나올 수 있었다.

그는 미술에 상당한 소질이 있었다. 군대에서도 상관들의 초상화를 그려주며 환심을 사기도 했고 감옥 내 미술전시회에서도 상을 여러 번 받을 정도로 뛰어난 재능이었다고 한다. 그 소질을 살려 극장 간판공도 하고 페인트 가게에서도 일했다.

와중에 한 여자와 살림도 차렸고 아이들도 태어났다. 예술가적 기질이었을까, 그는 아이들에게 근사한 한글 이름을 지어줬다. 태양이 그리고 큰별이.

그가 13년 징역을 치르던 중 만난 재소자 가운데 문도석이라는 이가 있었다. 이 사람도 폭행부터 횡령까지 다양한 분야에서 '별'을 달았던 천상 범죄꾼이었다. 공교롭게도 그는 음악에 비범한 소질이 있었다. 바이올린부터 트럼펫까지 다루지 못하는 악기가 없었다고 할 정도.

그에게도 사랑하는 사람이 생겼고 주변의 극심한 반대에도 불구하고 가정을 꾸렸다. 문도석은 이 결혼을 계기로 어두운 세계로부터 탈출할 결심을 했다고 한다. 자신의 추악한 과거를 아내에게 낱낱이 고백했고 부부는 부둥켜 안고 울면서 열심히 살아보자고 다짐했다는 것이다.

그러나 이종대와 문도석의 예술적 끼는 그들의 범죄적 욕망에 가려 발휘되지 못했고, 착하게 살아보겠다는 다짐은 한탕의 유혹에 쉽게 뭉개졌다. 그들의 전과는 정상적인 삶을 방해했고 지긋지긋한 가난은 결코 그들 곁을 떠나지 않았다.

이종대는 적극적으로 문도석을 꼬드겼고 처음엔 뜨악해하던 문도석도 마침내 마음이 움직인다. 의기투합한 그들에게 하나의 멋진(?) 아이디어가 떠오른다. "총을 훔치자."

최인호의 소설 『지구인』도 이 2인조 카빈 강도를 소재로 한 것인데 이런 구절이 나온다.

"총을 쥐는 순간 그 사람은 이미 타인의 생과 사를 주관하는 신 그 자체가 되어버리는 것이다."

한 번 권총을 들고 탈옥해봤던 이종대에겐 총을 쥔 순간의 경험이 살갑고도 생생하게 다가왔을 것이다. 마침내 이종대와 문도석은 예비군 무기고에서 카빈총 세 정과 실탄 수백 발을 훔쳐내는 데 성공한다. 대한민국 범죄사에 드문 2인조 총기 무장 강도가 탄생하는 순간이었다.

　　할리우드 영화 〈내일을 향해 쏴라〉의 부치와 선댄스처럼 둘은 제멋대로 돌아다니며 범죄를 저지른다. 돈을 훔친 뒤 차를 타고 도망가다가 피해자들이 "강도야!" 하고 소리를 지르자 차를 후진시켜서 내린 뒤 총을 휘두르며 "목숨이 둘인 줄 알아?"라고 으름장을 놓은 적도 있었고, 범행에 사용된 차를 버리면서 "지문 실컷 찾아보슈." 하는 쪽지를 남겨 경찰의 약을 바작바작 올리기도 했다.

　　문도석은 사람은 해치지 않는다는 조건으로 범죄에 가담했다

문도석(왼쪽)과 이종대(오른쪽)

지만 이미 범죄의 늪에 빠진 사람에겐 거미줄만큼의 장애물도 되지 못했다.

강도 피해자 한 명이 거세게 저항하자 목숨을 빼앗았고, 지방 강도 원정을 위해 대절한 차 운전사가 의심하는 기색을 보이자 목 졸라 죽인 뒤 시골 강변에 파묻었다. 강도 나부랭이에 불과하던 이들이 인정사정 없는 살인마로 변신한 것이다.

그저 흥분 만으로 치워버릴 일인가

성미가 급하고 행동이 격정적이었던 문도석이 경찰에게 꼬리를 밟혔다. 궁지에 몰린 그들은 말로를 직감했고, 가족들과의 동반자살이라는 또 하나의 살인을 감행하려 든다.

먼저 문도석은 아들을 쏘아 죽인 뒤 목숨을 끊는다. 아내는 남편의 살기를 느끼고 순간 몸을 피해 목숨을 건졌지만, 아빠에게 오라는 말에 아빠 팔에 덥석 매달린 아들은 문도석과 함께 죽었다.

"지금껏 거짓과 허세로만 살아온 남편을 그래도 끝내 믿어주고 함께 울어준 당신의 애정이 이 순간 눈물 속에 주마등처럼 스쳐 갑니다. 자수하고 싶었지만 이미 때가 늦었어요. 이 같은 범행을 저지르고 어찌 살겠다고 발버둥 치겠소. 내가 죽더라도 낙심 말고 좋은 남자와 재혼해 굳세고 성실하게 살아주길 바라오."

한편 이종대는 더 끔찍했다. 경찰에 포위된 몇 시간 뒤 그는 아내 그리고 태양이와 큰별이를 죽인다. 아이들은 장난감을 안은 채 죽었고, 아내는 아이들을 향해 팔을 벌린 상태로 쓰러져 있었다.

이종대는 그로부터 열일곱 시간이 넘도록 경찰과 대치하며 자신의 죄상과 과정을 전부 공개한다. 당시 경찰과의 대화를 보면, 경찰이 인질이 된 가족의 생사 여부보다 범죄의 물증 확보에 관심을 기울이는 게 보인다.

문도석이 자살한 마당에 이종대로부터 범죄의 윤곽을 들어야 하는 상황에서 어쩔 수 없었겠지만 안타까운 장면이 아닐 수 없었다. 결국 이종대 역시 자신을 악마로 변신하게 만든 카빈총으로 스스로 목숨을 끊는다.

"피해자와 죄 없는 시민에게 대단히 죄송합니다. 우리를 사랑해 준 모든 분께 정말 면목이 없습니다. 최선을 다해본 우리는 후회하지 않습니다. 태양아, 큰별아 미안하다. 여보! 당신도 용감했소. 너희들 뒤를 따라간다. 황천에 가서 집을 마련해 호화롭게 살자. 이 냉혹한 세상 미련 없다."

가족들까지 죽인 그들의 잔인함에 사람들은 치를 떨었다. 하지만 "흥분하지 않을 수 없다. 그러나 흥분 만으로 치워버릴 일인가. 그 흉악의 성품에만 침을 뱉고 돌아서 가버릴 일인가."[99] 하는 기자의 질문은 그때나 지금이나 유효하다. 당시 현장을 목격한 기자에 따르면, 이종대는 아이의 스마일 티셔츠에 그려진 웃는 얼굴을 겨냥해 총을 쏜 것 같다고 했다.

어떻게 인간이 제 자식에게 그럴 수 있을까 싶지만 우리는 안다, 가난이라는 괴물과 싸우다가 제 자식들을 아파트 옥상에서 던져버리고 자신도 죽음을 택한 숱한 아버지와 어머니들을. 그들도 예외 없는 살인자다. 왜 자식들 목숨을 자기들이 좌지우지한단 말인가.

하지만 왠지 그들을 향해 쥔 분노의 주먹에 힘이 빠지는 느낌은 피하기 어렵다. 자식들에게 자신의 삶을 물려주고 싶지 않았다고 항변할 그들에게 "바보같은 생각이다!"라고 호통칠 자신은 그리 크지 않기 때문일 것이다.

이종대와 문도석은 괴물이었다. 그렇게 치부하면 당장의 속은 편하다. 하지만 악마는 계속해서 자라고 출몰한다는 게 문제다. "범죄자를 엄벌에 처하면 되는 것이다. 법이 물러서 문제."라고 규정하면 속은 가래침 내뱉은 듯 편안할지도 모른다.

그러나 우리가 '사람 사는 곳'에 대한 관심을 먼저 기울이지 않고 '엄벌'에만 목청을 돋울 때 그 시끄러움 속에서 또 다른 독버섯들이 누군가의 발목을 휘감을 수밖에 없지 않을까.

전두환 정치가 낳은
'미친 호랑이'의 광기

하룻밤에 60여 명을 살해한 경찰관, 우범곤

몇 해 전 영화 〈곡성〉의 나홍진 감독이 1982년 발생한 특정한 사건을 배경으로 차기작을 준비한다는 소문이 돌았다. 그런데 이 소식이 화제가 되자마자 나홍진 감독은 "2년 전 시나리오 계약을 한 것일 뿐"이며 "내가 아직 참여하지도 않은 상태고 제작사와 계약이 된 것도 아니며 어떻게 될 지는 모를 일"이라며 서둘러 선을 그었다.

한 감독의 차기작이 갑자기 화제에 오른 건, 감독의 유명세 탓이기도 하지만 소재가 될 사건의 상처가 여전히 깊기 때문이기도 할 것이다. 바로 1983년 4월 26일 발생한 '의령 총기 난동 사건'이

나. 범인은 당시 의령경찰서 궁류지서에서 근무하던 경찰관 '우범곤'이었다.

경찰이었던 아버지가 일찍 돌아가시면서 가세가 기울었고, 이후 상당히 비뚤어졌다는 증언들이 존재한다. 공부도 꼴찌에서 1, 2등을 다퉜고 무엇보다 폭력적 성향이 강했다는 주위 사람들의 회고다.

그는 해병대에서 군 복무를 하면서 특등 사수로 인정받았고 그 이력 덕분인지는 모르겠으나 경찰에 입문하는 데도 성공한다. 원래 근무처가 청와대 경호부대였다니 잠깐 동안이나마 상당히 '잘 나가는' 인생을 경험한 것 같다. 하지만 그는 징계성 전출을 당해 경남 의령 궁류면으로 내려간다.

의령은 오늘날에도 경상남도에서 인구가 가장 적은 고장 중 하나이고 궁류면이라면 의령에서도 외진 곳이다. 나는 새도 떨어뜨린다는 청와대에서 근무하다가 나는 새도 어딘지 모를 곳으로 간 셈이었으니, 우범곤의 상실감과 실망도 이만저만이 아니었으리라.

하지만 그건 자업자득이었다. 주변 사람들은 우범곤이 술만 먹으면 '미친 호랑이'가 된다고 혀를 내둘렀으니까 오죽했겠는가. 그런 우범곤의 일상이 평온할 리 없었고, 자격지심이 씨앗이 된 분노는 가슴속에서 뭉게뭉게 커가고 있었다. 전화 교환수에게 연정을 품고 접근했다가 딱 부러지는 딱지를 맞았다는 후일담도 있다.

그래도 어찌어찌 여자를 만나 동거에 들어갔지만 결혼 자금을 마련하지 못하는 등의 이유로 스트레스를 받았다. 우범곤의 가정 형편은 그다지 좋지 못했고 당시 말단 순경의 월급은 매우 적었다. 격세지감이 우러나는 얘기지만 하급 공무원과 딸을 결혼시키지 않겠다는 사람들이 적잖았던 시기였다.

가슴속에 불씨를 한가득 품고 살던 어느 날, 우범곤이 낮잠을 청할 때 파리 한 마리가 그의 가슴에 앉았고 동거녀는 파리를 잡겠다고 무심코 그의 가슴을 찰싹 때렸다. 퍼뜩 잠에서 깨어난 그는 동거녀의 행동이 자신을 무시한 거라고 지레 믿어버렸다.

우범곤은 분노를 폭발시키기 시작했다. 동거녀를 폭행하고 그를 말리는 친척에게까지 주먹을 휘둘렀다. '미친 호랑이'가 잠에서 깨어난 것이다.

그날 저녁 7시 반, 지서에서 방위병들과 술을 마시던 중 동거녀의 동생이 와서 거세게 항의했을 때 우범곤의 머리에 악마의 뿔이 공포스럽게 돋아난다. 그는 만류하는 방위병들을 총을 쏴서 쫓아버리곤 지서 무기고에서 카빈총 두 자루와 실탄 180발을 탈취하고 부근 예비군 무기고에서 수류탄 일곱 발을 탈취한다.

그리고 대학살극을 벌이기 시작했다. 예비군 훈련차 마을에 온 남자가 운 나쁘게도 첫 희생자가 되었다. 그 후 살기에 온몸이 시퍼래진 우범곤의 다음 방문지는 우체국이었다. 전화가 거의 없던 당시 농촌에서 우체국 교환수는 외부로 이어지는 거의 유일한 통로였다. 우범곤은 우체국 근무자들에게 총을 쏜다. 그중 한 사람은

60여 명을 학살한 우범곤 ⓒ위키백과

우범곤이 좋다고 쫓아다녔던 바로 그 전화 교환수였다.

　우발적 범행이 아닌 명백한 고의적 학살로 바뀌는 순간이었다. 교환수가 죽음으로써 마을은 고립되었고, 살인마가 된 우범곤은 이후 네 개 마을을 휩쓸며 60명이 넘는 사람을 죽였다.

　경찰은 대체 뭘 하고 있었느냐는 궁금증이 일 것이다. 근무지를 이탈해 접대를 받고 돌아오던 궁류지서장은 소식을 듣고 도망갔고, 목숨 걸고 산을 넘어온 주민의 신고를 받고도 의령경찰서에서 출동한 경찰 병력은 마을 어귀 다리 밑에 숨어 움직이지 않았다. 무능과 직무 유기 속에 우범곤이 만든 지옥도는 참혹하게 펼쳐졌다.

　한 가족이 몰살당해 열 살도 안 된 꼬마가 상주를 맡은 집안도 있었고, 숫제 집안 식구 모두가 죽임을 당한 집도 있었다. 우범곤의 구애를 거절했던 교환수의 집도 떼죽음을 당했다.

광란의 밤이 끝나가던 새벽 5시 반, 우범곤은 수류탄으로 자폭하면서 그에게도 궁류면 사람들에게도 길고 길었을 지옥의 밤을 끝냈다. 당시 경찰이 우범곤의 뇌세포를 분석해보려는(너무 극악한 범죄를 저질렀기에) 시도를 했을 만큼 극악한 범죄였다. 우범곤의 광기를 두호할 생각은 전혀 없지만 당시 사회적 분위기도 우범곤의 범죄에 일익을 담당했다고 생각한다.

진실을 막아서던 '보도지침'의 그림자

✕

우리나라에서 '싹쓸이'라는 말이 유행하고 화투나 고스톱에도 즐겨 쓰인 건 1980년 광주 민주화운동 이후다. 쿠데타로 나라를 휘어잡은 정치군인들은 민주화를 열망하던 '서울의 봄'과 광주의 의로운 외침들을 '싹쓸이' 해버렸다. 광주에서 광기에 찬 군인들은 시위대뿐 아니라 동네에서 뛰노는 아이들을 조준 사격으로 죽여버렸고 비무장한 버스 승객들을 죄다 살해하기도 했다.

그뿐만이 아니었다. 불량배들을 일소한답시고 숱한 사람들을 군부대로 끌고 가 '삼청교육'을 시키다가 몇 명이 죽어 나갔는지도 알 길이 없게 만든 시대였고, 무위에 그치긴 했지만 데모하는 학생들을 삼청교육대식으로 끌고 가서 '선도'하겠다는 발상(학원안정법)까지 내밀던 즈음이었다.

인간의 권리와 목숨의 무게가 가벼워진 사회에서 우범곤 같은 자들의 출현이 그렇게 괴이한 일이었을까. 우범곤 사건을 심도 있게 취재했던 고(故) 오효진 기자는 이렇게 얘기하고 있다.

"왜 그런 엄청난 일을 저질렀나를 뿌리에서부터 따져보자면, 2년 전에(1980년) 올바른 생각을 갖지 못한 떼거리의 군상이 광주에서 저질렀던 더 큰 만행을 그냥 넘길 수 없었을 것이다."[100]

2022년 제20대 대통령 선거 당시 한 유력 대통령 후보가 "전두환이 5.18과 광주 빼곤 정치 잘했다는 평가도 있다."라는 망언을 해서 큰 충격을 던진 바 있다.

전두환도 잘한 일이 있을 수 있다. 그러나 그 모든 것에 앞서서 히틀러처럼 인간성에 대한 범죄를 저지른 자였고, 우범곤처럼 거치적거리는 사람들을 싹쓸이한 자였다.

자신에게 반대하는 이들을 서슴없이 싹쓸이했고 망가뜨릴 수 있고 얼마가 죽든 개의치 않았던 시대의 패륜아가 21세기 대통령 후보로부터 '정치를 잘했다.'라는 평가를 얻어듣는 걸 보며 다시 한번 우범곤을 생각한다. 그 역시 '전두환의 정치'가 낳은 한 사람이었다는 걸 떠올리면서 말이다.

덧붙임 하나. 우범곤은 청와대 경호를 담당하는 경찰부대 101 경비단 소속이었지만 당시 신문엔 '특수 근무처'로 얼버무려져 있다. 그리고 60명이 넘는 목숨을 앗아간 이 참사의 공식 명칭은 의령 총기 '난동'(이게 어떻게 '난동'에 그칠 수 있겠는가) 사건이었다.

더 스산한 사실. 의령 사건의 후속 기사들은 5월 초 이후(추가 사망자 발생, 국회 논의 등을 제외하면) 언론지상에서 거의 사라졌다. 사건의 뒷얘기나 진실의 이면 취재 같은 건 거의 눈에 띄지 않았다.

이 모든 사실의 배후에는 전두환 시대, 알리고 싶은 것만 알리고 피하고 싶은 건 막아서던 '보도지침'의 그림자가 어른거리고 있었다. 이토록 전두환은 정치를 참 잘.했다.

고려장에서 간병살인까지,
관통하는 질문이 있다

한국 현대사의 빈번한 사건, '고려장'

김기영 감독의 초기 걸작 가운데 〈고려장〉이 있다. 당시 이화여자대학교 교수로 와 있던 캐더린 크레인은 "한국 고래(古來)의 풍습을 그린 고려장도 좋지만 국민들의 일상의 아름다운 이야기를 소개해 달라."[101]는 기고를 하고 있는 바, 외국인들에게 '고려장'은 한국의 옛 풍습으로 받아들여지고 있었고 한국인들 역시 그러려니 하고 있었다는 사실을 엿볼 수 있다.

그런데 우리나라 사서(史書)에는 어느 시대든 고려장이 널리 행해졌다는 기록이 없다. 몇몇 설화(說話)의 형태로 전승되고 노인 유기 범죄로 다뤄진 사례가 있으며 정약용도 짤막하게 언급한 바 있지만, 고려장이라는 장례 풍습이 일반적으로 행해졌다는 건 사실이 아니다.

인류 역사에서 절박한 위기를 맞이해 노인들이 먼저 버려지거나 희생되는 일은 세계 곳곳에서 빈번하게 일어났다. 노인 유기 설화는 외국에도 얼마든지 존재하고, 유명한 일본 영화 〈나라야마 부시코〉에도 등장하고 있는 것처럼 말이다.

고려장의 개념이 처음 등장한 건 조선 말 동양에 왔던 선교사 W. E. 그리피스의 저서 『은자의 나라 한국』에서였다. 그리피스는 한국에 노인을 유기하는 장례 풍습이 있었다며 'Ko-rai-chang' 이라고 표기했다.

정확한 건 알 수 없으나, 그리피스 이후 한국에 고려장이라는 몹쓸 풍습이 널리 행해졌다는 도시전설급의 이야기가 확산되었고 세월이 흐르며 우리 스스로도 사실로 믿어버린 게 아닌가 한다.

그래서 고려장이라는 단어를 쓰지 말아야 한다는 분들도 있다. 하지만 단어의 연원을 떠나 '노인 유기'라는 특정한 범죄적 행동을 지칭하는 고유명사로 쓰이고 있다고 판단해 '고려장'의 표현을 빌리기로 한다.

각박하고 혹독했던 한국 현대사에서 '고려장' 사건은 엄청나게 빈번하게 등장한다. 평안북도 정주에서 아버지를 생장(生葬)하는 사건을 다룬 기사[102]는 그 후 수없이 되풀이될 노인 유기 범죄를 대하는 언론의 클리셰와도 같다.

"'부친을 고려장을 지냈다'. 이것을 옛말로는 들었으나 사실로 들곤 놀라지 아니할 수 없다…'그런 불효자놈을!' 하고 놀라는 도학 선생의 분심으로 놀래려는 게 아니라, 다만 한 사람이 다른 한 사람을 산 채로 장사지냈다는 사실과 이런 일을 해야 했던 그의 형편을 대조해 생각할 때 엄숙한 경악을 느끼는 바다. 물론 단순한 경제적 곤박뿐 아니라 그 사람 자체에 교육이 없는 데도 원인이 있겠지만, 종래로 극단의 가족주의를 지켜오던 우리 조선에서 부모를 생장(生葬)했다는 건 실로 경제라는 게 그 사람의 인격을 얼마나 지배하는지를 알겠다."

김기영 감독이 연출한 영화 〈고려장〉의 한 장면
ⓒ한국영화데이터베이스

'도학 선생의 분심' '사실과 형편의 대조' '극단의 가족주의를 지켜오던 조선' '경제를 지배하는 인격' 등의 문구들은 그로부터 100년 동안 우리 역사에 등장하는 노인 유기 범죄, 즉 '고려장' 사건을 바라보는 사람들의 관점을 거의 다 묘사하고 있다.

　"어떻게 부모를 버릴 수 있나." 하며 분기탱천하고 "가화만사성"을 곱씹으며 "못 배워먹은 놈들이 그렇지!"라고 혀를 차다가 사건의 내막을 듣곤 "가난이 죄지." 하면서 먼 산 바라보는 일이 그 뒤로 골백번 반복되었을 거란 얘기다.

범죄를 질타하면서도 동시에 떠오르는 생각

1933년 부산 대신동에 사는 이의문이라는 사람은 두 아들과 공모해 죽지도 않은 아버지를 관에 넣어 생매장했다가 들통이 났다. 이 극악한 불효자 살인미수범을 질타하면서도 기자는 슬쩍 이런 사실을 흘리고 있다.

　"수년간 노병으로 고통 겪으며 지내는데 오랫동안 병이 낫지 않고 지리하게 끌어오는 걸 싫어해"[103] 벌인 행동이라는 것이었다. 아마 당시 사람들도 이런 불효자 살인미수범을 극형에 처해야 한다고 발을 구르는 한편 돌아서선 "긴 병에 효자 없지." 하며 쓴 입맛을 다시지 않았을까 생각이 든다.

　지금도 가족 중 누군가 중병에 걸린다면 그 병세와 더불어 "그

집 형편은 괜찮나?"를 먼저 머리에 떠올리는 판에, 온 나라가 가난에 허덕이던 시절에 늙은 부모가 오래 몸져눕거나 치매에 걸린다면 얼마나 큰 사건이었을까.

1995년 2월 10일 전북 부안의 한 다방에 할머니가 버려졌다는 신고 전화가 들어왔다. 경찰이 출동해 할머니를 모시고 와 부안군청에 인계했다. 부안군청은 할머니를 보호하면서 대체 어떻게 된 사연인지 캐물었는데, 한 달을 버티던 할머니가 결국 사실을 털어놓았다. 일종의 '자발적' 고려장이었다.

할머니는 서울에서 택시 기사를 하던 아들, 며느리와 단란하게 살고 있었다. 그런데 아들이 뇌출혈로 쓰러지면서 집안은 풍비박산이 났다. 집안의 가장이 대소변을 받아내는 신세가 되니 먹고살 일이 막막해졌다.

그때 할머니가 며느리를 설득한다. "고향에 나를 버리면 누군가 양로원이라도 보내줄 것 아니겠느냐." 처음엔 말도 안 된다고 거부했지만 '경제는 인격을 지배'하게 마련, 며느리는 시어머니를 모시고 전북 부안으로 향한다. 그리고 어느 다방에 할머니를 놓아두고 경찰에 신고해 경찰이 할머니를 모셔가는 걸 지켜본 뒤 통곡하며 서울로 돌아왔다.

사실이 밝혀진 후 며느리에게 존속유기 혐의로 구속영장이 신청되었지만 검찰은 고개를 저었다. "유기의 고의가 분명하지 않다."[104] 노인을 버린 건 사실이지만 행위 과정에서 고려할 점이 있고 그런 행동을 감행하게 만든 상황을 감안했기 때문이었다.

사람들도 이 슬픈 이야기에 가슴을 쳤고 전국에서 성금이 쏟아지는 가운데 할머니를 모시고 살겠다는 사람들도 나타났다. 하지만 비극은 이어졌다. 사건이 알려진 뒤 뇌출혈로 쓰러진 아들은 "못난 자식 때문에 어머니와 집사람이 고통을 받게 되었다며 곡기를 끊었고"[105] 그만 세상을 떠나버렸던 것이다. 2천만 원가량 들어온 성금을 어머니에게 전해 달라는 유언을 남기고서.

범죄를 저질렀다지만 어느 모로 봐도 착한 사람들이었다. 동시에 착한 사람들이지만 범죄를 저질렀다. 그 어느 쪽도 부인할 수 없겠지만, 어느 쪽에 더 방점을 찍고 대책을 세워야 할까.

탐사보도 매체 〈셜록〉에서 뇌출혈로 쓰러진 아버지를 홀로 간병하다가 결국 아버지를 방치해 사망에 이르게 한 죄로 감옥살이 중인 스물두 살 청년에 대해 보도한 적이 있다. 아무도 들여다보지 않고 도움을 청할 곳도 없으며 아버지를 두고 일하러 갈 수도 없어 당장 먹을 쌀과 생필품이 되다시피 한 핸드폰까지 끊겨버린 청년은 피눈물을 흘리며 아버지를 외면했고, 그 결과 존속 '살해' 혐의로 2심에서도 징역 4년을 선고받았다.

변호인 측은 형량이 좀 낮은 '유기 치사'를 주장했지만 법원은 받아들이지 않았다. 사건을 가장 엄밀하게 들여다본 이들은 재판부일 테니 그 판결을 두고 범인(凡人)이 왈가왈부하긴 어려우리라.

하지만 그래도 안타까움은 남는다. 나 자신부터 그 청년의 상황이었더라면 그와 다른 선택을 할 거라고 장담하기 어렵기 때문이다. 반대로 내가 그 청년의 아버지 처지였다면 아들을 일점 원망할 수 없겠다고 여기기 때문이다. 그리고 대관절 세계 10대 경제 강국 대한민국의 사회복지제도는 어떻게 생겨 먹은 것이기에 이런 상황이 방치되는가 궁금하기 때문이다.

앞서 언급한 1924년의 〈동아일보〉 기사는 이렇게 맺음되고 있다. "물질 때문에 죄악을 짓지 않는 공평한 세상이 이 땅 위에 세워지지 않고 말려는가. 이 엄숙한 사실 속에 불지를 연료를 눈 있는 사람은 찾아낼지어다." 이 기막힌 현실을 불태울 '연료'는 과연 무엇일까.

3장

범죄, 한국사의 또 다른 풍경

한 젊은 세관원의 죽음에서 시작된
'밀수와의 전쟁'

여수의 밀수왕, 허봉용

1997년 6.25 전쟁 이후 최대의 국난이라는 IMF 외환위기가 터진 직후 금 모으기 운동이 그야말로 요원의 불길처럼 번져 나갔다. 헌납하는 사람도 있었고 수출 후 얻은 달러를 당시 환율과 국제 금 시세로 평가해 돌려받는 경우도 있었지만, 어쨌든 "국난 극복이 취미"라는 우스갯소리를 하는 대한민국 국민은 너도나도 금붙이를 들고 몰려들었다.

그렇게 전국에서 모은 금이 석 달간 227톤, 실로 막대한 양이었다. 그런데 여기서 잠깐, 그 황금더미가 어떻게 한국 사람들 장롱에서 잠자고 있었는지 돌이켜보자.

우리나라의 금 생산량은 연간 2.5톤 정도에 불과하다. 그럼 우리가 100년 동안 산출한 금을 박박 긁어모았던 얘기일까? 그렇진 않다. 1994년 9월 9일 MBC 〈뉴스데스크〉는 이런 뉴스를 전하고 있다.

> "현재 금 시장 규모는 반지와 같은 장신구용과 산업용을 포함해서 120톤이 넘을 것으로 추산됩니다. 이 중 순수한 국내 생산은 1.4톤에 불과합니다. 지난해의 경우 수입된 금은 34.4톤. 이 가운데 국내 업체의 가공을 거쳐 다시 수출된 양이 26.3톤이어서 8.1톤만 국내에 남은 셈입니다. 따라서 최소한 110.5톤은 밀수에 의해 공급된 것으로 볼 수 있습니다."

즉 국내에 유통되던 금의 대부분이 밀수품이었단 얘기다. 우리 아들 딸의 돌반지도 아내와 연애할 때 꼈던 커플링도, 어느 안개 낀 항구 앞바다에서 은밀히 전달되는 짐짝 속에 실려 왔거나 좀 지저분한 얘기로 누군가의 항문 속에 감춰 들여온[106] 금일 가능성이 크다는 뜻.

밀수의 역사는 인류가 국가를 형성하고 교류를 나눠온 역사와 궤를 같이한다. 여러 가지 이유로 어떤 품목의 수입이 금지된다고 해도, 그걸 간절히 원하는 사람들이 있는 한 기어코 들여오는 사람들은 있는 법이다. 한국 전쟁 이후 한국은 밀수의 천국이었다.

"1950년대 한국은 세계에서 가장 가난한 나라였지만 그 시절을 살았던 사람들에겐 미제 물건이 넘쳐났던 시기로 기억되기도 한다…. 미군 PX에서 거래되는 물건 중 70%가 암시장으로 흘러나왔다."[107]

영화 〈국제시장〉의 '꽃분이네' 가게를 채운 물건들 태반이 밀수품이었고 서울의 남대문 도깨비 시장은 밀수품들이 대놓고 거래되었다. 많은 이가 밀수 산업의 촉수와 깃털로 먹고살았고 그 머리와 몸통들은 거대한 부를 축적했다.

1966년 5월, 한국을 대표하는 기업 삼성의 계열사 한국비료공업이 일본 미쓰이 그룹과 공모해 사카린 2,259포대(약 55톤)를 건설 자재로 꾸며 밀수입하려던 게 드러나 크게 망신을 당한 적도 있다. 배후에 정권 실세가 도사리고 있다는 소문이 돌았고 야당 의원 장준하가 박정희 대통령에게 "밀수 왕초"라고 비난을 퍼부었다가 철창 신세를 지기도 했다.

밀수가 가장 활발히 행해진 곳은 부산과 여수 등 남부 해안 지역이었을 것이다. 경제력이 막강했던 일본이 가까우니 밀수품 조달이 용이했고, 다도해(多島海) 지역으로 섬이 많아 숨을 곳도 많았으니 밀수에 최적이었다.

대마도 이즈하라항과 부산을 오갔던 대마도 특공대와 밀수왕 이정기는 부산 세관의 철천지원수와 같았고, 여수의 밀수왕 '허봉용'은 여수 지역을 쥐락펴락했던 거물이었다. 이들 밀수 조직은 세관의 공무원들과도 유착되어 있었고 공권력을 우롱하며 남해안을 자기 앞마당처럼 설치고 다녔다.

정부는 밀수 근절에 골머리를 앓았고 지역 세관에 타 지역 출신 엘리트 공무원들을 파견해 밀수꾼과 관청의 짬짜미를 막아보려고 했다. 1975년 여수 세관에 내려온 서른네 살의 세관원 서정휴도 그중 하나였다.

1975년 8월 5일 저녁, 여수 세관 마당에서 몇 명이 실랑이를 벌이고 있었다. 전날 세관은 밀수선 정보를 입수하곤 배를 수색해 선주를 연행했다. 세관원들과 실랑이를 벌이고 있는 건 다름 아닌 선주의 아들들이었다.

선주의 아들들은 밀수품이 배에서 나오지 않았는 데다(밀수품은 후일 육지에서 발견되었다) 조사 도중 아버지가 구타당했다면서 항의했고, 세관원 서정휴는 그런 적 없다고 맞서면서 한마디를 던졌다. "나는 나라와 세관을 위해 임무를 다하고 있는 것뿐입니다."

그러자 아들 중 한 명이 칼을 꺼냈다. "세관 위해 목숨 한 번 걸어 볼래?" 형제는 살기등등하게 서정휴에게 다가섰고 서정휴는 권총을 뺐다.

모두 다섯 발의 총을 쐈지만 허공을 향해 쐈을 뿐 차마 사람을 쏘지 못했던 그에게 선주의 아들들은 용서 없이 칼을 휘두른다. 피투성이의 서정휴를 택시들이 태워주지 않는 바람에 병원 후송이

늦어졌고 결국 과다 출혈로 사망하고 말았다.

　서울대학교 문리대에 합격하고도 집안 형편 때문에 진학하지 못했던, 부산과 더불어 밀수 천국으로 불리던 여수에서 밀수범들과 정면으로 맞섰던 청년 공무원이 사위는 순간이었다. 그날은 그의 둘째 딸 생일이었다고 한다.

흔했던 '세관원 출신 밀수꾼'

1970년대 남해안에서 쥐치나 기타 해조류를 등을 일본으로 수출하던 활어선 가운데 어떤 배들은 선원들에게 월급을 거의 지급하지 않았다. 그래도 일하겠다는 선원들이 줄을 이었다. 그들은 물고기를 잡아 만선을 노래한 게 아니라 일본 가전제품이나 오토바이 부품들로 어창(魚艙)을 채워 왔던 것이다.

　활어수출선이 가장 활발하게 움직이고 있던 곳이 여수였다. 폭력 조직과 결부된 밀수 조직이 지역 경제를 좌지우지했고, 인구 13만 명 가운데 4만 명이 밀수와 관련된 일을 하며 먹고살고 있다는 과장 섞인 이야기가 돌았다.

　그러다 보니 밀수에 대한 죄의식도 엷어질 수밖에 없었을 것이다. 여수 시민 600명이 서정휴 살해범들에 대한 선처를 호소하는 진정서를 냈던 사실은 그 슬픈 단면이다.

　"세관원이 밀수꾼에게 칼 맞고 죽었다!" 박정희 정권은 이를 악물었다. 한국에서 관(官)이 작심하고 덤비면 막아설 게 없다. 서정휴의 희생을 계기로 '여순 사건 이후 최대'로 일컬어지는 대규모 공권력이 발동되었고 남해안 일대에선 밀수와의 사생결단이 펼쳐진다.

특명감찰반이 벼르고 벼른 건 여수의 밀수왕 허봉용이었다. 서정휴 살인 사건의 범인들은 허봉용의 밀수 조직원들이었고, 서정휴가 밀수 조직과 그와 결탁한 세관 직원의 묵계를 깨면서 발생한 일이었으니까.

특명감찰반이 뜬다는 기밀사항마저 미리 알았던 허봉용 등은 특명감찰반이 들이닥치기 전에 여수를 떴지만 작심하고 죄어드는 수사망에 걸려들고 말았다. 그 후 전직 경찰이 포함된 밀수 조직의 두목들과 현직 경찰서장 이하 밀수꾼들을 비호하던 공무원들 175명이 줄줄이 쇠고랑을 찼고, 남해안 일대를 뒤덮던 밀수의 그림자는 그 어둠의 기세를 누그러뜨리게 된다.

허봉용은 광주 시내 모 고교의 배구 선수였다. 그런데 세관의 배구팀 선수로 스카웃되면서 세관 '식구'가 되었다. 즉 세관원 출신이었던 것이다.

"세관원 출신인 그가 밀수총책이란 것 자체가 아이러니다. 그러나 당시 여수에선 이런 전직(?)이 흔했다. 경찰관이 밀수와 연루되어 옷을 벗으면 밀수꾼이 되는 식이었다."[108]

아울러 폭력 조직원들이 만든 '정화위원회'의 위원장 감투를 쓰고 여수의 유지 행세를 했다고 하니 위세를 짐작할 수 있을 것이다. 검찰이 그에게 사형을 구형하기까지 했으니(실제 형량은 징역 11년) 공권력이 그에게 얼마나 이를 갈았는지 알 수 있지 않을까.

여수의 밤거리를 장악했던 밀수왕 허봉용의 전성시대는 밀수 근절에 헌신한 한 젊은 공무원의 죽음이 유발한 '밀수와의 전쟁'으로 일단락되었다. 아울러 1980년대 이후 한국 경제가 급성장하면서, 대통령이 나서서 "밀수는 반(反) 국가행위"임을 천명하고 전쟁을 치르듯 대응해야 했던 '밀수의 시대' 역시 저물어간다.

어린 시절 흔하게 돌아다녔던 'Made in Japan' 딱지, 그리고 미군 PX에서 갓 흘러나온 게 뻔했던 산더미 같은 물건들을 떠올려본다. 그 물건들을 들여오고 사고팔고 돈 벌고 사 먹은 사람들을 생각해본다.

어쩌면 우리는 밀수와 더불어 살았는지도 모르겠다. 우리 손가락에서 빛나는 금반지가 그 오래된 증거라고 해도 부정할 수 없으니 어찌 그렇지 않겠는가.

도굴꾼들의 기승이
수그러든 적은 없었다

1966년 희대의 석가탑 도굴 사건

'연가7년명 금동여래입상'이라는 이름의 불상이 있다. 국보 제
119호. 우리나라 최고(最古)의 불상으로 "연가(延嘉, 중국 역사에 없는
연호) 7년 기미년 고려(고구려) 낙랑(樂浪) 동사(東寺)"에서 40여 명
의 승려가 발원해 조성한 불상이라고 명확하게 새겨진, 유례가 드
문 작품이다.

　그런데 1967년 10월 24일 서울의 덕수궁 미술관 2층 전시실
에서 전시 중이던 이 불상이 온데간데없이 사라져버렸다. 불상이
사라진 자리엔 "문화재관리국장에게 직접 알리시오. 오늘 밤 12시
까지 돌려주겠소."라는 메모가 있었다.

세 차례나 전화를 걸어 와서 "돌려주겠다."라고 설레발치던 범인은 밤 11시쯤 문화재관리국장에게 전화를 건다. "한강 철교 16, 17번 침목 받침대 사이 모래밭에 있으니 찾아가라." 기적처럼 그곳에 불상이 있었다. 유령 같은 범인은 끝내 잡히지도 나타나지도 않았지만.

연가7년명 금동여래입상은 천만다행히도 돌아왔지만 문화재 담당 관청이나 역사학자들의 손길이 닿기도 전에 지하(地下)에서 또 다른 '지하 세계'로, 즉 도굴되어 누군가의 깊숙한 벽장 속으로 나라 밖으로 증발해버린 문화재의 수와 양은 어림짐작조차 하기 어려울 정도다.

이 도굴꾼들은 연가7년명 금동여래입상을 훔친 이보다 더 신출귀몰했고 고고학자들보다도 오히려 더 큰 성과(?)를 거뒀다. 오죽하면 국립중앙박물관장을 지낸 혜곡 최순우가 "한국엔 고고학자는 없고 호리꾼들이 고고학자 노릇을 하고 있다."[109]라고 탄식했을까.

'호리꾼'이란 '구멍을 파고 캐는 일'을 뜻하는 일본어 '호리'(掘り, ほり)에 우리말 '꾼'을 갖다 붙인 말이다. 즉 우리말로 '도굴꾼'이다. 일본인들은 각지의 무덤과 땅을 파헤쳐 유물들을 쓸어갔고, 그 밑에서 땅을 팠던 조선인들은 해방 이후에도 '호리꾼'으로 계속 활개를 쳤다.

까마득한 옛날 얘기가 아니다. '지역 문화재 지킴이'로 국고에서 수천만 원 지원금까지 받던 사람이 땅을 파헤쳐 발견한 유물을 팔아먹다가 들킨 게 불과 2014년의 일이었으니까.[110]

이 도굴꾼들 가운데 가장 간 크고 스펙터클했던(?) 도굴단 이야기를 해볼까 한다. 1966년 9월 8일자 〈동아일보〉는 이런 기사를 싣고 있다.

> "국보 제21호 불국사 3층 석탑인 석가탑(일명 무영탑)이 지난 8월 29일에 있었던 지진으로 심한 균열이 생기고 약 7도가량 기울어져 도괴 직전에 있음이 뒤늦게 발견되었다."

8월 29일 발생한 지진은 진도 2였다. 기록상 경주 지역은 지진이 상대적으로 잦았던 곳이다. 그곳에서 천 수백 년을 버틴 석가탑이 진도 2의 지진에 그렇게 망가진 건 사뭇 이상한 일이었다.

그런데 급파된 문화재관리국 조사원들은 전 국민이 소스라칠 만한 조사 결과를 내놓는다.

> "석가탑은 강력한 외부의 힘에 파손되었다…. 석가탑 제1층 옥개석의 북쪽 중앙부와 제2기단석 사이에 '재키'를 대고 몇 차례 탑을 올리는 바람에 제2탑신이 남쪽으로 기울었고 제2탑신의 왼쪽 상단이 손바닥만큼 네 군데나 떨어져 나갔으며…."

1966년 석가탑 사리장엄구 수습 모습

여기서 '재키'란 자동차 정비소에서 차를 들어 올릴 때 사용하는 유압자키 같은 장비를 말한다. 도굴단이 그런 장비를 가지고 석가탑을 들어올려 탑 안의 사리함 등 부장품을 노렸다는 얘기였다.

워낙 어마어마한 사건인지라 다각도로 수사가 진행되었고 도굴단은 결국 덜미가 잡힌다. 일당은 석가탑 이외에도 황룡사 목탑터에서 사리장엄(舍利莊嚴, 사리를 장엄하게 장식하는 행위 및 사리 및 사리를 봉안하기 위한 용기와 탑 안으로 들어가는 일체의 공양구)을 털었고 경주 남산 절터에서 금불상을 파내 팔아치웠으며 양산 통도사의 사리합도 빼냈던 죄질 나쁜 호리꾼들이었다.

그 가운데 부두목격인 '윤사만'이라는 자는 경주 박물관 수위로 오래 근무하며 문화재를 배운 이였다. 생선가게에서 고양이를 키운 격이랄까.

망가진 석가탑 보수 중 발견된 다라니경

1966년 9월 3일 밤 11시, 윤 씨와 일당은 불국사로 침입했다. 첫날엔 실패했고 다음 날엔 기어코 1층 옥개석을 들어올리는 데 성공하지만 안에는 아무것도 없었다.

이 끈질긴 호리꾼들은 다음 날 다시 불국사에 들어가 3층 옥개석을 들어올린다. 그들에겐 통탄할 일이지만 거기에도 역시 아무것도 없었다.

남은 건 2층이었다. 내일은 기필코 보물을 손에 넣으리라 발도 굴렀을 테지만, 작업 와중에 석가탑이 심하게 망가지면서 도굴은 실패로 돌아가고 만다.

경찰의 필사적인 수사 끝에 도굴단은 서울과 경주 양쪽에서 덜미를 잡힌다. 경북도경은 '재키'를 실은 사람들을 태우고 불국사까지 갔다가 온 택시 기사를 찾아냈고 택시 기사의 진술에 따라 두 목격인 김준철 등의 덜미를 잡았다.

그즈음 윤사만은 서울에 있었다. 윤사만 일당은 경주 남산 절터에서 파낸 금불상을 골동품 마니아였던 어느 기업 회장에게 거금 250만 원(당시 서울의 집 한 채가 70만 원쯤이었다)을 받고 넘겼다. 그런데 이 거래에서 소외된 이가 불만을 품고 서울시경에 낱낱이 고해 바치면서 윤사만 역시 경찰에 붙잡히고 만다.

석가탑 도굴 수사가 진행될 무렵 윤사만은 불상을 팔아치운 회장남댁에 며칠 숨기도 했는데, 회장은 이병철 삼성그룹 회장의 형 이병각이었다. 삼강유지 회장 이병각은 장물 취득과 범인 은닉 혐의로 쇠고랑을 차야 했다.

한편, 도굴꾼들에 의해 망가진 석가탑은 1,200년 만에 전면 해체 보수를 겪는다. 그런데 또 한 번 큰 사고가 발생하고 만다. 도르래를 써서 2층 옥개석을 들어올리는 와중에 지주 역할을 하던 전신주가 부러지면서 옥개석이 3층 탑부 위로 떨어져버린 것이다.

3층 탑부는 세 동강으로 깨져나갔고 옥개석도 일부가 파손되었다. 해체 작업을 구경하던 수백 명의 시민이 분노해 작업자들을 몰매주려는 걸 경찰이 막아서는 진풍경이 펼쳐지기도 했다.

그런데 이 참담한 불행 끝에 기적 같은 행운이 대롱대롱 매달려 있었다. 2층 옥개석 밑에서 도굴꾼들이 그렇게 찾아내려고 했던 금빛 사리함과 함께 현존 최고의 목판본으로 추정되는 '다라니경'이 발견된 것이다. 석가탑의 가호(加護)라고 해야 할지 하늘의 도우심이라고 해야 할지.

일제 강점기의 '대도굴 시대'를 거쳐 오늘에 이르기까지 호리꾼, 즉 도굴꾼들의 기승은 수그러든 적이 없다. 기껏 힘들여 발굴한 유적 속에 유물은 간데없고 도굴꾼들이 남기고 간 양초와 라면봉지만 남아 있는 경우도 한두 번이 아니었다.

이병각 회장처럼 그걸 사들여 '취미'를 즐기거나 과시 수단으로 삼은 이들도 막중한 책임이 있을 것이고, 문화재에 별반 관심이 없었던 우리 사회와 정부도 허물을 피할 수 없으리라.

역사는 만인의 것이고 역사적 유물은 선대가 후대에 남긴 기억의 결정체일 텐데, 이들을 허무하게 잃어버린다면 막대한 '기억상실'에 대해 우리는 무슨 변명을 할 수 있을까.

석가탑을 고치려다가 다라니경을 발견하는 '부수적 이득'에 만족해야 할까. "도굴꾼과 고고학자는 서로 가르치고 배운다."라는 고고학계의 자조적 속설처럼, 도굴꾼들이 유적을 파헤쳐 '햇빛'을 보게 만든 공로(?)에 감지덕지해야 할까.

한때 '업계 1인자'로 불렸다는 도굴꾼 서모 씨에 따르면 그가 도굴한 물건 중엔 『직지심체요절』(직지심경) '상권'(프랑스에 있는 『직지심체요절』은 하권)과 그보다 앞선 불경도 있었다고 한다.[111]

그의 말을 다 믿을 순 없겠지만 그게 진실이라면 우리는 조상들의 인류적 보물을 눈 뜨고 잃어버린 셈이다. 앞으로라도 이런 일이 없어야 할 텐데 하며 한숨을 쉬는데, 조유전 전 토지박물관장의 말이 가슴을 때린다. "도굴 소식이 줄어든 건 전국 봉분의 99%가 도굴되었다고 볼 수 있기 때문이다."

너도나도 '보물찾기'에
뛰어들었던 이유

탐욕에 눈멀어 보물 찾는 사람들

1988년 10월 8일, 영등포 구치소에서 대전 교도소로 이감되던 미결수 열두 명이 호송 버스를 장악하고 탈출해버린 황망한 사건이 일어났다. 그들은 철사로 수갑을 풀고 일제히 교도관을 습격, 제압하고 권총 한 정과 실탄 다섯 발, 영치금 125만 5천 원까지 탈탈 털어갔다.

그중 네 명은 일당을 이뤄 서울 시내 곳곳의 가정집을 침입했다. 다행히 그들은 흉폭하지 않았다. 별다른 폭력이나 위해를 가하지 않고 얌전히 숙식을 해결한 뒤 떠났으니까.

그런데 10월 15일, 그들이 침입한 집의 가장이 탈출해 경찰에 신고하면서 역사에 남을 인질극으로 비화되고 말았다.

주범 지강헌을 비롯한 네 명의 탈주범은 그 집 딸의 목에 식칼을 들이대는 한편 권총을 쏘며 경찰과 대치한다. 가장 어린 나이였던 강영일이 나섰다. "영등포 교도소에서 죽지 못한 게 한이다. 이 나라의 법이 이렇다. 유전무죄! 무전유죄!"

이 사건의 키워드가 되어 두고두고 대한민국 영세불변의 진리로 운위되는 "유전무죄 무전유죄"는 이렇게 등장했다. 인질극은 범인 두 명이 자살하고 한 명은 경찰에 사살되고 한 명이 체포되면서 끝났다.

그런데 지강헌 등은 대관절 왜 위험천만한 탈주를 계획하고 실행에 옮겼던 걸까? 거기엔 황망한 사연이 도사리고 있다. "열두 명의 탈주자 중 지강헌, 손동완, 김동련은 구속 전 자신들이 턴 귀금속과 달러 등 억대의 금품을 상자에 담아 서울 우이동 도봉산 숲속에 묻어뒀고"[112] 이 보물(?)을 바라보고 탈주했다는 것이다.

더 황망한 사실은 보물(?)을 숨긴 보물지도를 안면이 있는 교도관을 통해 가족에게 전달했고 교도관은 지도를 들고 재소자들의 가족과 함께 보물을 찾아 헤맸다는 사실이다. 즉 교도관이 장물 취득 노력에 적극 가담해 범인들이 제공한 지도를 들고 사방을 삽질하며 다녔던 것이다.

감시에 소홀해 대량 탈주 사태를 야기한 것도 모자라 범인들이 준 보물지도를 들고 뺑뺑이를 돌았던 교도관까지 있었으니, 교정

당국은 고개를 들 수가 없었다.

하지만 자수한 김동련이 보물 운운은 교도관들에게 담배를 얻어 피우고자 거짓말을 한 것일 뿐이라고 자백하면서 탈주범들의 보물 얘기는 '사실무근'으로 일단락된다.

탈주한 뒤에도 "보물을 누군가가 가져갔다."라고 가족들에게 알린 정황 등 미심쩍은 구석도 있었으나 보물은 일단 '없던 일'이 되었다. 하지만 지난 수십 년간 무시로 그랬듯, 어느 날 갑자기 '1988년 지강헌 사건의 인질들이 만들었던 보물지도'가 등장해 탐욕에 눈이 먼 사람들의 눈과 귀를 현혹시킬지도 모른다.

우리나라뿐 아니라 대만, 필리핀 등에서도 유명한 보물찾기 소동의 주인공으로 일본군 장성 '야마시타 도모유키'라는 사람이 있다. 사방의 보물을 긁어모을 수 있는 위치에 있었고 전쟁 후 전범으로 사형당한 그가 숨겨놓았다는 보물은 아시아 각국 보물찾기꾼들의 영혼을 빼앗았다.

한국도 예외가 아니었다. 1976년 9월 24일자 〈동아일보〉에 진해 앞바다의 중죽도 정상에서 보물을 찾아 헤매는 박모 씨가 나온다. 그에 따르면, 야마시타 중장이 중국에서 긁어모은 보물을 중죽도 정상에 묻었다고 한다. 안타깝게도 박모 씨는 20년 동안 중죽도를 파헤쳤지만 보물은 나오지 않았다. 또 부산 감만동 일대의 옛 일본군 잠수함 기지에 엄청난 금괴가 묻혀 있다는 보물지도에 빠져 가산을 탕진한 사람들도 수십 년간 한두 명이 아니다.

보물에 미쳐 패가망신하는 거야 본인의 선택이니 누가 뭐랄 게 없겠지만, 보물에 대한 탐욕을 이용해 사기를 치는 일도 심심찮게 벌어졌다.

1999년경 야마시타의 금괴를 일본으로 옮기던 '쾌창환호'가 군산 앞바다에서 침몰했다는 소문이 돌았고 어느 기업이 이를 인양하겠다며 사람들로부터 투자금을 끌어모았다. 그들의 광고 내용은 IMF 외환위기를 겪고 있던 한국 사람들의 욕심 밑바닥을 긁었다. "쥐꼬리만 한 은행 이자 모아서 언제 돈을 모으겠는가."

이 보물사냥꾼(?)들은 "군산 해저 보물선 인양사업에 돈을 투자하면 투자일로부터 4일 후에 투자원금 20%를 지급하고 4일 간격으로 여섯 차례에 걸쳐 24일 만에 투자원금과 배당금 20%, 보

일본군 야마시타 도모유키 중장 ©위키백과

상금 10% 등 모두 130%를 지급하겠다고 속이는 수법"[113]으로 투자자를 끌어모았다.

이들은 전국 여덟 개 지점에 점조직 형태의 영업사원을 두고 투자자를 더 데리고 올 경우 일정액의 수당을 제공하는 피라미드식 수법까지 동원했다. 보물찾기에 뛰어든 투자자는 무려 1,140명이었고 피해액은 179억 2천만 원에 달했다.

"정말 보물이 있는 줄 알았다"

이런 일이 벌어진 뒤에도 군산 앞바다의 보물선에 대한 집착은 가실 줄을 몰랐다. 2000년 군산 앞바다에서 보물을 싣고 가다가 침몰했다는 쾌창환호를 찾았다는 소식이 들려왔고, 지상파 방송 프로그램에까지 소개되었다.

그러나 이 역시 말짱 사기로 드러나고 말았다. 쾌창환호를 찾았노라고 장담하던 조모 씨가 "인양에 성공할 경우 금괴의 지분 17%를 주겠다."라고 속여 투자자 최모 씨로부터 7억 원을 받아 가로챈 혐의로 구속된 것이다. 그는 쾌창환호의 위치도 모르는 상태에서 "발굴 작업이 90% 진척되어 조만간 인양할 것이며 그 배에 실려 있는 금괴가 1조 3천억 원"이라고 뻥을 치고 다녔다.[114]

이렇게 보면 멍청한 사람들이 사기에 넘어간다고 생각할 수 있겠지만, 2002년 발생한 진도 죽도 보물선 사건을 보면 꼭 그런 것도 아니다.

김대중 전 대통령의 처조카이기도 했던 전 예금보험공사 전무 이형택은 진도 부근의 죽도 앞바다에서 보물의 위치를 '거의' 확인 했다는 보물 탐사자들을 만났고 홀딱 넘어갔다.

보물이 발굴되면 국고 귀속분과 제세공과금을 제외한 나머지 금액 중 15%의 지분까지 약속받은 이형택은 국정원과 해군을 찾 아다니며 "IMF 시대 국고를 채울 보물찾기"를 도와 달라고 요청 하지만 거절당했다.

그러자 이형택은 삼애인더스 대표 이용호를 끌어들였는데, 이 사람이 "이들의 보물 탐사를 주가 조작의 재료로 삼아 수많은 개 미 투자자를 울리고 154억 원의 시세 차익을 챙기는"[115] 사기 행 각을 벌임으로써 '이용호 게이트'의 장본인이 되고 말았다.

이용호는 국정원이 인공위성으로 보물을 확인했다는 등의 달 콤한 입소문들을 내며 주가를 조작했고 개미 투자자들은 가짜 꿀 에 달라붙어 경을 쳤다. "죽도 앞바다에 정말 보물이 있는 줄 알았 다. 보물이 나오면 나라 경제가 좋아질 거라고 생각했다."라고 변 명한 이형택 역시 구속되었고, 실체 없는 보물은 또 한 번 대한민 국을 뒤흔들고 바람과 함께 사라졌다.

분명히 지도(?)도 있고 공신력 있는 기관에서 인증도 한 보물 이 코앞에 있는데, 여기에 네 돈 얼마만 얹으면 100배가 되어 돌 아갈 수 있다는 '내 귀의 캔디' 같은 속삭임은 수많은 이의 가슴을 멍들게 하고 엄한 놈들의 배를 불렸다.

실제로 보물이 있다고 확신한 사람들은 자업자득일 뿐이겠으나, 그들의 탐욕은 주변에 전염되고 탐욕을 활용하는 사기꾼들의 발호를 가져오면서 더 많은 사람의 피해를 낳았다.

보물이란 수백 년 동안 수많은 이의 피를 끓게 만든 마술 같은 단어였다. 그만큼 많은 사람의 피와 눈물이 서린 단어이기도 할 것이다. 누군가 탐낼 만한 보물을 모았다는 건 빼앗긴 사람들이 그만큼 많았다는 뜻일 테니까.

한이 서린 보물을 탐하는 건 그리스 신화 속에서 세이렌의 노랫소리에 홀려 죽음으로 향했던 뱃사람들을 따르는 일이 되기 십상이지 않을까. 적어도 보물을 둘러싸고 세이렌 같은 사기꾼들이 사람들의 귀를 어지럽히는 일이 없길 바라본다. 인간의 욕심이 사라지지 않는 한 그러긴 결코 쉽지 않겠지만.

"마약이라도 수출하자"는 말이
그럴 듯했던 시대

1970년대 한국 4대 마약 거물

겸연쩍을 만큼 우리나라의 우수성을 강조하거나 한국 사람들의 위업(?)을 찬양하는 콘텐츠를 '국뽕'이라고 부른다. 그런데 국뽕의 '뽕'이 무슨 뜻인지 모르는 이들이 많다.

뽕은 '히로뽕'에서 왔다. 일본에서 합법적으로 유통되던 각성제 또는 피로회복제 '필로폰'(philopon, 일본 발음 '히로폰')이 한국으로 건너오면서 붙은 이름이다. 즉 상품명이 마약의 대명사가 되어버린 경우다. 승합차를 '봉고차'(승합차 상표였던)라고 부르는 것과 비슷한 이치라고나 할까.

'메스암페타민'이라는 학명(學名)을 가진 필로폰은 20세기 인류 역사에 지대한 영향을 미친 치명적인 마약이다.

일본인들이 감기약을 만들다가 합성해낸 메스암페타민의 각성 효과에 착안한 세계 각국은 이 약을 군인들에게 투입했다. 제2차 세계대전 당시 독일 지상군은 믿을 수 없는 속도로 베네룩스(벨기에, 네덜란드, 룩셈부르크) 삼국을 짓밟고 프랑스군을 격멸했으며 영국 원정군을 독 안의 쥐로 몰아넣었다.

전차와 보병, 항공기와 공수부대가 조화를 이루며 무시무시한 속도로 상대방의 허리를 자르고 들어갔던 독일군의 기동을 두고 '전격전'(Blitzkrieg)이라고 부른다. 독일군이 이렇게 빨리 움직일 수 있었던 여러 이유 가운데 하나가 바로 메스암페타민이었다.

독일군은 메스암페타민 성분이 함유된 퍼버틴이라는 각성제를 먹었는데, 이 약을 먹은 독일군 보병은 며칠 동안 잠을 자지 않고도 훌륭하게 전투를 수행했고 죽음을 두려워하지 않고 돌격을 감행하는 '뽕 맞은' 모습을 보여줬던 것이다.

메스암페타민의 발명국이라고 할 일본도 자살 특공대, 즉 가미가제(神風) 특공대원에게 이 약을 술에 섞어 마시게 했다고 한다.

메스암페타민은 전쟁에서만 사용된 게 아니라 일상에서도 합법적으로 생산되고 판매되었다. 영화 〈오즈의 마법사〉를 기억하시는 분들이 많을 것이다.

영화 제작 당시 나이 열여섯 살로 주연을 맡았던 주디 갈란드는 빡빡한 촬영 일정에 지쳐 쓰러지기 일쑤였는데 그때마다 메스암페타민을 먹었다고 한다.

그 결과 그녀는 암페타민 중독 증상과 불면증에 시달렸고 제작진은 수면제인 바르비투르산을 권했다. 바르비투르산도 현재 마약으로 분류되어 있다.[116] 당연히 주디 갈란드는 평생 약물 중독에 시달리다가 일찍 죽었다.

일본의 경우도 1951년까지 메스암페타민, 즉 필로폰은 합법이었다. 그러나 중독자가 기하급수적으로 증가하고 피해 사실이 알려지면서 필로폰 제조가 금지된다. 일본 정부는 강경하게 필로폰 단속에 나섰고 마약상들에게 사형까지 선고하며 필로폰의 뿌리를 뽑으려 들었지만 여의치 않았다.

미국이라는 거대 시장의 배후에 중남미 마약 농장과 무시무시한 갱단이 버티고 있듯, 일본의 근처엔 질 좋은 필로폰 생산지가 있었기 때문이다. 바로 한국이었다.

한국의 초창기 필로폰 제조 기술자들은 일본군에 징용되어 필로폰 만드는 기술을 배운 사람들이었으니 일본으로선 아주 황망한 자업자득을 경험한 셈이다.

한국 필로폰은 질이 좋아 동남아산을 제치고 일본 필로폰 시장을 장악했다. 영화 〈마약왕〉은 바로 이 한국 마약상들의 탄생과 성장의 역사를 다루고 있다. 〈마약왕〉에서 한국 필로폰계의 거목(?)으로 성장해가는 주인공 이두삼은 1970년대를 풍미한 마약상들을 합쳐놓은 캐릭터였다.

금 밀수 조직의 일원이었다가 필로폰을 알게 되고 제조해서 일본에 수출해 거부(巨富)를 일궈 당시로선 최첨단이라고 할 CCTV, 음파탐지기까지 갖춘 으리으리한 저택에서 수사관들과 총격전까지 벌였던 '이황순'이라는 인물이 영화 속 캐릭터의 중심축이다. 영화 속 총격전 등은 1980년 8월 당시 이황순 체포 과정에서 실제로 일어난 일이었다.

그런데 영화에도 나오지만 이황순은 금괴 밀수로 구속된 뒤 폐결핵을 이유로 출감해 종적을 감춘 도망자 신분이었기에 영화에 등장하는 화려한 사회생활은 할 수 없었다.

이황순 체포 당시 기사(<중앙일보>, 1980년 3월 20일)

영화 속에서 스포츠팀을 후원하고 각종 행사에 얼굴을 디밀면서 지역 유지 행세를 했던 건 또 하나의 마약왕(?) '심상호'일 가능성이 크다. 그는 지역 정화위원 등 무려 여덟 개의 공식 직함을 가지고 지역 유지로 행세하는 한편, 논밭으로 둘러싸인 집에서 필로폰을 대량으로 만들어 팔아먹었다.

한편 이황순, 심상호와 더불어 1970년대 마약 4대 거물로 불린 이로 '최재도'와 '최판호'가 있다.

최재도는 1980년대까지 마약 제조와 밀매를 거듭했고 1989년 체포되어 마약사범으론 최초로 사형 선고(상급 법원에서 징역 20년으로 감형)를 받은 '필로폰의 대부'였다.

또 하나의 거물 최판호는 비극적으로 삶을 마쳤다. 그 역시 부산시 체육회 간부로 오래 재직했고 몬트리올 올림픽에서 금메달을 딴 양정모가 귀향했을 때 카퍼레이드를 열어주기도 했던 지역 유지였다. 그의 딸 결혼식엔 부산 지역 고위급 인사들이 총출동했다고 한다. 그에겐 흔한 전과조차 하나 없었다. 마약 밀매를 하면서도 무수한 공무원들을 바람막이 삼아 살아왔고 그 스스로 "내가 잘못되면 50명이 옷을 벗는다."[117]라고 호언장담하기도 했다.

1980년 1월 14일 기세등등하던 최판호의 집에 대검찰청 수사관들이 들이닥쳤다. 권총까지 빼든 수사관들은 최판호를 끌고 2층으로 올라갔는데, 그곳에서 즉석 고문판이 벌어져 최판호는 갈비뼈가 열 개나 부러진 끝에 목숨을 잃고 말았다.

한때 이황순 등 마약 거물들이 '그 그늘 아래 컸다.'라고 악명이
자자했고 부산 지역 마약 담당 공무원들과도 호형호제하며 지냈
던 마약 대부는, 공권력에게 덜미가 잡힌 날 공권력의 손에 저승길
을 떠났던 것이다.

"일본에 뽕 팔면 그게 애국인기라!"

〈마약왕〉에서 이두삼은 이렇게 외친다. "애국이 별 게 아니다! 일
본에 뽕 팔믄 그게 바로 애국인기라!" 비단 영화 속 설정만은 아니
었다. 실제로 필로폰'꾼'뿐 아니라 필로폰꾼에게 돈을 받아먹고 그
들을 감싸며 형 동생 먹었던 공무원들도 비슷한 생각을 했던 게
사실이니까.

일본과 가깝고 그만큼 필로폰 밀제조와 밀매가 성행했던 부산
지역엔 이렇게 말하는 공무원들이 상당히 많았다고 한다.

> "히로뽕 밀수가 뭐 나쁩니까. 일본놈들한테 히로뽕을 많이 보내
> 모두 중독자로 만들면 속이 시원하겠습니다."

> "우리가 밀수입만 하는 게 아니라 밀수출도 할 수 있다니 자랑스
> 러운 일 아닙니까. 히로뽕이라도 밀수해 무역 역조를 시정해야
> 지요."[118]

이런 분위기에서 필로폰업자들은 물을 만났고 호시절을 누릴 수 있었던 것이다.

고문 끝에 죽임을 당한 최판호의 경우, 대검찰청 수사관들이 그를 차분히 취조하지 못하고 냅다 고문부터 퍼부었던 건 시간을 끌 경우 현지의 비호 세력이 움직일 수 있다는 우려 때문이었다는 쑥덕거림의 배경이기도 하다.

"수출만이 살 길이다."라는 슬로건 속에서 노동자들을 갈아 넣어 수출탑을 쌓아가던 시절, 필로폰이라도 수출해 돈을 벌자는 기괴한 발상에 엇나간 민족 감정까지 결부되어 있었다는 얘기다.

그러나 필로폰으로 일확천금을 노리는 필로폰업자들과 그로부터 상납을 받아 드시며 배를 불렸던 부패 공무원들의 치졸한 자기 합리화일 뿐이다.

필로폰꾼들이 애국적인 처사로 한국 사람에겐 필로폰을 팔지 않았을 리도 없고, 마약으로 대일 무역 역조를 보완한다는 건 그야말로 '눈으로 우물을 메우는' 일이었으니까.

하지만 그런 막말이 그럴 듯하게 들리는 시대가 있었음은 기억해둬도 좋을 것이다. '뽕'과 '황금'이 내뿜는 열기에 취해 앞뒤 가리지 않고 달려들던 불나방들의 역사 그리고 20세기를 풍미했고 지금도 우리 곁을 떠돌고 있는 '히로뽕'의 역사도 말이다.

영화보다 더 살벌했던
현실판 '보험 살인'

1983년 청산가리 우유 독살 사건

1762년 영국에서 세계 최초로 근대적인 생명보험체계를 갖춘 생명보험회사 '에퀴터블'이 세워졌다. 오늘날의 보험사에서도 볼 수 있는 해지환급금 제도, 보험계약자 배당, 가입 이전 건강검진 등의 제도를 선보였다.

그런데 바로 그해, 영국에서 양녀를 보험에 가입시킨 후 독살하고 보험금을 타낸 '이네스 사건'이 발생했다. 근대적인 생명보험은 보험 범죄와 함께 출발했던 셈이다.

SBS Biz 채널에서 방송되었던 프로그램 〈라이프 인사이드〉엔 기기묘묘한 보험 범죄의 역사를 조명하는 '사건의 재구성' 코너가 있었는데, 아이템 목록을 훑어보자면 모골이 여러 번 송연해졌다.

보험금을 노리고 여자친구를 살해하려 한 10대 세 명이 덜미를 잡힌 사건이 있었다. 그들은 여자친구 이외에도 범행을 공모한 여자까지 죽이려 했던 게 밝혀졌다.

그 이름도 서늘한 한국의 연쇄살인범 강호순은 치밀한 보험 범죄자이기도 했다. 보험 사기로 보험금을 타내던 그는 가족의 목숨을 앗아가면서 보험금을 취하는 악마로 변신했다.

또 가족들을 닥치는 대로 헤치고 눈을 찌르고 화상을 입히면서 보험금을 타냈던 엽여인 사건도 기억에 새롭다.

〈화차〉 혹은 〈검은 집〉 같은 영화(그리고 소설)가 보험을 둘러싼 살인 사건을 다루고 있지만, 보험 범죄에 관한 한 영화가 현실을 따라가지 못한다고 여긴다. 그만큼 말을 잃게 만들 기묘한 사연들이 많기 때문이다.

1983년 3월, 서울 천호동의 '강동 카바레'에서 괴이한 사건이 일어났다. 퇴근 준비를 하던 종업원 한 명이 화장실 선반 위에 놓인 요구르트를 발견하고 "누가 나 먹으라고 요구르트를 두고 갔네." 농담을 하며 들이켰는데 그대로 쓰러져 죽고 말았던 것이다.

요구르트 안엔 청산가리가 들어 있었다. 특정한 사람을 노린 게 아니라 '아무나 죽어라' 식으로 독을 든 음료수를 놓았다는 정황이 유력했다.

며칠 뒤 다시 독극물이 든 음료수가 발견되어 사람들을 경악시켰다. 결국 범인은 잡히지 않았고 이 사건은 지금껏 미제 사건으로 남아 있다.

그런데 그로부터 한 달쯤 뒤인 4월 26일, 서울의 한 병원에서 비슷한 사건이 벌어졌다. 교통사고를 당해 입원해 있던 남자가 독이 든 우유를 마시고 사망에 이른 것이다.

문제의 우유를 병실에 가져다놓은 건 남자의 아들이라고 했다. 아들은 병원 복도에서 20대 여자가 아버지 가져다주라며 우유 다섯 개를 줬다고 증언했다. "교통사고 낸 사람의 처제라고 했어요." 경찰은 문제의 인물을 잡아서 추궁했지만 혐의점은 발견되지 않았다.

문제는 이 병원에서 비슷한 사건이 줄을 잇고 있었다는 사실이었다. 간호사들이 약 냄새가 심하게 나는 음료수를 버린 적도 있었고, 독살 사건 열흘 전엔 간병인 한 명이 "환자들하고 나눠 드시라고 요구르트 놔뒀어요." 하는 누군가의 전화를 받고 요구르트를 들이켰다가 농약 냄새가 심하게 나 뱉어버린 일도 있었다.

강동 카바레 사건처럼 '아무나 죽어라' 식의 살인마가 병원 안에 도사리고 있는 것으로 보였다. 당시 강동 카바레 사건은 보도 통제로 제대로 보도되지 않고 있었는데, 비슷한 사건이 터지자 언론은 대서특필했다.

경찰은 병원에 원한을 품은 사람이 병원에 해를 끼치려는 의도로 범죄를 저지르고 있다고 추정했다. 독살 사건이 발생한 날 밤,

병원 화장실에서 한 쪽지가 발견되었을 때 그 추정이 맞아떨어지는 듯 보였다.

"억울하게 희생들을 당하셔서 죄송스럽습니다. 이 병원에 입원한 게 죄입니다. 앞으로도 20명 더 희생시킬 겁니다. 빨리들 다른 병원으로 옮기시오."

경찰은 발칵 뒤집혔고 의료사고 피해자, 해고자 등 병원에 원한을 품은 사람들을 체크하느라 여념이 없었다. 그때 사건을 취재하던 기자들 사이에서 전혀 다른 목소리들이 나오기 시작했다. 독살당한 남편과 같은 입원실을 썼던 환자 가족들을 취재해 봤더니, 아내가 의심스럽다는 말이 이구동성으로 나왔다는 것이다.

"빚 걱정도 했고 남편 앞으로 든 보험금 얘기도 했다."

"죽은 남편이 신음을 하고 온몸을 뒤트는 바람에 놀라 깼는데 부인은 침대 머리맡에 앉아 있으면서도 불도 안 켜고 있었다. 그래서 왜 불을 안 켜냐고 소리 지르니까 그제서야 남편이 이상하다고 의사를 부르러 나갔다."[119]

이런 얘기들이 경찰에 전해지면서 경찰은 피해자의 가족을 다시 조사한다. 독이 든 우유를 건넨 사람을 유일하게 목격한 아들도 다시금 조사를 받았다. 아들은 똑똑했다. "20대 여자가 여차저차 말하며 우유를 줬다." 그런데 수사관들은 고개를 갸웃했다.

열한 살 아이의 증언이 마치 녹음기를 틀어놓은 듯 판에 박혀 있었던 것이다. 달달 외우기라도 한 듯 말이다. 남편의 보험금 문제도 혐의점을 키웠다.

남편은 200만 원짜리 생명보험에 가입되어 있었는데, 사고로 죽을 경우 30배나 되는 6천만 원이 지급되는 것으로 밝혀졌다. 이건 수상하다!

청산가리 우유 독살 사건을 다룬 기사(<동아일보>,1983년 4월 27일)

'불특정 다수에 의한 독살' 각본

아내는 범행을 부인했지만 경찰은 아들을 공략해 사건의 전모를 캐냈다. "정직한 어린이가 되어야 한다."는 수사관들의 설득에 아들이 사실을 고백한 것이다. "20대 여인이 준 우유"라는 아들의 말은 엄마가 짜준 것이었다. 우유를 준 건 다름 아닌 엄마였다.

아빠에게 독을 먹인다는 사실을 안 아들이 울며 거부했지만 엄마는 "아빠와 상의한 일이다. 이렇게 해서 빚을 갚고 잘살아 보라고 하신 거다."라고 설득했다. 아빠가 우유를 먹고 죽어가는 동안 아들은 침대 아래에서 오들오들 떨고 있었다고 한다.

그때 아이의 마음은 어땠을까. 결국 아내의 죄상이 선명하게 드러났다. 그녀는 남편을 독살했을 뿐 아니라 독극물이 든 음료수를 병원에 놓고 사람들에게 먹여 '불특정 다수에 의한 독살'로 몰아가려는 연극을 꾸몄고 아들까지 공범으로 만들었다.

부인은 혐의를 인정했지만 남편의 요청에 응한 것이며 빚더미에 앉아 친정 재산까지 날아갈 위기에서 남편이 자신을 죽이고 보험금을 타라고 종용했다고 주장했다.

"내가 죽으면 모든 일이 해결되고 또 두 아들도 떳떳이 키울 수 있다고 말해 남편을 죽이기로 마음 먹었다. 큰아들을 불러 엄마 말 잘 듣고 아빠가 없어도 공부 열심히 해야 된다고 했다."[120]

보험금을 타고자 남편에게 독을 먹이고 아들까지 범죄에 끌어들인 아내는 징역 15년을 선고받는다. '촉탁살인', 즉 남편의 요청이 있었음은 인정되었지만 죄질이 워낙 나빴기에 내려진 형량이었다. 판결문에서 판사는 "나이 어린 아들까지 아버지를 살해하는 공범으로 가담케 한 건 윤리적으로 볼 때 더욱 큰 죄를 범한 것"이라며 아내를 질타했다.

남편의 간청이 있었다고 극력 주장한 아내도 그 순간만큼은 고개를 들지 못했을 것이다. 아버지에게 독이 든 우유를 가져다줘 그 참담한 최후를 곁에서 지켜보게 만들고 범죄 은닉의 수단으로 이용된 사실은 아들에게도 어마어마한 트라우마로 남았을 테니까.

사업을 망치고 가산은 거덜 났을망정 행복한 가정이었다는 한 가족은 그렇게 범죄의 피해자와 가해자로 나뉘어 세상을 떠들썩하게 했다.

수십 년 세월이 흘렀으니 "남편이 자신을 죽여달라고 한 것이면 보험금을 탈 수 없지 않느냐. 나 혼자 죽인 것으로 해달라."(자신의 형량은 더 무거워질 텐데)라고 사정했다는 어머니와 가족이 해체되다시피 한 뒤 시립 고아원에서 자라 1991년 무렵에 "방송통신고등학교 3학년으로 공장에 취직해 월급 30만 원을 꼬박꼬박 저축하는 착실한 젊은이"[121]로 성장한 아들도 오래전 재회했을 것이다.

그들이 다신 범죄의 유혹에 빠지지 않는 '착실한' 시민으로 어딘가에서 살아가고 있길 바란다.

일제 강점기에도
'스토킹'은 있었다

명창 박록주 스토커, 김유정

농담 반 진담 반으로 우리말에서 사라져야 할 속담 두 개를 든다. "아니 땐 굴뚝에 연기 나랴." "열 번 찍어 안 넘어가는 나무 없다."

우선 아니 땐 굴뚝 운운의 경우, 누군가에게 누명이나 오명을 뒤집어씌우기에 가장 효율적인 가해 수단이 될 수 있기 때문이다.

"열 번 찍어 안 넘어가는 나무 없다."는 인간의 의지가 지닌 힘을 묘사한 긍정적인 속담이긴 하지만, 이 속담을 '나무'가 아니라 '사람'에 들이대면 곤란해진다는 문제가 있다.

거의 모든 사람은 누군가에게 끌리거나 사무치게 좋아하게 되는 경험을 한다. 상대방도 그 감정을 공유하고 함께 어우러지면 예쁜 사랑이 완성되겠지만, 그렇지 못한 경우 서글픈 짝사랑의 추억으로만 남는다.

그런데 그 감정을 추스르지 못하고 누군가에게 자신의 감정을 강요해 '열 번 찍어 안 넘어가는 나무 없다.'고 들이대면 어떻게 될까? '스토킹'이라는 범죄를 구성하게 되는 것이다.

2021년 10월 21일, 스토킹 범죄의 처벌 등에 관한 법률이 시행되었다. '상대방의 의사에 반(反)해 정당한 이유 없이 상대방 또는 그의 동거인, 가족에 대해 다음 각 목의 어느 하나에 해당하는 행위를 해 상대방에게 불안감 또는 공포심을 일으키는 행위'가 처벌받게 된 것이다.

그런데 이 법안이 처음 발의된 건 1999년이었다. 무려 22년 동안 묻혀지고 치워지고 미뤄진 법이 드디어 시행된 것이다. 늦춰진 이유는 여러 가지가 있겠지만 누군가에게 구애(求愛)하고 관심을 끌고자 하는 행위와 범죄의 경계가 애매하다는 판단도 한몫했을 것이다. 스토킹 처벌법 2조에 등장하는 스토킹 범죄 정의 초입만 봐도 뜨끔하는 이들이 꽤 많을 테니까.

"접근하거나 따라다니거나 진로를 막아서는 행위. 주거, 직장, 학교, 그 밖에 일상적으로 생활하는 장소 또는 그 부근에서 기다리거나 지켜보는 행위." 말이다. 치기 어린 사춘기 남학생들의 '마음에 드는 여학생 졸졸 따라다니기'는 기본적인 사양에 속했고, 빗자루를 들고 튀어나온 오빠한테 두들겨 맞았다는 무용담도 흔했다.

이젠 그 행위를 반복하면 스토킹으로 처벌받을 수 있게 되었으니, 너무하지 않냐는 반문도 나올 법하다. 그러나 '열 번 찍어 안 넘어가는 나무 없다.'라는 믿음을 체화한 이들의 행동이 피해자를 양산한 세월이 너무 길었고, 지속적

김유정은 명창 박록주를 스토킹하며 괴롭혔다 ©위키백과

인 문제 제기 끝에 스토킹은 법으로 단죄받을 범죄가 된 것이다.

뜻밖의 스토커를 소개해볼까 한다. 주인공은 일제 강점기 소설가, 「봄봄」과 「동백꽃」으로 유명한 '김유정'이다.

김유정은 1937년 3월 29일 만 서른도 살지 못하고 폐결핵과 치질에 시달리다가 세상을 떠났다. 그의 장례가 끝난 뒤 김유정의 친구이자 김유정에게 소설 쓰기를 권했던 안회남이 누군가를 찾아간다. 『금수회의록』의 작가 안국선의 아들이었던 안회남이 찾아간 사람은 김유정보다 세 살 연상의 소리꾼 '박록주'.

박록주를 만난 안회남은 냅다 소리를 지른다. "네가 김유정을 죽였지!" 친구의 죽음에 눈이 뒤집혔다곤 하지만 안회남의 절규는 번지수를 잘못 찾아도 한참 잘못 찾은 쪽이었다. 박록주를 피가 마르도록 괴롭힌 건 김유정이었고, 김유정의 빗나간 열정이 김유정 자신을 태워버렸다는 편이 정확하니까.

"4주 뒤엔 어떻게 하시려오?"

1928년 서울 인사동 조선극장에서 팔도명창대회가 열렸다. 박록주는 연속된 앵콜 요청을 받을 만큼 대단한 실력을 발휘했고, 스무 살의 연희전문학교생 김유정은 박록주에게 '맛이 가버렸다'.

박록주는 재력가의 소실이었다. 즉 어쨌든 결혼한 몸이었다. 하지만 김유정의 들이대기는 지극정성을 넘어 사람을 들들 볶을 만큼 뜨거웠다.

박록주가 마음을 받아들이지 않자 김유정은 지금 들어도 소름 끼치는 행동을 시작한다. 1974년 〈한국일보〉에 연재되었던 박록주의 「나의 이력서」에 소개된 김유정의 편지 일부.

"당신이 무슨 상감이나 된 듯이 그렇게 고고한 척하는 거요. 보료 위에 버티고 앉아서 나를 마치 어린애 취급한 걸 생각하면 지금도 분하오. 그러나 나는 끝까지 당신을 사랑할 것이오. 당신이 이 사랑을 버린다면 내 손에 죽을 줄 아시오."

이 정도만 해도 소름이 끼치지만 김유정의 상태는 점점 더 심각해져만 갔다. 나름 산전수전 다 겪은 박록주였지만 "오늘 너의 운수가 좋았노라. 그 길목에서 너를 기다린 지 세 시간. 만일 나를 만났으면 너는 죽었으리라." 같은 편지를 받았을 땐 다리가 풀려

털썩 주저앉지 않았을까.

　하루는 선물을 잔뜩 들고 방문한 김유정 얘기를 듣고 그를 피해 느지막이 들어갔는데 집안일하던 할머니의 말이 걸작이었다. "딱 앉아서 미동도 하지 않고 한 시간을 버티다가 갔다우." 그리고 며칠 뒤 박록주는 최악의 편지를 받는다.

　　"엊저녁엔 네가 천향원(天香園)으로 간 걸 보고 문 앞에서 기다렸으나 나오지 않았다. 만일 그때 너를 만났다면 나는 너를 죽였을 것이다. 그러나 좋아하지 마라. 단 며칠 목숨이 연장될 따름이니까…."

　여기까지라면 김유정의 광기에 이골이 난 박록주가 질끈 씹어 넘길 수 있었을지도 모르겠다. 그런데 잉크에서 피비린내가 났다. 혈서였던 것이다.

　다행히도 김유정은 지독한 스토킹을 중단하고 고향으로 내려간다. 본디 성정이 거칠진 않은 사람이었고 고향에서 농촌계몽운동을 하며 농민들과 어울리면서 마음을 다스리고 해학 넘치는 소설의 소재들을 찾을 수 있었다.

　하지만 병마를 견디지 못하고 요절한 그의 방 벽엔 "박록주 너를 연모한다."라고 쓴 혈서가 붙어 있었다고 한다. 도저히 사랑이라고 할 수 없는 집착. 절대로 아름답다고 표현할 수 없는 감정. 그

것이 김유정의 그늘이었다.

　박록주는 김유정에게 시달리다 못해 경찰에 의뢰한 적이 있다. 그런데 경찰은 김유정을 구속할 수 있다고 하면서 이렇게 말한다. "(법률상) 4주 뒤엔 풀어줘야 하는데 그땐 어떻게 하시려오?" 즉 대놓고 사람을 때리거나 해친 것도 아니고 그저 모습을 드러내고 구애(?)를 한 것뿐이니 경범죄 이상은 아니라는 설명이었다.

　이 말에 기가 질린 박록주는 끝내 경찰의 도움을 받지 못했고 김유정은 철창 신세를 지지 않았다. 이뿐만 아니라 그 이후로도 스토킹 자체는 90여 년 동안 법적 처벌 대상이 되지 못했다. 폭력 등 여타 범죄로는 처벌이 가능했지만.

　사람의 피를 말리는 일이지만 주위 사람들은 좀 유별난 구애 정도로 오해하기 십상이어서, 김유정의 친구 안회남이 엉뚱하게 박록주에게 달려가 "네가 김유정을 죽였지!" 하고 소리치게 만드는 어긋난 분노를 낳기도 하고 먼훗날 호사가들이 김유정의 죽음을 아쉬워한 박록주의 한마디를 들고 와설랑 "박록주는 김유정이 요절하고 나서야 그의 사랑을 매정하게 뿌리친 걸 후회했다고 한다."라고 윤색할 수 있는 범죄. 그게 스토킹이었다.

　이 '애매한' 상황에서 수많은 사람(스토킹은 남성과 여성을 가리지 않는다)이 피눈물을 흘려야 했다.

　다시 말하지만, 마음에 드는 사람을 만나면 잘 보이고 싶고 마음을 드러내 고백하고 싶은 건 사람의 본성이다. 그 과정에서 소극적인 사람도 있고 적극적인 태도를 넘어 과잉된 행동을 보이는 사람도 있을 수 있다. 더해 김유정 같은 광기를 부리는 이도 나타날 것이다.

그러나 이 과정에서 피해를 입는 사람의 의사에 반해 '반복적으로 또 지속적으로'(스토킹 처벌법 2조 2항) 자신의 감정을 토하고 그 감정을 받아달라고 강요(애원이라고 생각하겠지만)하는 행동은 이제 명백한 범죄가 되었다.

김유정은 자신의 범죄 사실을 인식하지 못한 채 사랑이라고 생각하며 죽어갔겠지만, 그건 틀렸다. 그런 '사랑'은 상대방의 감정을 무시하고 자신의 감정에 편입시키려는 '폭력'이고, 상대방을 존중받아야 할 인간이 아니라 자신의 소유물이 되어야 하는 존재로 비하하는 행동이니까.

4장

간첩, 그 무거운 이름

"그거 모르면 간첩이지"라는
말이 만들어지기까지

최정남·강연정 부부간첩 사건

제2차 세계대전 당시 일본에서 활약한 소련 스파이로 일본의 고급 정보를 속속들이 캐내 세계사의 물줄기를 바꾼 '리하르트 조르게'. 그를 비롯해 역사의 응달에서, 물밑에서, 지하에서 활약했던 사람들은 수도 없이 많다.

어느 나라건 정보기관을 운용하지 않는 나라는 없다. 아마 천국에 가도 검은 선글라스를 끼고 악마의 침투를 경계하는 기관원 천사가 날개를 펴고 있을 것이다. 그들이 벌이는 첩보전의 내용은 대개 역사의 지층 아래 묻혀버리기 십상이지만 인간들이 나라를 세운 이후로 그 치열한 각축이 멈춘 적은 단 한순간도 없다.

적국과 적국 사이는 말할 것도 없고 적국과 우방국 사이에서 첩보전은 숨 가쁘게 벌어진다. 미국이 한국 해군에 정보를 제공한 한국계 미국인을 간첩 혐의로 중형에 처했고, 우리나라 국정원이 한국을 방문한 인도네시아 무역 대표단의 호텔방에서 뭔가를 빼내려다가 걸려 망신살 가득 뻗쳤던 예에서 보듯 말이다.

하물며 제2차 세계대전이 끝난 뒤 가장 첨예하고 살벌하게 대립한 나라들로 '대한민국'(남한)과 '조선민주주의인민공화국'(북한)을 빼놓을 수 있겠는가. 이 두 나라는 따로 정부를 세우기 이전부터 서로를 집요하게 증오했고 상대방을 무너뜨리기 위해 노력했으며 결국 전면전이 터져 쌍방 다 돌이키기 어려운 피해를 입었다.

3년의 전쟁을 치르고 가까스로 휴전협정에 조인한 뒤에도 상대방에 대한 적대와 경계를 좀처럼 풀지 않고 70년을 넘겼다. 상대방 국가원수를 대놓고 죽이려는 시도도 몇 번씩이나 있었고 크고 작은 충돌도 적지 않았지만, 그 와중에 첩보전 또한 불꽃을 튀겼다.

그 첩보전이 각인시킨 단어가 바로 '간첩'일 것이다. "그거 모르면 간첩이지."라는 관용어가 지금도 쓰이고 있는 바, "담뱃값 등 남한 실정에 어두운 자"라는 1960~1970년대 간첩 식별 요령에서 나온 속담(?)이다. 즉 남한 사람들 다 아는 걸 모르니 간첩이라는 뜻이었다. 그런데 실제로 담뱃값 때문에 잡힌 간첩이 있다.

"구멍가게에 한 신사가 나타나 100원짜리 한 장을 내놓고 신탄진 한 갑을 산 후 거스름돈을 받을 생각을 하지 않았다. 주인 노인이 이상하다고 고개를 갸우뚱하자 신사는 '살기 힘들지 않느냐.'며 물었고 노인은 그의 말투에서 머리에 번뜩 스쳐가는 게 있었다. '혹시 간첩…'." [122]

노인이 신사를 안심시켜서 집안으로 끌어들이자 신사가 대뜸 "500원권 100뭉치를 보여주면서 트랜지스터 라디오를 사달라고 부탁했다."라고 한다. 노인은 확신을 가지고 경찰에 신고했고 "권총 한 자루, 수류탄 세 발, 한화 35만 원"을 가지고 있던 이 좀 모자란 간첩은 맥없이 체포되고 말았다.

1969년 당시 최고가 담배 '청자'가 100원에 판매되고 있었으니 '신탄진'은 80원 정도 했을 것이다. 그런데 노인은 잔돈을 챙기지 않는 간첩을 예리하게 포착했던 것이다. "담뱃값 모르면 간첩!"

이런 실수가 잦았던 탓에 북한도 나름 철저히 교육시키고 간첩을 보냈지만, 실제 상황에선 헛발질을 하는 경우가 한두 번이 아니었다.

1997년 남파된 부부간첩 '최정남'과 '강연정'의 경우도 그랬다. 거제도에 침투한 뒤 창원으로 나가기 위해 버스 요금 940원의 시외버스에 올라탄 그들은 1천 원짜리 지폐를 내밀고 멀뚱멀뚱 서 있었다. 기사가 잔돈을 내주리라 여겼던 까닭이다.

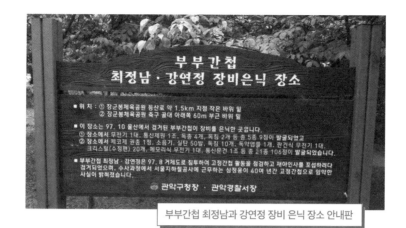

부부간첩 최정남과 강연정 장비 은닉 장소 안내판

하지만 그 버스는 기사가 잔돈을 일일이 내주는 게 아니라 손님들이 잔돈통에서 알아서 잔돈을 집어가는 시스템이었고, 특수 훈련을 받은 부부간첩은 버스 안에서 좀 모자라는 바보가 되고 말았다.

그들의 실수는 계속되었다. 서울 여의도의 어느 식당에서 메밀 국수를 시켰는데 간장 소스를 어떻게 사용하는지 알지 못했다. 그렇다고 종업원을 불러 "이거 어떻게 먹는 겁니까?" 하고 물을 수도 없었던 그들은 간장 소스를 면 위에 부어버리는 해프닝을 벌였다.

국민의 신고 정신이 극에 달했던 1960년대 한국이었다면 그들은 즉시 신고 대상이 되었을 것이다. 하지만 세월이 흐르고 시대가 바뀌어선지 아무도 간첩 신고 113(지금은 111)을 돌리지 않았다.

오히려 그들은 포섭 대상인 재야 단체 간부에게 가서 자신들이 간첩임을 밝히며 협조를 요청했다가, '국가안전기획부(안기부)의 공작'을 의심한 포섭 대상이 되레 그들을 신고하고 또 폭로하면서 덜미를 잡히고 만다.

진짜 간첩의 방문을 받은 재야 단체 간부는 당국에 신고했을 뿐 아니라 "어떤 이들이 간첩이랍시고 우리를 찾아왔다. 안기부는 이런 공작하지 마라!"라는 투의 기자회견까지 열었던 것이다. 그제야 안기부는 "어? 우리는 그런 거 한 적 없는데? 진짜 간첩이다!" 하고 눈에 불을 켰다.

이렇게 얘기하니 무슨 코미디 영화 같지만, 이 간첩 부부는 매우 비극적인 결말을 맞는다. 부인 강연정은 수사 중 독약 앰플을 깨물고 자살을 택했고 남편 최정남은 전향해 남쪽에 남으면서 아들 남혁('남조선 혁명'의 준말이라고 한다)은 북한에서 고아로 자라게 된 것이다. 어머니의 희생을 기려 '혁명유자녀'로 인정받을지 아버지의 변절 때문에 출신 성분을 의심받을지 모를 일이지만 말이다.

이른바 한국 진보 세력들의 병통 가운데 하나는 간첩 얘기만 나오면 "국정원의 조작이다!"라고 파블로프의 개처럼 외치는 것이었다. 하지만 남한과 북한 모두 물불 가리지 않고 치열한 첩보전에 뛰어들었고 그로 인해 수많은 희생과 고통, 아픔과 슬픔을 여러 사람에게 안겼다는 쪽이 사실에 가깝다.

"리하르트 조르게보다 더 위대한 스파이"

대개 첩보원들, 즉 스파이들의 삶과 죽음은 드러나지 않는 게 보통이다. 이를테면 대한민국 국정원 현관엔 2022년 기준 열아홉 개의 별이 새겨져 있다. 원래는 쉰 개가 넘었는데 "비밀 임무나 공작 중에 희생된 사람들로 공훈을 재평가하라."는 이병호 전 국정원장의 방침에 따라 열여덟 개로 줄었다가 2021년 6월 한 개가 추가되었다고 한다.

문재인 전 대통령은 별들 앞에서 묵념한 뒤 "국가와 국민을 위한 한없는 충성과 헌신의 길을 찾아 걸어가는" 정보요원들에게 찬사를 보냈다.

그러나 그 별이 누구이며 어디에서 무엇을 하다가 순직했는지 아는 사람은 극히 일부에 불과하다. 전 세계 정보요원들의 숙명이기도 하다. 우리가 아는 전설적 스파이들은 대개 정체가 탄로 나 행적이 밝혀진 사람들이다. 리하르트 조르게나 시리아 정부 깊숙이 침투했던 이스라엘 첩보원 '엘리 코헨' 같은 이들이 그렇다.

엘리 코헨은 시리아 국방차관 물망에 올랐을 정도로 유능한 스파이였고, 그가 시리아 당국에 의해 체포된 이후 이스라엘은 시리아에게 갖은 제안을 하며 그를 살려 보고자 했지만 무위에 그쳤다. 엘리 코헨이 공개적으로 교수형을 당한 뒤 그의 시신 행방은 알려진 바 없다.

하지만 엘리 코헨 사후 50년이 지나도 이스라엘은 그의 유해라도 찾겠다며 백방으로 노력하고 있다. 2015년 이스라엘 네타냐후 총리가 "그의 희생 덕택에 우리가 발을 뻗고 살 수 있는 만큼 반드시 그를 모국으로 데려와 안장하겠다."라고 벼를 만큼.

그런데 남한에서 발생한 북한 첩보요원들의 범죄를 거의 부인했던(전 세계 정보기관의 상례이니 북한을 두고 뭐라고 할 건 없다) 북한이 "리하르트 조르게보다 더 위대한 스파이"라며 추켜 올리고 영화까지 만들어가며 선전할 뿐 아니라 '공화국 영웅 1호'로서 혁명열사릉에 시신 없는 묘를 조성해 모시고 있는 사람이 있다. 그 이름은 '성시백'이다.

그는 해방 공간에서 대한민국 정부 수립 후까지 남한에서 암약하다가 1950년 6.25 전쟁 발발 직전 체포되었고 서울 함락 하루 전인 1950년 6월 27일 총살당하면서 최후를 맞았다. 대관절 성시백은 어떤 간첩이었으며 남한에서 무슨 활동을 했기에 북한이 그리도 떠받드는 걸까.

남한에서는 간첩,
북한에서는 '공화국 영웅 1호'

북로당 직파 공작원, 성시백

북한이 혁명 영웅으로 떠받들고 시신을 찾지 못해 가묘로 혁명열사릉에 모신 간첩, '성시백'은 어떤 사람일까. 우선 그는 황해도 평산 사람이다. 대한민국 초대 대통령 이승만과 동향이다. 나이도 한 세대(30년) 차이 나고 활동 무대도 전혀 달랐으니 성시백이 이승만과 대면할 기회는 없었겠지만, 해방 이후 좌우익 모두가 국가원수 후보로 꼽았을 만큼 명망 높던 이승만이 같은 고향 사람이란 걸 모르진 않았을 것이다.

국내에서 공산주의 운동을 하다가 중국으로 망명한 그는 일찍 감치 '정보의 세계'에 눈을 떴다. 국민당 통치하의 서안 지역 공산당 정보기관의 총책임자로 암약하면서, '정향명'이라는 가명으로 국민당군(軍) 최고의 장군으로 이름 높았던 후쭝난의 막료로 활약하기도 했다. 즉 적장(敵將) 최고위급의 턱밑에 들어앉은 간첩이었다는 이야기다.

후쭝난은 중국 공산당에게 공포의 존재였고 한때 중국 공산당의 피난 수도였던 연안까지 함락시킨 용장이었지만, 결국 중공군에게 전력의 태반을 잃고 대만으로 쫓겨갔다.

그의 부하로 슝샹후이라는 이도 있었다. 후쭝난이 가장 믿었던 부하다. 후쭝난의 회고에 따르면, "변복(變服)하고 나간 순시 중 노숙한 적이 있었는데 깨어보니 슝샹후이가 뜬눈으로 밤을 새우며 자신을 지킨 걸 발견"[123]한 적도 있었다. 그러니 후쭝난의 슝샹후이에 향한 신뢰는 이만저만이 아니었다.

그러나 슝샹후이 역시 중국 공산당의 간첩이었다. 중화민국 총통 장제스와 그가 가장 신뢰하는 장군 후쭝난 간의 모든 연락 내용이 슝샹후이의 손을 거쳐 마오쩌둥 이하 중국 공산당 지도부에게 고스란히 전달되었으니, 후쭝난이 제아무리 용 빼는 재주가 있어도 중공군을 이길 수 없었으리라.

성시백은 남한에서 슝샹후이의 반열에 오를 뻔한 사람이었다. 오를 뻔했다고 표현한 건, 장제스가 대만으로 쫓겨간 뒤 자신의 정체를 드러내고 공산당에 복귀한 슝샹후이와는 달리 성시백은 한국 공안 당국의 추적에 걸려 체포되어 처형당하고 말았기 때문이다.

성시백의 활동 상황을 알아보기로 하자. 성시백은 후쭝난의 막료로 있으면서 임시정부 요인들과도 친분을 쌓았다. 백범 김구나 그의 비서 엄항섭, 대한민국 초대 국무총리가 되는 이범석, 중국군으로 별 두 개를 달았고 한국군으로 별 세 개를 달았던 '오성 장군' 김홍일 등과 친밀하게 지냈다. 그러던 그가 서울에 나타난다.

"열혈 청년 시절에 나라를 광복코자 황해를 건너갔던 정향명 선생, 해방 소식에 접하자 귀로에 오른 수많은 사람과는 달리 타국에 의연히 남아 방랑하던 동포들을 모아 귀국을 종결짓고 떳떳이 환국했다."[124]

성시백은 곧 북으로 올라가 김일성, 김두봉 등과 만나고 임무를 받아 다시 남쪽으로 내려온다. 그의 장기인 정보 업무, 즉 스파이로서였다.

김일성보다 일곱 살 위였지만 성시백은 김일성의 맞수였던 박헌영과는 달리 김일성의 지도력을 인정했고 "장군님 말씀을 받고 보니 앞이 탁 트입니다."라고 고백했다고 한다. '장군님 축지법 쓰시는' 표현을 예사로 쓰는 북한 매체의 말을 곧이곧대로 믿을 필요는 없겠지만, 여하간에 김일성의 지휘를 수용하고 그에게 충성했다는 뜻이겠다.

어쨌든 성시백은 두 번째로 북에 왔을 때 김일성이 감동할 만큼의 '사업'을 꾸려 왔다. 신이 난 김일성은 김정일의 생모 김정숙이 직접 차려온 술상 앞에서 밤을 지새며 '공로를 치하'했다고 한다. 북한의 〈노동신문〉이 밝히고 있는 성시백의 '혁혁한' 공로다.

> "그는 괴뢰 국방부부터 사령부, 헌병대, 육군 정보국에 이르기까지 조직선을 늘리고 적군 와해공작을 벌였다. 괴뢰 정부, 경찰, 정보, 남조선 미군 부대와 장제스의 영사관까지 정보 조직선을 그물처럼 펴놓았다."

성시백은 남로당, 이른바 남조선노동당과 궤를 달리하는 북로당, 즉 북한 당국의 직파 조직 우두머리였다. "〈조선중앙일보〉 〈우리신문〉 등 언론기관을 운영하며 선박 '금비라(金比羅)호'를 갖고 공작금을 조달"[125]한 그는 한국 내에 방대한 스파이망을 조직했다.

언론에 발표된 성시백 간첩 사건(〈동아일보〉, 1950년 5월 26일)

철저하게 베일에 가려 있던 그가 꼬리를 밟힌 데는 "남로당 쪽에서 흘러나온 정보가 결정적인 구실을 했다. 성시백의 얼굴을 아는 남로당원이 자수해서 그의 정체를 확인해줬던 것"[126]이다. 1950년 5월 15일, 전쟁이 터지기 한 달 전이었다.

'반공 검사'로 유명한 오제도는 이승만 대통령이 처음엔 자신의 좌익 수사를 탐탁지 않아 했는데, 성시백 일당을 체포한 뒤 이전에 있었던 장제스의 극비 회담 내용이 간첩들에게 누설된 걸 보고하자 자신에 대한 냉대가 풀렸다고 회고하고 있다.[127]

이 사건엔 자그마치 해군 진해 통제부 사령관도 연루되어 있었고, 장제스과 이승만 사이에서 통역을 맡은 이는 성시백의 프락치였다. 그를 통해 한국과 대만, 한국과 미국 간의 기밀 사항들이 고스란히 북한에 넘어갔던 것이다.

남한 공안 당국에 남은 트라우마

저 악명 높은 '국회 프락치 사건'도 성시백과 맞물려 있다. 1949년 5월 20일 검찰은 남로당 지령을 받고 프락치 노릇을 한 국회의원 여섯 명을 구속했다고 발표하는데, 이후 열세 명으로까지 늘어난 이 '프락치'들은 기이하게도 반민특위 관계자이거나 반민특위를 열렬히 지지했던 사람들이었다.

수사도 부실하고 증거도 개운치 않아서 이승만 정권과 그에 결탁한 친일 경찰이 당시 진보적인 국회의원들에게 프락치 혐의를 뒤집어씌웠다는 분석도 유력했다. 그런데 정작 북한이 "그건 우리 영웅 성시백이 한 공작"이라고 실토(?)해버린다.

"국회 안에서 민족적 감정과 반미의식을 가지고 있는 국회의원 들로 진지를 구축하고 국회 부의장과 수십 명의 국회의원을 포 섭하는 데 성공해, 외군 철퇴 요청과 평화통일안을 발표케 함 으로써 미제와 남조선괴뢰도당들을 수세와 궁지에 몰아 넣었 다."[128]

이외에도 공산주의자를 극도로 혐오했던 김구를 설득해 38선 을 넘어 평양을 방문하게 만든 것도 성시백이며, 1949년 5월 4일 발생한 한국군의 흑역사인 2개 대대 월북 사건도 그의 공작이었 다고 한다.

북한에서 남로당 계열이 궤멸되는 와중에도 월북한 2개 대대 대대장, 표무원과 강태무는 여든 살이 넘도록 장수하면서 김일성 부자의 각별한 총애를 받은 걸 보면, 그 둘은 남로당 계열이 아니 라 김일성의 직계 성시백의 영향력 하에 있었다고 보는 게 맞지 않을까.

이승만 대통령과 직접 통하는 최고위층조차 성시백의 정체를 모른 채 성시백의 제안을 이승만에게 전달하는 일이 있었을 정도로 성시백의 활동 범위는 넓었다.

전쟁이 터지고 경황 없이 후퇴하는 와중에도 한국 정부는 이주하, 김삼룡 등 남로당 거물과 더불어 성시백을 총살했다. 서울을 점령한 김일성은 성시백의 시신을 찾으라는 특명을 내렸지만 뜻을 이루지 못했다고 한다. 남한 심장부 깊숙이 들어와 있던 북한 간첩 성시백은 그렇게 흔적도 없이 역사 속으로 사라졌다.

아울러 한창 수사 중이던 성시백의 간첩망 역시 함께 역사의 미스터리로 남는다. 이를테면 국회 프락치로 몰렸던 국회의원들은 한 명을 빼놓고는 전원 월북을 선택했다. 그 선택이 그들의 혐의를 입증하는 건 아니라고 해도 진실은 영원히 알 수 없게 된 것이다.

성시백에 대한 트라우마는 남한 공안 당국의 뇌리에 오래도록 남았다. "남로당 계열의 공산분자는 95%의 검거율을 보였으나 북로당 및 중공당 계열의 성시백 계열은 1차로 116명 만을 검거했기에 검거율은 30%에 불과했으며 그 잔당들이 간첩의 핵심층을 이루고 암약 중"[129]이라는 보도는 그 공포의 잔상이었다.

"의심 나면 다시 보고 수상하면 신고하자."는 강박, "이웃집에 오신 손님 간첩인가 살펴보자."는 집착은 그 결과라고 할 수 있다. 북한을 빌미로 독재를 합리화한 역사와 더불어 북한의 끈질긴 대남 공작이 남한에 현실적인 위협이 되었던 역사 또한 부인할 순 없다. 그 와중에 빚어진 비극과 희생의 역사 또한 가볍지 않았다.

6년 만에 다시 나타난 간첩,
반잠수정에서 격침되기까지

남파 고정간첩의 비극

휴전 이후 남북의 첩보전은 치열했다. 남쪽도 북파 요원 수천 명을 침투시켰고, 북한도 공작원들을 집요하게 내려보냈다. 그들의 주요 임무는 상대방 내부에 파고들어 일원으로 일상을 살면서 자신들에게 협조하는 조직을 구축하는 일이었다. 그렇다 보니 남북의 '방첩(남한 측 표현)' '반탐(북한 측 표현)' 활동도 불꽃 튀었다.

그 과정에서 무수한 사람이 희생되었다. 없는 간첩이 만들어지고 별로 한 일도 없는데 잡혀가 인생이 송두리째 망가진 사람들이 생겨났다. 한국 정보기관이 저지른 씻을 수 없는 범죄다.

북한도 마찬가지였다. 일제 강점기에 가장 견결하게 싸웠던 공산주의자 박헌영을 '미제의 간첩'으로 몰아 죽인 것부터 시작해 숙청 대상자들에게 걸핏하면 '남조선 특무(간첩)'라는 누명을 씌웠다.

이런 사정을 충분히 감안하고 기억하면서 다음 질문으로 넘어가보자. 그럼 우리가 보고 들었던 수많은 간첩 사건 모두가 조작이고 허위였을까? 꼭 그런 건 아니다. 1960~1970년대 간첩 식별 요령엔 이런 대목이 등장한다. "6.25 전쟁 때 행방불명되었다가 최근에 나타난 자." 북한은 남쪽에 고향을 둔 월북자들을 최대한 활용하고자 했고 월북자 중 일부는 대남 공작원으로 선발되어 별안간 그리고 은밀하게 고향 집 문을 두드리는 경우가 많았다.

북한의 연락부장, 즉 남한 내 공작 책임자를 맡았던 '정경희'는 대구 출신이었다. 전쟁 중 월북한 그녀는 1970년대 여러 차례 남파되어 비밀공작을 펼친 후 복귀했고 공로를 인정받아 연락부장 자리까지 올랐다고 전해진다. 그녀가 남한에서 어떤 공작을 했으며 무슨 조직을 꾸렸는지는 베일에 싸여 있다. "할머니로 변장하고자 생니를 모두 뽑았다."라는 믿기 어려운 전설만 횡행할 뿐이다.

반면 1980~1990년대 초반까지 활동한 진짜 할머니 간첩 '이선실'의 경우 1992년 한국을 떠들썩하게 했던 중부지역당 사건의 배후였다. 이 사건을 두고 조작이라는 말도 많았지만 2006년 국정원 발전위원회의 진상조사에서 "실체는 있으나 확대, 과장된 사건"이라는 결론이 나왔고 중부지역당 총책으로 알려진 황인오 씨도 "조작 논란은 있으나 없는 조직은 아니다."라고 증언한 바 있다.

그러니 1917년생 할머니 간첩 이선실이 고희의 나이로 남한에 내려와 사람들을 끌어들이고 그 규모가 어떻든 지하당을 만들어 냈으며 북한으로 귀환했다는 사실만은 부인하기 어렵다.

이선실 역시 남한 제주도 출신이었다. 제주 4.3 사건을 겪은 후 월북했던 그녀는 북송된 재일동포 신순녀로 위장해 합법적으로 일본에 체류한다. 그녀는 이를 근거로 재일동포 고국방문단 일원이 되어 당당하게(?) 한국에 들어온다. 그때 제주도를 관광했다는데 고향 제주도를 관광객으로 찾아든 감회가 어땠을지 궁금하다.

외국인으로 가장해 남한에 잠입한 케이스로 '무하마드 깐수'를 빼놓을 수 없다. 단국대학교 사학과 교수로 신라시대 〈처용가〉의 주인공 처용을 신라에 온 아랍인으로 풀이한 '신라-서역 교류사' 등 연구 활동을 활발하게 벌이던 필리핀 국적의 무하마드 깐수가 북한에서 파견된 간첩 '정수일'이었다는 사실은 많은 사람에게 충격을 줬다.

수사 과정에서 그는 자신의 혐의를 담담하게 인정했다. 하지만 체포 직전까지 열과 성을 다해 진행하고 있던 '동서 교류사' 작업이 중단되는 걸 안타까워했다. 사정을 들은 검사는 정수일의 마지막 원고를 찾아 검사실에서 정리할 시간을 줬을 뿐 아니라 사형을 구형하며 눈물을 흘렸다고 한다.

공안검사 처지에서도 기가 막힐 노릇이었을 것이다. 11개국 언어를 구사하고 중앙아시아, 이슬람 관련 역사와 동서 교류사의 최

1992년 중부지역당 사건의 배후로 지목된 '간첩 이선실'

고 연구자라고 할 만한 인재가 남북 첩보전의 불쏘시개로 쓰인 일만큼 황당하고 서글픈 일이 또 있을까. 다행히 그는 전향 후 석방되어 연구에 전념하고 있다.

6년 만에 다시 나타난 진운방이 한 일

5.18 민주화운동 이후 1980년대 상당수 학생운동 세력은 북한에 관심을 갖기 시작했다. 나아가 북한의 정통성을 인정하고 그 노선에 따라 남한을 변혁하겠다는 이들도 생겨났다. 그중 국내 자생적 주체사상파의 원조라고 할 '강철 김영환'은 북한을 몰래 방문하고 돌아온 뒤 1992년 민혁당(민족민주혁명당)을 발족시켰다.

그런데 민혁당 조직원 중 하나였던 '김경환'은 이상한 일을 겪는다. "어떤 말레이시아인이 자꾸 나한테 접근하는데 북한쪽 사람인 것 같다."[130] 그 말레이시아인의 이름은 '진운방'. 말레이시아 국적의 화교로 서울 강남에서 음식점을 운영하고 있었다.

김영환이 북쪽에 정체를 묻자 대답이 돌아왔다. "그는 사회문화부 소속인데 서로 라인이 달라 혼선이 빚어졌다." 즉 김영환과 진운방 양쪽 모두 북한과 연결되어 있었지만 서로 다른 상부를 가졌던 것이다. 진운방은 할머니 간첩 이선실이 구축한 중부지역당 소속이었다. 중부지역당 사건이 터지고 수사망이 좁혀오자 가족과 함께 탈출에 성공한다.

그로부터 6년 뒤인 1998년, 전향을 결심하고 북한 관련 운동에서 손을 떼려던 김경환 앞에 별안간 진운방이 다시 나타나 무너진 조직선을 이어보겠다는 의사를 밝혀 왔다. 김경환은 민혁당은 이미 해산되었고 지하당 운동을 할 만한 상황이 아니라며 손을 내저었지만 차마 신고할 순 없었다고 한다.

"인간적으로 가까운 사이였고 그의 아내와 딸이 북한에 있기 때문"이었다. 진운방은 풍채가 좋은 사람이었는데 다시 만났을 때는 얼굴이 새까맣고 깡말라 있었다. 위암 말기 환자였다. 한때 식당 주인으로 위장해 고정간첩으로 암약하던 진운방은 위암 말기의 환자로 북한에 처자를 둔 채 다시 남파되었던 것이다.

북한 당국자들은 이걸 '혁명을 향한 불같은 투지'로 미화할지 모르겠지만 생각하면 기가 막힌 일이다. 대관절 그의 인생은 무엇이며 그 아내와 딸은 또 무엇이란 말인가.

김경환의 소개로 구 민혁당 관계자들과 접촉한 뒤 진운방은 전남 여수에서 귀환용 반잠수정에 올랐다. 그러나 우리 군의 감시망에 걸렸고 거제도 인근 해상에서 격침되고 말았다. 석 달 뒤 인양된 반잠수정 안에서 진운방의 시신이 발견되었다. 그의 딸에게 보내는 김경환의 선물과 함께였다. 좁아터진 반잠수정 안에서 한국 육해공군의 파상공격을 받으며 그는 무슨 생각을 했을까.

남북한 적대 관계가 지속되는 한, 아니 상호 우호 관계가 형성되더라도 상대방의 정보를 캐내고 자신에게 유리한 정세를 형성하기 위해 노력하는 간첩들은 존재할 것이다. 그들은 '통일 사업'이나 '자유민주주의'처럼 그 어떤 고귀한 명분을 내세우더라도 심대한 범죄자가 되는 운명을 거스르기 어렵다. 본인뿐만 아니라 여러 사람의 인생까지 망치면서 말이다.

대한민국은 사상의 자유를 허용하는 민주공화국으로 '김일성 만세'를 부르고 '김정은 대장님'을 찬미할 자유도 허용되어야 한다고 생각한다. 하지만 자유를 간첩질의 자유로 착각해선 안 되며, 그럴 경우 한국 법이 정하는 처벌을 감수해야 한다고 단언한다.

초대 대법원장 김병로가 말했던 것처럼, 간첩들은 국가보안법까지 갈 것도 없이 형법만 가지고도 처벌할 수 있으니까. 그리고 그들은 오히려 남북의 평화와 통일에 해악을 끼칠 수 있으니까.

"반공법과 국가보안법을 아는가"
"그것을 인정한 적 없다"

통일혁명당 사건, 김종태

사실(fact)은 '있었던 일 그 자체'를 말하지만 진실(truth)은 '거짓이 없는 사실'이라는 뜻이다. 사실 그 자체에 생략된 맥락과 배경, 인과 관계와 주변 상황까지 고려해야 '거짓이 없는' 상태에 이를 것이다. 하지만 사실 그 자체를 뜯어보고 살피는 건 사람이고, 사람은 '주관'에 의해 좌우된다는 점에서 '진실'은 적잖은 위험성을 내포하고 있다.

　우리나라가 걸어온 험준하고 가파른 현대사의 길섶엔 피어린 '사실'들이 무더기로 들꽃처럼 피어나 있다. 그런데 이 들꽃들을 엮어 만든 저마다의 꽃다발들, 즉 '진실'은 서로 다른 경우가 많다.

자신들의 입맛, 즉 진실에 맞는 사실만 찾고 다른 사실을 무시하거나 압도적인 사실에 매몰되어 일면의 사실을 외면하거나 아예 사실을 제 맘대로 창조한 경우가 많은 탓이다.

일례로 중앙정보부, 국가안전기획부, 그리고 그 버릇을 완전히 버리지 못했던 국가정보원이 생사람 잡고 간첩을 제조해낸 일은 어마어마하게 많다. 하지만 북한이 집요하게 대남 공작을 편 것도 사실이고 공작원들과 남한 내 동조자들이 남한의 법을 어기고 사람을 죽이고 납치하며 스파이짓을 했던 것 역시 엄연히 사실이다.

한국 현대사의 간첩 이야기는 일면 불편한 진실일 수 있다. "그렇게 많은 조작과 고문으로 간첩을 만들어냈는데 진짜 간첩 얘기가 무슨 소용이 있나." 하는 반박이 당연히 나올 수 있다.

하지만 그렇다고 해서 있는 사실을 없는 것으로 치부할 순 없다. 한국 정보기관의 만행을 인정하되 반대편의 사실들을 지워선 안 되기 때문이다. 북한에서 넘어오거나 자생적으로 북한을 따른 이들을 '혁명가'나 '통일운동가'로 쳐줄망정 한국의 법을 위반한 '범죄자'임을 부인할 수 없기 때문이다.

이른바 '통일혁명당 사건'도 그중 하나다. 1968년 8월 24일 중앙정보부는 남한 내의 지하 정당 통일혁명당 검거를 발표한다. '해방 이래 국내 최대의 지하당 사건'이라는 어마어마한 타이틀에 "거물급은 쟁쟁한 일류 대학 출신이고 정계·학계·군부 등에 인맥 관계를 가지고 깊게 침투"해 들어갔다고 하니 남한 사람들의 입이 떡 벌어질 수밖에 없었다.

실제로 당시 육군사관학교 교관으로 있던 신영복을 위시한 엘리트들이 체포되었고, 당 간부들 몇 명은 북한에 버젓이 다녀오기까지 했다는 사실에 취재 기자들도 입을 다물지 못할 지경이었다.

이들이 덜미를 잡힌 계기는 한 달 전 '임자도 간첩단'의 일망타진이었다. 빨치산 활동을 하다가 감옥살이를 하고 나왔던 정태묵과 최영도 등의 구 좌익 인사들은 1961년 이후 활동을 재개했다. 남파 간첩과 접선하고 북한을 수차례 왕래하며 조직을 꾸려가던 이들은 뜻밖의 암초에 부딪쳤다.

익히 알려진 바로는 아편중독자였던 정태묵의 동생이 중앙정보부에 찔렀다고 하고 "공작금 배분 과정에서 다툼이 일어나 불만을 품은 정태묵의 동생의 아내가 신고했다."[131]라는 기관원의 진술도 있다. 수사 과정에서 통일혁명당 중앙당의 꼬리가 밟혔고, 중앙정보부장 김형욱이 직접 나서서 수사 결과를 발표하는 사건으로 비화된다.

통일혁명당 중앙당의 중심인물은 '김종태'였다. 전남 지역 통일혁명당의 지도급 인사였던 최영도의 친구로, 일제 강점기 때부터 사회 운동에 참여했던 그는 4.19 혁명 이후 근본적인 변혁이 필요하다는 확신을 지니고 지하 정당 건설에 나선다.

그가 생각한 변혁의 동맹이자 지향은 북한이었다. 북한 역시 1960년대 초반 이후 북한을 '남조선 해방'의 역량을 비축하는 '민주기지론'에서 벗어나 "남조선에서 전투적이면서도 탄력성이 있는 마르크스레닌주의 당을 건설하고 지도적 역할을 높이자."(제4차 조선노동당 당대회)라고 외치고 있었으니 죽이 맞았을 것이다.

중앙정보부장으로서 몸소 법정에 나선 김형욱과 김종태의 대화를 보면 오히려 김형욱이 밀리는 느낌을 준다. "당신이나 박정희가 특권층을 대변하는 민주공화당을 결성했는데 우리도 민중을 대변하는 통일혁명당을 결성한 건 당연하지 않은가?"라고 묻는 김종태에게 김형욱이 "반공법과 국가보안법을 알고 있는가?"라고 반문했고 김종태는 "우리는 그걸 인정한 일이 없다."라고 씹어버렸다. 이에 김형욱이 "우리는 우리 법으로 당신을 재판한다! 당신 한 명 죄명만 181가지다."라고 으름장을 놓자, 김종태는 "왜 181가지인가 탄압을 가한다면 1,810가지 죄명을 씌워도 좋지 않은가."라고 되받아친다.

어차피 사형이 확실한 그였지만 그는 181가지 죄목에 한 가지를 더 추가한다. 교도소 창문으로 모포를 엮어 만든 로프를 드리우고 탈출하려다가 발각된 것이다. 북한은 김종태를 구하러 특수부대까지 파견했지만 이는 남한 중앙정보부의 역공작이었고, 김종태 구출 부대는 잔뜩 벼르며 기다리고 있던 남한의 육해공군의 합동 공격에 괴멸되고 말았다.

김종태 등 핵심 지도부가 북한을 방문하고 지령과 공작금을 받으며 활동한 건 요즘말로 '빼박' 간첩 행위였고, 어느 나라든 그 정도 혐의에 관대하지 않다. 하지만 중앙정보부가 통일혁명당과 북한과의 관계도 모르고, 그저 반독재 운동 정도에 공감하던 사람들까지도 한 그물에 엮어 올려 만선을 노래한 건 우리 역사의 오점이다.

2021년 7월 20일 서울고등법원은 통일혁명당 사건에 연루되어 징역 3년을 선고받았던 당시 서울대학교 정치학과 대학생 고(故) 박경호 씨에게 53년 만에 무죄를 선고했다. 법원은 박경호 씨가 영장 없이 연행되어 불법 체포·감금된 사실이 인정되며, 그가 소지·배포했다는 공산주의 서적 또한 학문적 연구 목적이었음을 지적했다. 즉 당시 중앙정보부가 어떻게 사람들을 굴비 엮듯 엮고 때려잡았는지 판시한 것이다.

1968년 중앙정보부는 '임자도 간첩단'과 남한 내 지하 정당인 통일혁명당(사진)을 검거했다고 발표했다 ⓒ합동통신

"간첩 신고전화 111을 누를 거다, 하지만"

통일혁명당 사건 관련자 신영복 교수는 이렇게 얘기한 바 있다. "모든 변혁 운동의 뿌리는 사회의 모순 구조 속에 있는 것이다."[132] 통일혁명당은 분명히 북한과 연계되었지만 북한이 전적으로 만든 조직은 아니었다.

김종태와 함께 체포되어 전향 의사를 표명했음에도 끝내 형장의 이슬로 사라진 김종태의 조카 김질락에 따르면, 김종태는 1965년 통일혁명당 서울시당 창당 결성 때 이렇게 말했다고 한다.

"조직 가운데 북한의 선이 절대로 침투해 들어와선 안 되며 그들과의 접촉은 단절되거나 사전에 봉쇄되어야 한다."

김종태는 월북해서도 박헌영과 남로당이 숙청된 사실에 대해 진지하게 문제 제기를 했고, 북한 당국의 말을 순순히 받아들이지도 않았다고 한다.

나는 남한 사회를 바꾸는 동력의 모델과 지향을 북한으로 보는 사람들에게 절대 반대한다. 미몽에 사로잡혀 북한을 숭상하고 그 주장을 앵무새처럼 되풀이하는 얼치기 운동가들에겐 경멸을 금치 않는다. 행여나 누군가 나에게 "북조선에서 왔습니다."라고 접근한다면 로또 맞았다고 쾌재 부르며 신고전화 111을 누를 것이다.

하지만 1960년대의 한국은 그리고 남북의 관계는 여러모로 달랐다. 정치·경제·외교적 역량을 볼 때 남한은 북한에 뒤지고 있었고, 사회적 모순 또한 지금에 비해 극심했다.

김종태는 그런 맥락 속에서 반자생적으로 돋아난 '혁명가'였다. 물론 그를 미화할 생각은 추호도 없다. 그는 잘못된 선택을 했고 대가를 치렀다.

이런 생각을 해본다. 진정한 방첩(防諜), 그리고 김종태 같은 자칭 혁명가들의 발판을 무너뜨려 온 건 3천만이 살피고 의심 나면 신고하는 경각심을 통해서라기보다 우리 사회가 지닌 모순의 해결 또는 최소한의 진전이 아닐까.

중국의 팔로군과 북한의 인민군 장교를 거쳐 귀순해 육군 사단장까지 지냈던 정봉욱 장군의 무뚝뚝한 말은 그래서 울림이 크다.

"공산주의를 이기기 위해선 가진 자가 베풀어 그렇지 못한 이들과 나눠 가져야 한다. 그렇지 않으면 진정 공산주의를 이길 수가 없다."

체포되면 이중간첩이 되든
죽어야 하는 운명

조작된 이중간첩 사건, 심문규

스파이 영화에 단골로 등장하는 클리셰가 있다. "일이 제대로 진행되지 않을 경우 우리 정부는 당신을 부인할 것이다." 영화 〈더 록〉에서 영국인 스파이로 미국에서 활동하다가 덜미를 잡힌 존 패트릭 메이슨은 감옥에서 수십 년을 썩지만 영국 정부는 간단히 그의 존재를 부인한 것처럼 말이다.

스파이의 세계에선 불문율이 하나 있다고 한다. "성공한 공작은 공개되지 않는다." 남북도 마찬가지다. 남이나 북이나 엄청난 수의 공작원들을 상호 침투시켜 파괴 공작을 벌이거나 지하 조직을 구축하려 들고 누군가를 포섭하려 들었지만 그만큼 많은 실패를 했다. 실패가 드러날 때 양쪽 당국은 당연히 그 사실을 부인하고 관계없다고 우긴다.

전 세계 정보기관들이 가장 탐내는 공작 중 하나는 '이중간첩' 공작이다. 즉 적의 스파이를 포섭해 우리 편으로 만드는 공작. 그만큼 위험부담도 크고 투자도 많이 해야 하지만 성공하기만 하면 상대방의 정보를 내 손금처럼 들여다볼 수 있으니, 그보다 더 매력적인 공작은 없지 않겠는가.

세계를 주름잡는다는 미국의 CIA도 러시아 정보기관의 이중간첩 공작에 호되게 당한 바가 많다. 그중 대표적인 사례라면 1994년 '올드리치 에임스 사건'을 들 수 있을 것이다. 에임스는 CIA 내부에서 러시아와 동유럽을 담당하는 고위직 간부였다. 그런 사람이 이중간첩이 되었으니 러시아 내 CIA의 활동망이 그야말로 거덜날 수밖에.

우리 역사에도 그런 일은 은근히 찾아볼 수 있다. 1983년 다대포 무장공비 침투 사건 때 해안으로 숨어드는 북한 침투조를 급습한 건 해안 경비부대가 아니라 대북 특수부대였다. 이쪽의 이중간첩이 된 북한 스파이가 흘린 정보를 통해 침투 과정을 낱낱이 지켜보고 있다가 덮친 케이스였다. 세상에 알려진 몇 안 되는 '성공한 공작'인 셈이다.

6.25 전쟁 이후 남북한이 서로 보낸 수만 명의 공작원들(한국 정부가 공식적으로 인정한 북파 공작원 수가 7,726명이니 북한도 그보다 적진 않

을 것이다)은 분단의 비극을 가장 크게 체현해야 했다.

목숨 걸고 휴전선을 넘나들다가 체포되어 처형되거나 동지들을 팔아 목숨을 부지했거나 그 외 말로 하기 힘든 사연들의 주인공일 테니까. 그 가운데 '심문규'라는 사람의 이야기를 살펴본다.

그는 1925년 강원도 철원에서 태어났다. 일본군에 입대해 관동군으로 근무하다가 별안간 참전한 소련군의 포로가 되었다. 가까스로 탈출에 성공했지만 중국 공산당 팔로군에게 사로잡혀 팔로군 노릇을 한다. 하지만 탈출의 명수 빠삐용처럼 또 탈출을 감행해 고향으로 돌아온다.

오늘날 강원도 철원에 가면 꽤 큰 규모의 북한 노동당사 잔해를 볼 수 있다. 그 우람한 당사 건물이 증언하듯 전쟁 전 철원은 북한 땅이었다. 심문규는 철원의 인민보안대원으로 근무하다가 밀주(密酒) 관련 사건에 연루되어 철창 신세를 진다. 그런데 전쟁이 터지고 철원이 수복되면서 남한 편에 서서 치안대원 노릇을 하다가 6사단에 입대해 수색대원으로 활약한다.

전쟁 후엔 HID, 즉 대북 특수부대 요원이 되었다. "갔다 오면 장교 대접을 해준다는 약속"[133]이었다는데, 남편이 대북 특수요원이 된다는 사실이 아내에게 막막한 벼랑으로 내몰리는 느낌을 준 것 같다.

임신 중이던 아내는 낙태를 위해 퀴닌을 먹었다가 숨지고 말았다. 아픔을 뒤로 하고 1955년 9월 20일 심문규는 아이들 셋을 처

남에게 맡기고 북한 침투에 나선다.[134]

북한에 침투해 소정의 임무를 완수한 뒤 인민군 몇 명까지 납치해두고 귀환을 위해 배를 기다렸지만 배는 오지 않았고 육로로 돌파·귀환하라는 명령을 받는다.

육로로 귀환하던 중 심문규는 인민군에 체포된다. 북한은 당연히 이 남한의 간첩에게 이중간첩 공작을 하려 든다. 북한 당국의 주선으로 북한 여성과 결혼해 가정을 꾸린 심문규는 계속 이중간첩 요구를 받지만 번번이 거절했다고 한다.

그런데 심문규는 북한에 침투했다가 자수한 HID 요원들에게 천만뜻밖의 이야기를 듣는다. "HID가 일곱 살 난 당신 아들에게 북파 교육을 시키고 있어요." 심문규의 아들 심한운은 아버지를 만나게 해준다는 사탕발림에 넘어가 산을 타고 바다를 헤엄치는 훈련을 받고 있었던 것이다.

아이들을 모아 살인 기계로 교육시킨다는 설정의 영화 〈은밀하게 위대하게〉 실제판이 북한이 아닌 남한에서 벌어지고 있었던 셈이다. 심문규는 소식을 듣고 남파를 자원한다. 북한에서 새로 얻은 아내도 임신 중이었지만 그는 일곱 살 아들이 자신과 같은 궤적을 밟는다는 걸 참기 어려웠던 것 같다.

이번엔 북에서 남으로 휴전선을 넘은 그는 1957년 10월 6일 서울의 처남집에 도착한다. 그는 처남댁, 즉 아이의 외숙모가 겨우 HID에서 빼내 온 아들과 꿈에 그리던 상봉을 했다. 그리고 곧바로 그가 소속되었던 대북 첩보부대에 자수한다.

　남파되어서 한 일도 없었고 그럴 시간도 없었으니 별일 없을 거라고 생각했을지도 모른다. 그러나 그건 세상을 그리고 분단을 너무 무르게 본 생각이었다. 대북 첩보부대는 그를 1년 넘게 데리고 있으면서, 정보를 캐고 남파 간첩과 접선하게 해 체포하는 등 이른바 단물을 다 빼먹은 다음에야 군 특무대에 넘긴다.

반세기 동안 죽음의 이유 찾아 헤맨 유족

범죄를 저질렀다면 즉시 특무대에 넘어가야 했지만 그렇게 하지 않은 것이다. 특무대는 대충 이런 의견을 낸다.

"북한군에 체포되어 군사기밀을 제공하고 북파공작원을 적발했으며 간첩으로 남파되었으나 임무를 포기하고 자수했다. 공훈이 있기에 정상을 참작해 의법 처리하는 쪽이 좋겠다."

　즉 범죄 사실은 있으나 공도 있으니 참작해 처벌하자는 것이었다. 그런데 처음 공소장 내용엔 '자수한 간첩'으로 표기되어 있었으나 첩보부대의 의견이 반영된 중앙고등군법회의에선 공소 사실이 "서울에 잠입한 후 합법을 가장할 의사로 첩보부대에 자수했다."라고 180도 바뀐다.

간첩 활동을 포기하고 자수한 게 아니라 간첩 활동을 하려고 자수했다는 논고였고, 이를 근거로 심문규는 1961년 5월 25일 사형대의 이슬로 생을 마감한다. 분단이 빚어낸 본의 아닌 그리고 가련한 이중간첩의 최후였다. 죽음조차 가족에게 알려지지 않은 외로운 죽음이었다.

일곱 살 나이에 아버지를 찾겠다며 북파 훈련을 받은 아들은 거의 반세기 동안 아버지가 왜 죽었는지 또 어떻게 죽었는지 알 수 없었다. 2012년 진실화해위원회의 조사를 거쳐 심문규가 죽은 지 반세기 만에 대한민국 법정은 무죄를 선고했지만, 심문규의 영혼에게 그리고 가족의 아픔에 어느 정도의 위로가 될진 모르겠다.

더 놀라운 사실 하나는 심문규와 비슷한 형태로 죽어간 북파요원들이 한두 명이 아니라는 것이다. 36지구대(동해첩보부대) 부대장이었던 이의 증언.

"(북파 공작원들이 북한에 체포된 뒤 이중간첩 임무를 띠고) 남한에 내려오면 다시 (남한에) 귀순했으며, 첩보부대에선 귀순자들에게 북한에서 습득한 정보를 빼낸 후 처리했다(죽였다). 그럴 수밖에 없었던 이유는 그들을 사회로 돌려 보낼 수도 없었고, 다시 교육을 시켜 북파시키더라도 북한에 다시 귀순할 게 뻔하기 때문이었다."[135]

이 건조한 한마디에 얼마나 많은 사람의 핏물과 비명이 배어 있는지 상상해보시길 바란다. 북파 요원들은 이런 말을 귀에 못이 박히게 들었다고 한다. "체포되면 죽어라. 살면 북한의 이중간첩이 되고 남파되면 남한에서 죽는다."

그렇게 남과 북 양쪽에서 죽어간 사람들은 대관절 몇 명이나 되었고 그 사실은 과연 햇빛을 볼 수 있을까. 우리는 아직 모르는 게 너무 많다. 알게 되면 더 비통해지고 기가 막히겠지만, 알아야 할 사연들이 분단의 산맥 속에 1만 2천 봉 이상 쌓여 있다.

한국 현대사에 길이 남을
'애국적 버러지'들

간첩을 만든 사람들

한국 현대사를 가로지른 간첩들, 다양한 사람이 있었다. 그들은 신념 그리고 선택한 나라를 위해 대한민국의 발밑을 파고들었고, 대한민국 국가기관은 당연히 그들을 파헤치고 드러내려 애썼다.

그러나 간첩을 잡기란 쉽지 않은 일이다. 철통 같이 방비한다는 휴전선도 곧잘 뚫리는데 삼면이 바다인 나라에서 간첩 침투를 철저히 막는다는 건 불가능에 가깝다. 자생적 주사파 조직이라고 할 강철 김영환 같은 사람들은 북한 안내원을 동반하고 강화도에서 잠수정을 타고 월북했다가 돌아오기도 하지 않았던가.

침투 간첩뿐 아니라 남한에서 정착해 살아가는 고정간첩들을 잡아내는 것 역시 마찬가지로 어려웠다. 1997년 발생한 북한 고위 탈북자 이한영 씨 피살 사건은 북한에서 보낸 암살자와 국내 고정 간첩의 합동작전으로 추정되지만 끝내 범인을 잡지 못했다.

우리나라뿐 아니라 전 세계 정보기관들이 정보를 캐내기 위해 또 정보를 빼내는 간첩을 잡기 위해 머리를 싸매고 밤을 하얗게 밝히고 있다. 그런데 한국 정보기관과 대공 수사기관들은 지난 수십 년 동안 매우 특출한(?) 간첩잡이 실력을 발휘해왔다.

북한이 의욕적으로 간첩들을 내려보냈던 1960년대는 말할 것도 없고 재미를 못 봐서 대남 전략을 수정했던 1970~1980년대에도 툭하면 간첩단 뉴스가 신문지상을 장식했고, 무더기 간첩이 체포되어 재판을 받고 감옥살이를 하거나 형장의 이슬로 사라졌다.

한국 공안 당국이 그렇게 유능했을까. 여기서 유머 한 자락을 소개해본다. 세계 각국의 정보기관에 어느 깊은 산에서 쥐 한 마리를 잡아오라는 명령이 떨어졌다. 미국의 CIA는 위성을 총동원해 쥐를 찾아냈고 러시아 정보기관은 CIA의 통신을 감청해 별 수고 없이 쥐를 확보했다. 영국 정보기관은 007 같은 매력적인 쥐를 투입해 쥐를 끌어들여 포획했다. 그런데 한국 정보기관은 산에 들어가 웬 곰 한 마리를 끌고 왔다. 뭇 사람들이 이게 뭐냐고 하니 한국 정보기관원이 대답하기도 전에 온몸에 피멍이 들고 다리 두 개가 부러진 곰이 울부짖었다. "저는 쥐입니다. 쥐예요. 엉엉. 아니 찍찍, 아이고 고양이 무서워. 저는 쥐라니까요."

한국 공안 당국의 '유능함'을 대변한다. 또 간첩을 잡는 실력과 함께 간첩을 '만드는' 분야에서 타의 추종을 불허하는 능력을 발휘했던 한국 공안 당국의 흑역사를 적나라하게 드러내고 있다.

조선 시대 역모의 완성은 '고문에 의한 자백'이었다. 살을 태우고 뼈를 부러뜨려 "역모를 꾸몄습니다." 하고 자백만 나오면 역모는 사실이 되었고 만신창이가 된 몸은 목이 잘리거나 사지가 찢기는 것으로 인생을 마감했다.

한국 현대사에 등장하는 수많은 간첩의 정점엔 자백과 함께 '그림'이 있었다. "나는 간첩입니다."라는 자백을 하면 끝나는 게 아니라 누구에게 포섭되어 누구를 만났으며 증거는 무엇인가까지 죄다 줄줄 외우고 자신도 모르는 증거를 어디 가면 찾을 수 있는지 제보(?)까지 해야 했다.

1948년 14연대의 반란으로 촉발된 여순 사건 이후 숙군(肅軍) 작업이 벌어지며 수없는 장병이 좌익으로 몰려 죽었다. 그 선봉엔 군 특무대장 '김창룡'이 있었다. "붉은 치마만 봐도 미쳤다."라는 극도의 '빨갱이' 혐오자였던 그는 후일 대통령이 되는 박정희를 비롯 사람들을 엄청나게 잡아들여 좌익으로 '제조해'냈다. 총살대에 선 군인들 상당수가 '조선인민공화국 만세'가 아닌 '대한민국 만세'를 부르짖고 죽어갔다는 말도 있다.

육군 참모총장을 지낸 이종찬 장군은 김창룡을 불러 일갈한 바 있다. "전기 고문을 해대면 아무거나 불지 않을 이가 어디 있느냐.

이 버러지 같은 놈아!"[136] 1956년 특무대장 김창룡이 그의 전횡에 불만을 품은 군인들에 의해 암살되었을 때 이승만은 말했다. "그는 나라를 위해 순국한 것이며 충렬의 공훈을 세운 것이다."

김창룡 특무대장 ⓒ위키백과

김창룡 같은 '버러지 애국자'들은 한국 현대사를 관통하며 양산되고 활약한다.

영화 〈1987〉에서 배우 김윤식이 살을 찌워 가면서 열연했던 배역 '박 처장'을 기억할 것이다. 억센 평안도 사투리를 구사하며 부모가 공산당 손에 죽었던 기억을 절절이 토로하는, 하지만 '빨갱이' 잡는 데는 공산당 못지않게 잔인하고 가혹했던 그는 실제 인물을 모델로 한다.

그 이름은 '박처원'. 평안남도 용강의 지주 출신 집안이었던 그는 공산당 손에 가족을 잃은 뒤 열일곱 나이로 혈혈단신 남하해 공산당을 잡겠다는 의지 하나로 경찰에 투신, 순경에서 경찰 조직의 별이라는 경무관까지 입신한 사람이다. 북한에서 그를 암살하겠다고 간첩을 내려보냈다는 말이 있을 정도로 그 활약은 혁혁하고 대단했다.

그 활약 외중에 그는 앞서 언급한 특무대장 김창룡을 닮아가고 있었다. 〈1987〉에서 보듯 그는 남영동 대공분실의 실세였다. '간첩'을 만들어내는 데 탁월했기 때문이다.

1977년 중앙정보부조차 난색을 표하는 상황에서 박처원은 유신체제에 항거했던 지식인 리영희 교수를 잡아들이겠다고 고집했다. 대공분실 설립 이후 사실상 첫 번째 '사업'이었다.

당시 중앙정보부조차 책을 썼다는 이유만으로 리영희를 반공법으로 구속하는 건 공소 유지를 할 수 없다며 반대했는데도, 당시 대공분실장이던 박처원이 "리영희는 이번 기회에 유죄판결하고 뽄때를 보여주지 않으면 앞으로 사상통제를 할 수 없다."[137]라고 주장해 구속을 관철했다.

잡혀온 리영희에게 박처원은 그만의 방식으로 협박을 한다. "자기 둘째손가락을 보라고 하더군. 보니까 굳은살이 잔뜩 나와 있더라고요. '30년 동안 펜대를 잡고 빨갱이 잡는 조서를 밤낮으로 쓴 그 유물이 바로 내 둘째손가락의 뚝살이오.' 하는데 정말 소름이 끼치더군."

그렇게 많이 써댄 조서 가운데 그가 정말 잡아야 했던 간첩의 비율은 얼마나 되었을까. 그리고 합리적 증거를 통해 법을 어긴 범죄자로 밝혀진 사람은 또 몇 명이나 될까. 박처원이 가장 총애했다는 부하를 통해 속사정을 짐작해볼 수 있다. 고문기술자 '이근안'.

고문 가해자의 황망한 악수 제의

이근안은 1970년 경찰에 입문하자마자 박처원의 경호원으로 인연을 맺었다. 특출난 힘과 고문 실력으로 박처원의 아낌을 한 몸에 받았다고 한다. 박처원은 결재 과정도 무시하고 이근안에게 직접 보고를 받아 중간관리자들로부터 원성을 샀을 정도였다.

일제 강점기 때 해외 출장까지 다니며 독립운동가들을 고문했던 악질 경찰이자 고문 전문가 김태석처럼, 이근안은 박처원의 호출이 있으면 어디든지 가서 실력(?)을 발휘했다.

이근안에 따르면 남영동에 끌려온 이들에게 지옥을 경험하게 했던 '칠성판', 즉 나무판자를 간이침대처럼 만든 뒤 사람을 눕히고 가죽끈으로 고정해 물을 퍼부었던 물고문 전용대의 발명자는 박처원이었다.

그들은 그 짓거리를 하면서 '애국'한다고 생각했겠지만 실상은 '버러지'가 되어가고 있었다.

박처원의 부하 중에 '김수현' 경감이라는 이도 있었다. 1985년 남영동에 끌려온 김근태의 몸을 거의 부숴버렸던 고문 가해자다. 구체적인 범죄 내용을 여기서 읊고 싶진 않다. 다만 이 말은 해두자. 적어도 고문실의 그들은 사람이 아니었다.

고문 혐의로 김수현이 재판정에 섰을 때 김수현의 변호사는 열변을 토한다. "이 사건은 빨갱이를 잡는 데 일생을 바쳐온 대공 경찰과 좌익 운동가들의 싸움이므로, 이 싸움에서 자유민주주의가 반드시 승리해야 한다."[138]

변론이 끝나자 "방청석을 차지하고 있던 사복 차림의 대공 경찰관들은 힘찬 박수를 보냈"으며 고문 경관들은 끝까지 고문을 한 적이 없다고 발뺌했다.

그들이 지켰다고 생각하는 나라는 민주주의 국가다. 민주주의에서 최고 가치는 인간의 존엄성을 지키는 것이다. 인간을 부수고 짓밟으며 인간이 겪을 수 있는 극한의 고통을 선사하던 이들이 '애국'을 논하는 일만큼의 언어도단은 없다.

그들의 간첩 '제조'는 민주주의 국가가 응당 실현해야 할 방첩(防諜)의 의미와 기능에 대한 처절한 모욕이었다. 간첩 몇 명을 잡았든 그들의 공이 단 한 명의 간첩이라도 억지로 만든 과오를 덮을 수 없는 이유다.

1988년 11월 김근태 고문 사건 재판이 진행되고 증인 신문이 열렸을 때 김근태는 남영동의 지옥에서 본 악마 김수현과 마주한다. 김근태는 끔찍한 악몽을 헤집으며 당시 김수현의 행각을 되짚었지만 김수현은 기계처럼 부인만 할 뿐이었다.

신문이 끝났을 때 김수현은 김근태에게 손을 내민다. 황망한 악수 제의 앞에서 김근태보다도 그의 아내 인재근이 참지 못했다. 그는 김수현의 얼굴에 침을 뱉었고 김수현은 허둥지둥 신문실을 나가버렸다.

우리 역사엔 수많은 사람을 울리고 웃기는 명장면이 교차하지만, 그날의 침 세례만큼 통쾌하면서도 고통스러운 장면을 다시 보긴 어려울 것 같다.

1부

1장

1   헨리크 레르, 오숙은, 『가브릴로 프린치프』 문학동네, 2014
2   박보균, 『결정적 순간들』 중앙북스, 2019
3   <주간조선> 2580호, '홍콩 염정공서와 공수처는 뿌리부터 다르다'
4   <경향신문>, 1969년 4월 28일
5   <연합뉴스>, 2019년 2월 11일
6   이창무, 『크라임 이펙트』 위즈덤하우스, 2014
7   김희균 외, 『서초동 0.917』 책과함께, 2012
8   L. 레너드 캐스터·사이먼 정, 『미국을 발칵 뒤집은 판결 31』 현암사, 2012
9   박형남, 『재판으로 본 세계사』 휴머니스트, 2018
10 <서울경제>, 2006년 6월 13일
11 다리안 리더, 박소현, 『모나리자 훔치기』 새물결, 2010
12 <신동아> 2019년 5월호
13 앵거스 컨스텀, 이종인, 『해적의 역사』 가람기획, 2002
14 샘 매그스, 강경이, 『걸 스쿼드』 휴머니스트, 2019

15   주경철, 『주경철의 유럽인 이야기 3』, 휴머니스트, 2017

16   <아틀라스 뉴스>, 2019년 6월 11일

17   <중앙대학교 대학원신문> 307호, '아동의 발견'

2장 ────────

18   마크 C. 칸츠, 손세호 외, 『영화로 본 새로운 역사』, 소나무, 1998

19   <씨네21>, 2009년 8월 21일

20   김정미, 『연애의 사생활』, 다산초당, 2010

21   <전진>, 1971년 11월 22일

22   <연합뉴스>, 2016년 11월 1일

23   <아사히신문>, 1967년 10월 9일

24   <경제와사회> 2007년 겨울호, '일본의 1968년 학생운동에 대한 기억과 평가'

25   로버트 D. 헤어, 조은경·황정하, 『진단명 사이코패스』, 바다출판사, 2020

26   에릭 라슨, 양은모, 『화이트 시티』, 은행나무, 2004

27   <프레시안>, 2013년 1월 14일

28   에릭 라슨, 양은모, 『화이트 시티』, 은행나무, 2004

29   <중앙일보>, 1966년 10월 25일

30   <월간조선> 2014년 10월호

31   박상민, 『세기의 첩보전』, 좋은땅, 2019

32   케이트 서머스케일, 김희주, 『사악한 소년들』, 클, 2019

33   데이비드 치데스터, 이창익, 『구원과 자살』, 청년사, 2015

34   이병욱, '짐 존스의 정신병리', 「정신분석」 제20권 1호

35   <노컷뉴스>, 2014년 5월 26일

36   <BBC 뉴스코리아>, 2018년 12월 2일

3장 ────────

37   벤자민 퀄스, 조성훈·이미숙, 『미국 흑인사』, 백산서당, 2002

38   수전 브라운밀러, 박소영, 『우리의 의지에 반하여』, 오월의봄, 2018

39   김인선, '미국 노예제 시기 흑인 여성 노예에 대한 성적 착취', 「미국사연구」
      제41집

40   찰스 R. 모리스, 강대은, 『타이쿤: 신화가 된 기업가들』, 황금나침반, 2007

41   <한국경제신문> '생글생글' 322호

42 리차드 O. 보이어·하버트 M. 모레이스, 『알려지지 않은 미국 노동운동 이야기』, 책갈피, 1999

43 폴 불·니콜 슐만, 황동하, 『워블리스』, 서해문집, 2012

44 유발 하라리, 김승욱, 『유발 하라리의 르네상스 전쟁 회고록』, 김영사, 2019

45 <조선비즈>, 2019년 1월 16일

46 <중앙일보>, 2017년 3월 5일

47 제임스 C. 기본스, 장면, 『교부들의 신앙』, 가톨릭출판사, 2020

48 김장수, 『주제별로 접근한 독일근대사』, 푸른사상, 2010

49 조한욱, 『내 곁의 세계사』, 휴머니스트, 2015

50 김충식, 『남산의 부장들』, 폴리티쿠스, 2012

51 김영수, 『치명적인 내부의 적 간신』, 추수밭, 2009

4장 ————

52 <연합뉴스>, 2011년 7월 26일

53 <신동아> 2013년 3월호

54 콜린 윌슨, 전소영, 『인류의 범죄사』, 알마, 2015

55 <조선일보>, 2014년 6월 22일

56 케빈 플린, 민청기, 『뉴욕타임스 크라임』, 열린세상, 2020

57 <한겨레>, 2016년 6월 30일

58 <연합뉴스>, 2015년 5월 28일

59 <한겨레>, 2018년 1월 25일

60 수전 캠벨 바톨레티, 곽명단, 『위험한 요리사 메리』, 돌베개, 2018

61 피에르 벨메르·장 프랑수아 나미아, 길문숙, 『세계사 속 범죄의 재구성』, 새날, 2004

62 박상민, 『세기의 스파이』, 좋은땅, 2017

1장 ─────

63   <경향신문>, 1961년 1월 7일

64   <경향신문>, 1955년 2월 12일

65   <경향신문>, 1961년 1월 11일

66   <경향신문>, 1964년 10월 8일

67   <조선일보>, 1984년 9월 16일

68   <중앙일보>, 1984년 12월 24일

69   <동아일보>, 1986년 1월 21일

70   <동아일보>, 1991년 4월 25일

71   <시사저널>, 1993년 7월 1일

72   <한겨레>, 1993년 4월 28일

73   <한겨레>, 2007년 11월 5일

74   <중앙일보>, 2007년 1월 5일

75   <매일경제>, 2008년 8월 26일

76   <경향신문>, 2015년 4월 2일

77   <조선일보>, 1998년 8월 22일

78   <동아일보>, 1981년 6월 6일

79   <한국일보>, 2011년 5월 4일

80   <조선일보>, 1925년 4월 21일

81   <조선일보>, 2008년 10월 31일

82   <동아일보>, 2016년 6월 16일

83   <동아일보>, 1981년 1월 14일

84   <JTBC>, 2013년 5월 20일

2장 ─────

85   <동아일보>, 1924년 7월 17일

86   홍양희, 식민지 시기 '의학' '지식'과 조선의 '전통', 「의사학」 제44호

87   <조선일보>, 1935년 4월 21일

88   <동아일보>, 1921년 10월 6일

89 <동아일보>, 1923년 1월 11일

90 <조선일보>, 1921년 6월 10일

91 <중앙일보>, 1966년 1월 13일

92 <조선일보>, 1956년 7월 19일

93 <경향신문>, 1956년 8월 13일

94 <조선일보>, 1949년 1월 15일

95 <조선일보>, 1975년 8월 13일

96 <동아일보>, 1994년 9월 23일

97 <한겨레>, 1994년 9월 24일

98 <동아일보>, 1974년 7월 29일

99 <동아일보>, 1974년 7월 29일

100 월간조선, 『한국 현대사 119대 사건』 월간조선, 1983

101 <조선일보>, 1963년 3월 29일

102 <동아일보>, 1924년 9월 13일

103 <동아일보>, 1933년 7월 9일

104 <조선일보>, 1995년 3월 17일

105 <동아일보>, 1995년 4월 22일

3장 ────────

106 <중앙일보>, 2018년 2월 20일

107 김학재 등, 『한국현대생활문화사 1950년대』 창비, 2016

108 <광주일보>, 2004년 2월 18일

109 <서울신문>, 2017년 4월 21일

110 <한겨레>, 2014년 4월 1일

111 <신동아> 2007년 9월호

112 <중앙일보>, 1988년 10월 12일

113 <매일경제>, 1999년 10월 14일

114 <동아일보>, 2002년 2월 8일

115 <시사저널>, 2002년 2월 2일

116 오후, 『우리는 마약을 모른다』 동아시아, 2018

117 조갑제닷컴(www.chogabje.com), '히로뽕 지하제국 탐험'

118 조갑제닷컴(www.chogabje.com), '히로뽕 지하제국 탐험'

119 <조선일보>, 1983년 4월 28일

120 <동아일보>, 1983년 4월 28일

121 <경향신문>, 1991년 5월 14일

4장 ————

122 <조선일보>, 1969년 6월 27일

123 <중앙선데이>, 2004년 12월 28일

124 <노동신문>, 1997년 5월 26일

125 <조선일보>, 1981년 4월 15일

126 <신동아> 609호

127 <동아일보>, 1976년 6월 24일

128 <노동신문>, 1997년 5월 26일

129 <경향신문>, 1958년 11월 12일

130 박찬수, 『NL 현대사』 인물과사상사, 2017

131 <월간조선> 2010년 10월호

132 <이론> 1992년 겨울호

133 <한겨레>, 2009년 9월 15일

134 <오마이뉴스>, 2011년 7월 6일

135 <오마이뉴스>, 2011년 7월 6일

136 <한겨레>, 1990년 3월 30일

137 리영희, 『대화』 한길사, 2005

138 <동아일보>, 1990년 12월 27일

세상을 뒤흔든
50가지 범죄사건

초판 1쇄 발행 2022년 10월 4일

지은이 | 김형민
펴낸곳 | 믹스커피
펴낸이 | 오운영
경영총괄 | 박종명
편집 | 김형욱 최윤정 이광민 양희준
디자인 | 윤지예 이영재
마케팅 | 문준영 이지은 박미애
등록번호 | 제2018-000146호(2018년 1월 23일)
주소 | 04091 서울시 마포구 토정로 222 한국출판콘텐츠센터 319호(신수동)
전화 | (02)719-7735   팩스 | (02)719-7736
이메일 | onobooks2018@naver.com   블로그 | blog.naver.com/onobooks2018

값 | 18,500원
ISBN 979-11-7043-346-0 03900